le Guide du **routard**

Directeur de collection et auteur
Philippe GLOAGHEN

Cofon...
Philippe GLOAGU...

Rédacte...
Pierre ...

Rédacteurs en chef adjoints
Amanda KERAVEL et Benoît LUCCHINI

Directrice de la coordination
Florence CHARMETANT

Rédaction
Olivier PAGE, Véronique de CHARDON,
Isabelle AL SUBAIHI, Anne-Caroline DUMAS,
Carole BORDES, André PONCELET,
Marie BURIN des ROZIERS, Thierry BROUARD,
Géraldine LEMAUF-BEAUVOIS,
Anne POINSOT, Mathilde de BOISGROLLIER,
Alain PALLIER, Gavin's CLEMENTE-RUÏZ
et Fiona DEBRABANDER

ISLANDE

2007
2008

Hachette

Avis aux hôteliers et aux restaurateurs

Les enquêteurs du *Guide du routard* travaillent dans le plus strict anonymat. Aucune réduction, aucun avantage quelconque, aucune rétribution n'est jamais demandé en contrepartie. Face aux aigrefins, la loi autorise les hôteliers et restaurateurs à porter plainte.

Hors-d'œuvre

Le *Guide du routard,* ce n'est pas comme le bon vin, il vieillit mal. On ne veut pas pousser à la consommation, mais évitez de partir avec une édition ancienne. Les modifications sont souvent importantes.

> Pour que votre pub voyage autant que nos lecteurs,
> contactez nos régies publicitaires :
> ● fbrunel@hachette-livre.fr ●
> ● veronique@routard.com ●

ON EN EST FIERS : www.routard.com

Véritable complément du guide papier, **routard.com** met à la disposition des internautes des fiches sur plus de 180 destinations en France et dans le monde, ainsi que de nombreux services pratiques et informations pour partir malin : photos, cartes, météo, agenda, itinéraires, billets d'avion, séjours, réservation d'hôtels, location de voitures, visas, etc. Et comme routard rime avec partage, échangez et découvrez bons plans, photos et annonces sur notre espace communautaire. **routard.com,** la boîte à outils indispensable pour bien partir.

Les réductions accordées à nos lecteurs ne sont jamais demandées par nos rédacteurs afin de préserver leur indépendance. Les hôteliers et restaurateurs sont sollicités par une société de mailing, totalement indépendante de la rédaction, qui reste libre de ses choix. De même pour les autocollants et plaques émaillées.

Mille excuses, on ne peut plus répondre individuellement aux centaines de CV reçus chaque année.

Le contenu des annonces publicitaires insérées dans ce guide n'engage en rien la responsabilité de l'éditeur.

TABLE DES MATIÈRES

COMMENT Y ALLER ?

GÉNÉRALITÉS

REYKJAVÍK ET SES ENVIRONS

LA PÉNINSULE DE REYKJANES

LE SUD

LE « CERCLE D'OR » *(GOLDEN CIRCLE)*

LES ÎLES VESTMANN

LE LONG DE LA CÔTE SUD

LE CENTRE

LA RÉGION DE KJÖLUR

L'EST

LE NORD

LES FJORDS DU NORD-OUEST

ÍSAFJARÐARDJÚP

LA PÉNINSULE DU SUD-OUEST

LA PÉNINSULE DE SNÆFELLSNES

La côte nord de la péninsule

La côte ouest de la péninsule

La côte sud de la péninsule

Sur la route de Reykjavík

LES ÎLES FÉROÉ
- Myggweos et le Slættaratinður

NOS NOUVEAUTÉS

GUATEMALA, YUCATÁN (paru)

Une région que nous aurions pu tout aussi bien intituler « Le Pays maya ». Que l'on atterrisse à Ciudad Guatemala ou à Cancún, que l'on passe par le Chiapas ou par le Belize pour rejoindre le Yucatán ou le Guatemala, partout on est en territoire maya. À la fin d'un tel circuit, cette civilisation aux coutumes toujours vives n'aura plus de secrets pour vous. Malgré sa petite superficie, le Guatemala offre une palette étonnamment variée de paysages, de climats, de coutumes locales qui raviront les amateurs de vestiges, de culture et de dépaysement. Flores, ravissante île posée sur le lac Petén, Itzá et Tikal, site splendide en pleine forêt vierge. Alentour, enfouis dans la jungle, d'autres sites moins connus attendent les randonneurs aguerris. Le lac Atitlán, l'un des plus beaux du monde, avec sa couronne de volcans, est bordé d'un chapelet de villages hors du temps. Antigua, ancienne capitale coloniale et plus belle ville du pays, mérite à elle seule une étape de plusieurs jours. Et puis, changement de décor ! À bord d'une *lancha* vous descendrez le *río Dulce* jusqu'à Livingston, au bord de l'Atlantique, refuge des *Garifunas,* des descendants d'esclaves, présents aussi au Belize tout proche. Ici, on vit au rythme d'une musique caraïbe. Enfin, près de Cobán, ne manquez pas de rendre visite à l'oiseau-roi des Mayas, le *quetzal,* volatile rare et somptueux, qui a donné son nom à la monnaie locale. Escalade des volcans ou des pyramides, plongée dans les eaux turquoise du Belize et du Yucatán, découverte des biotopes compléteront ce superbe voyage.

LACS ITALIENS (paru)

Le lac Majeur, les lacs de Garde, Côme, Lugano, Orta, Iseo... Des romantiques du XIXe siècle aux stars hollywoodiennes, les lacs italiens n'ont cessé d'attirer et de séduire le visiteur. Nous sommes tous envoûtés par ces rivages nichés dans des paysages préalpins de toute beauté. Après avoir savouré le charme des villages du lac Majeur et du lac de Côme, leurs fastueuses villas entourées de jardins somptueux, peut-être serez-vous tenté alors par une virée helvète, à Locarno ou au bord du petit lac de Lugano. C'est là que vous vous attablerez dans les charmants *grotti,* ces petites auberges de campagne où l'on dévore un plateau de charcuterie (ou la spécialité locale) tout en s'abreuvant du vin du patron. Dans cette région de balades, entre villes et montagnes, le routard pourra toujours choisir entre le glamour et l'agitation des petites villes chic qui bordent les lacs et l'authenticité des coins perdus sur les hauteurs, dans une nature généreuse et escarpée qui offrira aux randonneurs une multitude de sentiers à explorer.

LES GUIDES DU ROUTARD
2007-2008

(dates de parution sur **www.routard.com**)

France

Nationaux

- Nos meilleures chambres d'hôtes en France
- **Nos meilleurs campings en France (avril 2007)**
- Nos meilleurs hôtels et restos en France
- Petits restos des grands chefs
- Tables à la ferme et boutiques du terroir

Régions françaises

- Alpes
- Alsace
- Aquitaine
- Ardèche, Drôme
- Auvergne, Limousin
- Bourgogne
- Bretagne Nord
- Bretagne Sud
- Châteaux de la Loire
- Corse
- Côte d'Azur
- Franche-Comté
- Île-de-France
- Languedoc-Roussillon
- **Lorraine (nouveauté)**
- Lot, Aveyron, Tarn
- Nord-Pas-de-Calais
- Normandie
- Pays basque (France, Espagne)
- Pays de la Loire
- Poitou-Charentes
- Provence
- Pyrénées, Gascogne

Villes françaises

- Bordeaux
- Lille
- Lyon
- Marseille
- Montpellier
- Nice
- **Strasbourg (avril 2007)**
- Toulouse

Paris

- Junior à Paris et ses environs
- Paris
- Paris balades
- Paris exotique
- Paris la nuit
- Paris sportif
- Paris à vélo
- Paris zen
- Restos et bistrots de Paris
- Le Routard des amoureux à Paris
- Week-ends autour de Paris

Europe

Pays européens

- Allemagne
- Andalousie
- Andorre, Catalogne
- Angleterre, Pays de Galles
- Autriche
- Baléares
- Belgique
- Castille, Madrid (Aragon et Estrémadure)
- Crète
- Croatie
- Écosse
- Espagne du Nord-Ouest (Galice, Asturies, Cantabrie)
- Finlande
- Grèce continentale
- Hongrie, République tchèque, Slovaquie
- Îles grecques et Athènes
- Irlande
- Islande
- Italie du Nord
- Italie du Sud
- **Lacs italiens (nouveauté)**
- Malte
- Norvège, Suède, Danemark
- Pologne et capitales baltes
- Portugal
- Roumanie, Bulgarie
- Sicile
- Suisse
- Toscane, Ombrie

LES GUIDES DU ROUTARD
2007-2008 *(suite)*

(dates de parution sur **www.routard.com**)

Villes européennes

- Amsterdam
- Barcelone
- Berlin
- Florence
- **Lisbonne (nouveauté)**
- Londres
- Moscou, Saint-Pétersbourg
- Prague
- Rome
- Venise

Amériques

- Argentine
- Brésil
- Californie
- Canada Ouest et Ontario
- Chili et île de Pâques
- Cuba
- Équateur
- États-Unis côte Est
- Floride, Louisiane
- Guadeloupe, Saint-Martin, Saint-Barth
- **Guatemala, Yucatán (nouveauté)**
- Martinique, Dominique, Sainte-Lucie
- Mexique
- New York
- Parcs nationaux de l'Ouest américain et Las Vegas
- Pérou, Bolivie
- Québec et Provinces maritimes
- République dominicaine (Saint-Domingue)

Asie

- Birmanie (Myanmar)
- Cambodge, Laos
- Chine (Sud, Pékin, Yunnan)
- Inde du Nord
- Inde du Sud
- Indonésie
- Istanbul
- Jordanie, Syrie
- Malaisie, Singapour
- Népal, Tibet
- Sri Lanka (Ceylan)
- Thaïlande
- Turquie
- Vietnam

Afrique

- Afrique de l'Ouest
- Afrique du Sud
- Égypte
- Île Maurice, Rodrigues
- Kenya, Tanzanie et Zanzibar
- Madagascar
- Maroc
- Marrakech
- Réunion
- Sénégal, Gambie
- Tunisie

Guides de conversation

- Allemand
- Anglais
- **Arabe du Maghreb (nouveauté)**
- **Arabe du Proche-Orient (nouveauté)**
- Chinois
- Croate
- Espagnol
- Grec
- Italien
- Portugais
- Russe

Et aussi...

- Le Guide de l'humanitaire

Nous tenons à remercier tout particulièrement Loup-Maëlle Besançon, Thierry Bessou, Gérard Bouchu, François Chauvin, Grégory Dalex, Fabrice de Lestang, Cédric Fischer, Carole Fouque, Michelle Georget, David Giason, Lucien Jedwab, Emmanuel Juste, Florent Lamontagne, Philippe Martineau, Jean-Sébastien Petitdemange, Laurence Pinsard, Thomas Rivallain, Déborah Rudetzki, Claudio Tombari et Solange Vivier pour leur collaboration régulière.

Et pour cette nouvelle collection, nous remercions aussi :

David Alon et Andréa Valouchova
Bénédicte Bazaille
Jean-Jacques Bordier-Chêne
Ellenore Busch
Louise Carcopino
Florence Cavé
Raymond Chabaud
Alain Chaplais
Bénédicte Charmetant
Cécile Chavent
Stéphanie Condis
Agnès Debiage
Tovi et Ahmet Diler
Clélie Dudon
Sophie Duval
Sophie Ferard
Julie Fernandez
Alain Fisch
Suzel Gary
Adrien et Clément Gloaguen
Romuald Goujon
Stéphane Gourmelen
Pierre Granoux
Claudine de Gubernatis
Xavier Haudiquet
Claude Hervé-Bazin
Claire d'Hautefeuille
Bernard Hilaire
Lionel Husson
Sébastien Jauffret
François et Sylvie Jouffa

Hélène Labriet
Lionel Lambert
Vincent Launstorfer
Francis Lecompte
Jacques Lemoine
Sacha Lenormand
Valérie Loth
Dorica Lucaci
Philippe Melul
Kristell Menez
Delphine Meudic
Éric Milet
Jacques Muller
Anaïs Nectoux
Alain Nierga et Cécile Fischer
Hélène Odoux
Caroline Ollion
Nicolas Pallier
Martine Partrat
Odile Paugam et Didier Jehanno
Xavier Ramon
Dominique Roland et Stéphanie Déro
Corinne Russo
Caroline Sabljak
Prakit Saiporn
Jean-Luc et Antigone Schilling
Brindha Seethanen
Nicolas Tiphagne
Charlotte Valade
Julien Vitry

Direction : Nathalie Pujo
Contrôle de gestion : Joséphine Veyres et Céline Déléris
Responsable éditoriale : Catherine Julhe
Édition : Matthieu Devaux, Stéphane Renard, Magali Vidal, Marine Barbier-Blin, Géraldine Péron, Jean Tiffon, Olga Krokhina et Sophie Touzet
Secrétariat : Catherine Maîtrepierre
Préparation-lecture : Véronique Rauzy
Cartographie : Frédéric Clémençon et Aurélie Huot
Fabrication : Nathalie Lautout et Audrey Detournay
Couverture : conçue et réalisée par Thibault Reumaux
Direction marketing : Dominique Nouvel, Lydie Firmin et Juliette Caillaud
Responsable partenariats : André Magniez
Édition partenariats : Juliette Neveux et Raphaële Wauquiez
Informatique éditoriale : Lionel Barth
Relations presse : Danielle Magne, Martine Levens et Maureen Browne
Régie publicitaire : Florence Brunel

NOS NOUVEAUTÉS

LISBONNE (paru)

Lisbonne, à l'embouchure du Tage, avec vue sur l'Atlantique... La ville qui a vu passer Vasco de Gama, Magellan ou saint Antoine de Padoue offre – en moins de 3 h d'avion depuis Paris – un rapport qualité-prix-dépaysement imbattable. De l'authentique Alfama, jusqu'au Bairro Alto branché, en passant par le Parc des Nations, la ville du futur et le musée Calouste-Gulbenkian où les chefs-d'œuvre abondent. Tout le monde s'y retrouve. Entre deux gargotes, on saute dans le vieux tram jaune 28 qui traverse la ville, du château Saint-Georges avec sa forteresse jusqu'au monastère des hiéronymites de Belém, tout en dentelles. Funiculaires, ascenseurs, tram, métro, tous les moyens sont bons pour arpenter la ville. On goûte un *pasteis de nata*, petit flan crémeux en buvant une *ginja*... Sans oublier les *casa do fado*, pour écouter ce blues portugais. Et les derniers fêtards se retrouvent sur les *docas*, où les meilleurs DJs viennent astiquer les platines.

NOS MEILLEURS CAMPINGS EN FRANCE (avril 2007)

Nos meilleurs campings en France vous donnent la clé des champs ! Jamais l'hôtellerie de plein air n'a autant titillé nos envies de jouer aux Robinsons. Se réveiller au milieu des prés, dormir au bord de l'eau, partager le quotidien de la ferme... C'est le renouveau du camping ! Partez sur les traces de Franck Dubosc. Arrêtez-vous dans le désormais célèbre *Camping des Flots Bleus*, mettez vos pieds sous la table des campings gastronomiques, dormez dans une hutte, une yourte, un tipi ou un vieil airstream américain...
Voici nos meilleures 1 700 adresses pour (re)découvrir les joies du camping, les balades à faire, les monuments à ne pas manquer alentour. Le Routard a planté sa tente et ses sardines en sélectionnant les meilleurs emplacements, les équipements les mieux adaptés à vos envies : mer, montagne, campagne, lac. Le tout avec un index simple d'utilisation : région par région, ville par ville, du camping à la ferme à l'aire en pleine nature, en passant par les jolis campings municipaux. Sans oublier le plus et le moins de chaque adresse. Comme ça, pas de surprise à l'arrivée !

LES QUESTIONS QU'ON SE POSE LE PLUS SOUVENT

➤ *Pourquoi aller en vacances en Islande ?*

Avant tout pour le dépaysement total : les paysages rencontrés sont parmi les plus spectaculaires que l'on puisse trouver sur cette terre. Une vraie leçon de géologie qui remet l'homme à sa place véritable : c'est-à-dire peu de chose.

➤ *Quelle est la meilleure époque pour y aller ?*

Entre juin et septembre, c'est la combinaison idéale entre nuits très courtes (surtout en juin), donc lumière du jour prolongée, et douceur des températures.

➤ *La vie est-elle chère ?*

Oui, bien plus chère qu'en France, et les professionnels du tourisme sont conscients qu'il faut faire des efforts pour ne pas trop matraquer les visiteurs.

➤ *Comment se loger pas cher ?*

En AJ, camping, ferme ou en refuge en pleine nature. Les *guesthouses* offrent des installations à partager (cuisines, sanitaires) et les hôtels *Edda* sont des collèges dont les installations sont mises à disposition des touristes pendant les vacances scolaires. Dormir avec son sac de couchage revient souvent beaucoup moins cher. Et c'est possible !

➤ *Y fait-il froid ?*

Contrairement aux idées reçues, les températures sont rarement très basses. Les *minima* descendent rarement au-dessous de - 10 °C ou - 15 °C. En été, la moyenne tourne autour de + 12 °C. Le temps en été est très changeant, et ce sont les intensités de la pluie et du vent qui influenceront la perception entre un temps pourri et un temps acceptable.

➤ *Comment se déplacer ?*

Le réseau des bus couvre toutes les routes du pays (en fonction de la saison) avec des systèmes de *passes* assez avantageux. La meilleure solution, bien que chère, consiste à louer une voiture à plusieurs, et de préférence un 4x4, pour accéder aux pistes qui mènent aux paysages du centre de l'île.

➤ *Y mange-t-on bien ?*

Vous n'irez pas en Islande pour y faire de la découverte gastronomique, loin de là. Le resto est réservé aux gros budgets. Dès lors, le souci principal sera de bien se nourrir pour affronter les conditions météo et les fatigues de la randonnée en profitant, par exemple, des petits déjeuners copieux. Quant aux boissons alcoolisées, oubliez tout simplement que cela existe !

➤ *Comment communique-t-on avec les Islandais ?*

L'islandais est une langue difficile. Mais tout le monde parle l'anglais et parfois un peu d'allemand. Sinon, avec de la bonne volonté de part et d'autre, on se débrouille. Le français n'est pas plus répandu que le serbo-croate ou le tagalog...

COMMENT Y ALLER ?

EN AVION

Les compagnies régulières

▲ ICELANDAIR
– *Paris :* 12, rue Vignon, 75009. ☎ 01-44-51-60-51 (renseignements et résas), lun-ven 9h-18h. Fax : 01-42-65-17-52. ● france@icelandair.is ● www.icelandair.fr ● Ⓜ Madeleine.
Icelandair, la compagnie aérienne islandaise, propose toute l'année des vols réguliers Paris-Reykjavík au départ de Roissy-CDG. Elle offre entre 4 et 11 rotations hebdomadaires selon la saison. Durée moyenne de vol : 3h. Des forfaits week-end ou semaine de 3 ou 4 nuits à Reykjavík sont également disponibles (à partir de 459 € par pers). Conseils, prix et principales offres de séjour en Islande figurent dans la brochure *Icelandairholidays 2007* disponible gratuitement. Enfin, en se connectant sur ● www.icelandair.fr ●, possibilité d'enregistrer son adresse e-mail pour recevoir tous les bons plans et offres de dernière minute.

▲ SAS – STAR ALLIANCE
Réservations : ☎ 0825-325-335 (0,15 €/mn). ● www.flysas.fr ●
SAS, compagnie aérienne scandinave, membre de *Star Alliance,* propose de nombreux vols quotidiens vers les capitales scandinaves au départ de Paris-Roissy-CDG, Nice ou Lyon. Reykjavík est desservi jusqu'à 3 fois par jour via Oslo. Elle possède des réseaux domestiques importants au Danemark, en Norvège et en Suède, et dessert aussi régulièrement la Finlande, la Pologne et les Pays baltes. SAS offre tout au long de l'année des tarifs jeunes, ainsi que des tarifs promotionnels sur son site internet. Le *SAS Visit Scandinavia Air Pass* est composé de coupons valables pour toute la Scandinavie, les Pays baltes et la Russie. Le *pass* doit être acheté en France. Il faut réserver son 1er trajet intérieur avant de partir. Grâce au *pass,* il est possible d'arriver dans un pays et de repartir d'un autre. Bon à savoir : désormais, SAS propose de nouveaux tarifs en aller simple, valables sur tous les vols, à l'exception des longs courriers. Ce nouveau système offre beaucoup de flexibilité, il n'y a pas de contraintes de séjour minimum ou d'achat du billet 14 ou 21 jours avant le départ.

Les compagnies *low-cost*

Ce sont des compagnies dites « à bas prix ». De nombreuses villes de province sont desservies, ainsi que les aéroports limitrophes des grandes villes. Réservation par Internet ou par téléphone (pas d'agence et pas de « billet papier », juste un n° de réservation) et aucune garantie de remboursement en cas de difficultés financières de la compagnie. En outre, les pénalités en cas de changement d'horaires sont assez importantes et les taxes d'aéroport rarement incluses. Ne pas oublier non plus d'ajouter le prix du bus pour se rendre à ces aéroports, souvent assez éloignés du centre-ville.

▲ ICELAND EXPRESS
● www.icelandexpress.com ● Vols vers Reykjavík depuis Londres (Stansed), Francfort-Hahn, Fiedrichshaven (lac de Constance), Berlin, Stockholm, Göteborg et Copenhague. Vols directs de Copenhague vers Akureyri.

LES ORGANISMES DE VOYAGES

Ne pas croire que les vols à tarif réduit sont tous au même prix pour une même destination à une même époque : loin de là. On a déjà vu, dans un même avion partagé par deux organismes, des passagers qui avaient payé 40 % plus cher que les autres... Authentique ! De plus, une agence bon marché ne l'est pas forcément toute l'année (elle peut n'être compétitive qu'à certaines dates bien précises). Donc, contactez tous les organismes et jugez vous-même.

Les organismes cités sont classés par ordre alphabétique, pour éviter les jalousies et les grincements de dents.

En France

▲ ALLIBERT

– *Paris :* 37, bd Beaumarchais, 75003. ☎ 01-44-59-35-35. ● www.allibert-trekking.com ● Tlj sf dim, 9h-19h.

Né en 1975 d'une passion commune entre trois guides de montagne, Allibert propose aujourd'hui 450 voyages aux quatre coins du monde tout en restant une entreprise familiale. Découvrir de nouveaux itinéraires en respectant la nature et les cultures des régions traversées reste leur priorité. Pour chaque pays, différents niveaux de difficulté.

▲ BENNETT VOYAGES

● info@bennett-voyages.fr ● www.bennett-voyages.fr ●

Ancienne agence parisienne (depuis 1918), spécialiste de la Scandinavie, de la Finlande, de l'Islande, de l'Irlande, de la Grande-Bretagne, ainsi que des îles Anglo-Normandes. Tarifs « discountés » sur vols réguliers et charters, itinéraires spéciaux pour automobilistes.

Bennett est aussi l'agent général des compagnies car-ferries : *Irish Ferries* (France-Irlande en direct ou via la Grande-Bretagne), *Fjord Line* (Danemark-Norvège, Angleterre-Norvège) et *Viking Line* (Suède-Finlande). Renseignements et réservations : ☎ 01-56-93-43-40. Fax : 01-53-99-56-39. ● irishferries@bennett-voyages.fr ● ferries@bennett-voyages.fr ●

Brochures disponibles gratuitement : Scandinavie, Irlande, Grande-Bretagne, Laponie.

▲ CLUBAVENTURE

– *Paris :* 18, rue Séguier, 75006. ☎ 0826-88-20-80 (0,15 €/mn). Fax : 01-44-32-09-59. ● www.clubaventure.fr ● Ⓜ Saint-Michel ou Odéon. Lun-ven 9h30-18h30 ; sam 11h-18h30.

Spécialiste du voyage d'aventure depuis près de 30 ans, clubaventure privilégie la randonnée en famille ou entre amis pour parcourir le monde hors des sentiers battus. Le catalogue offre 600 voyages dans 90 pays différents à pied, en 4x4, en pirogue ou à dos de chameau. Ces voyages sont conçus pour une dizaine de participants, encadrés par des guides accompagnateurs professionnels.

▲ COMPTOIR D'ISLANDE / ALANTOURS

– *Paris :* 344, rue Saint-Jacques, 75005. ☎ 0892-236-836 (0,34 €/mn). Fax : 01-53-10-21-51. ● www.comptoir.fr ● Ⓜ Port-Royal. Lun-sam 10h-18h30.

Les voyages « cousus main ». L'équipe de Comptoir d'Islande regroupe de véritables passionnés. Pour partager leur passion, ils ont mis au point un ensemble très complet de formules pour que chacun puisse trouver un voyage à son rythme et en toute liberté. En petits groupes, vous pouvez bénéficier des conseils experts de guides qui vous feront découvrir des lieux secrets.

Comptoir d'Islande s'intègre à l'ensemble des Comptoirs organisés autour de thématiques : déserts, Afrique, Maroc, États-Unis, Canada, terres extrêmes, Pays celtes, Scandinavie et Italie.

ICELANDAIR, NATURELLEMENT ...
L'ISLANDE A 3 HEURES DE PARIS SEULEMENT !

▲ GRAND NORD GRAND LARGE

– *Paris :* 15, rue du Cardinal-Lemoine, 75005. ☎ 01-40-46-05-14. Fax : 01-43-26-73-20. ● www.gngl.com ● Ⓜ Cardinal-Lemoine. Lun-ven 10h-19h ; sam 10h-18h.
Spécialiste des pays nordiques, Grand Nord Grand Large propose pour l'Islande des autotours thématiques, des randonnées et des voyages à la carte, individuels ou en groupe. L'hébergement se fait en hôtel, *guesthouse,* dans des fermes ou des campings selon le type de voyage choisi.

▲ ISLAND TOURS

– *Paris :* 8, bd Pasteur, 75015. ☎ 01-56-58-30-20. Fax : 01-56-58-30-21. ● www.islandtours.fr ● Ⓜ Pasteur ou Sèvres-Lecourbe. Lun-ven 9h30-13h et 14h-18h30 ; sam 10h-17h30.
Island Tours, c'est une équipe de vrais passionnés de l'Islande. Leur connaissance pointue du pays leur permet de vous offrir le meilleur de l'Islande. Leurs voyages sont élaborés avec grand soin, car ils sont l'exact reflet de leur passion. Les voyageurs individuels y trouveront une large palette de prestations pour construire leur propre découverte : traversée en ferry, vols, locations de voitures et de camping cars, bons d'hébergement, et des autotours pour voyager facile. Et pour préparer le voyage, des guides et des cartes de l'Institut géographique islandais. Brochures en téléchargement.

▲ NORD ESPACES

– *Paris :* 35, rue de la Tombe-Issoire, 75014. ☎ 01-45-65-00-00 ou 01-45-65-07-64. Fax : 01-45-65-32-22. ● maya@nord-espaces.com ● www.nord-espaces.com ● Ⓜ Saint-Jacques. Lun-ven 9h30-12h30, 14h-18h. Spécialiste des pays nordiques (Finlande, Islande, Norvège, Suède, Danemark, Groenland, Spitzberg et Pays baltes), l'équipe de Nord Espaces, dirigée par un Norvégien d'origine, propose en été de nombreux circuits classiques ou sur mesure, rencontres avec la culture lapone, etc. En hiver, de nombreux programmes originaux de motoneige, chiens de traîneau, raids à ski, séjours multiactivités, séjours libres, ainsi que diverses formules de fin d'année au pays du Père Noël ! Nord Espaces est également à votre disposition pour tout programme sur mesure.

▲ NOUVELLES FRONTIÈRES

– Renseignements et réservations dans toute la France : ☎ 0825-000-825 (0,15 €/mn). ● www.nouvelles-frontieres.fr ●
Les 13 brochures Nouvelles Frontières sont disponibles gratuitement dans les 210 agences du réseau, par téléphone et sur Internet. Plus de 30 ans d'existence, 1 400 000 clients par an, 250 destinations, une chaîne d'hôtels-clubs *Paladien* et une compagnie aérienne, *Corsair.* Pas étonnant que Nouvelles Frontières soit devenu une référence incontournable, notamment en matière de tarifs. Le fait de réduire au maximum les intermédiaires permet d'offrir des prix « super-serrés ». Un choix illimité de formules vous est proposé : des vols sur la compagnie aérienne de Nouvelles Frontières au départ de Paris et de province, en classe Horizon ou Grand Large, et sur toutes les compagnies aériennes régulières, avec une gamme de tarifs selon votre budget. Sont également proposés toutes sortes de circuits, aventure ou organisés ; des séjours en hôtels, en hôtels-clubs et en résidences ; des week-ends, des formules à la carte (vol, nuits d'hôtel, excursions, location de voitures...), des séjours neige.
Avant le départ, des réunions d'information sont organisées. Intéressant : des brochures thématiques (plongée, rando, trek, thalasso).

▲ SCANDITOURS / CELTICTOURS

– *Paris :* 36, rue de Saint-Pétersbourg, 75008 (rez-de-chaussée). ☎ 01-42-85-64-30. Fax : 01-42-85-64-34. ● www.scanditours.fr ● Ⓜ Place-de-Clichy. Lun-jeu 10h-18h30 ; ven 10h-17h30.

Scanditours est une véritable institution sur la Norvège, la Finlande, la Suède, le Danemark, l'Islande, le Groenland, les îles Féroé et le Spitzberg. Les formules Scanditours / Celtictours proposent des circuits accompagnés et des voyages individuels : transport aérien, location de voitures, autotours, séjours à la ferme, en maisons de pêcheur, en auberges, en hôtels ou en manoirs. Formules valables uniquement l'été pour l'Islande.

▲ TERRES D'AVENTURE
N° Indigo : ☎ 0825-847-800 (0,15 €/mn).
● www.terdav.com ●
– *Paris* : 6, rue Saint-Victor, 75005. Fax : 01-43-25-69-37. Ⓜ Cardinal-Lemoine ou Maubert-Mutualité. Lun-sam 9h30-19h.
– *Bordeaux* : 28, rue Mably, 33000. ☎ 0892-234-834. Lun-sam 10h-19h.
– *Grenoble* : 16, bd Gambetta, 38000. Fax : 04-76-85-96-05. Lun-sam 10h-19h.
– *Lille* : 147, bd de la Liberté, angle place Richebé, 59000. Fax : 03-20-06-76-32. Lun-sam 10h-19h.
– *Lyon* : 5, quai Jules-Courmont, 69002. Fax : 04-78-37-15-01. Lun-sam 10h-19h.
– *Marseille* : 25, rue Fort-Notre-Dame (angle cours d'Estienne-d'Orves), 13001. Fax : 04-96-17-89-29. Lun-sam 10h-19h.
– *Montpellier* : 7, rue de Verdun, 34000. Ouverture en 2007.
– *Nantes* : 22, rue Crébillon, 44000. Fax : 02-40-20-64-37. Lun-sam 10h-19h.
– *Nice* : 4, rue du Maréchal-Joffre (angle rue de Longchamp), 06000. Fax : 04-97-03-64-70. Lun-sam 10h-19h.
– *Rennes* : 31, rue de la Parcheminerie, 35000. Fax : 02-99-79-10-00. Lun-sam 10h-19h.
– *Rouen* : 17-19, rue de la Vicomté, 76000. ☎ 0892-237-837 (0,34 €/mn). Fax : 02-32-10-82-58.
– *Toulouse* : 26, rue des Marchands, 31000. Fax : 05-34-31-72-61. Lun-sam 10h-19h.
Depuis 30 ans, Terres d'Aventure, pionnier du voyage à pied, accompagne les voyageurs passionnés de randonnée et d'expériences authentiques à la découverte des grands espaces de la planète. Voyages à pied, à cheval, en 4x4, en bateau, en raquettes... Sur tous les continents, des aventures en petits groupes encadrés par des professionnels expérimentés. Les hébergements dépendent des sites explorés : camps d'altitude, bivouac, refuge ou petits hôtels. Les voyages sont conçus par niveaux de difficulté : de la simple balade en plaine à l'expédition sportive, en passant par la course en haute montagne.
En région, hébergé dans chacune des *Cités des Voyageurs,* tout rappelle le voyage : librairies spécialisées, boutiques d'accessoires de voyage, expositions-ventes d'artisanat et cocktails-conférences. Consultez le programme des manifestations sur leur site internet.

▲ VOYAGES GALLIA TOURISME
– Paris : 12, rue Auber, 75009. ☎ 01-53-43-36-36. Fax : 01-47-42-84-07. ● islande@voyages-gallia.fr ● www.voyages-gallia.fr ●
Tour-opérateur spécialiste de l'Islande et agent général pour la France de la Compagnie maritime *SMYRIL LINE,* reliant l'Islande à partir du nord de l'Europe (Danemark, Norvège, Écosse) et via les îles Féroé.
Voyages Gallia Tourisme propose des traversées pour l'Islande (et les îles Féroé) sur un navire offrant tout le confort à des tarifs compétitifs. Traversées seules ou circuits organisés avec votre propre voiture (voiture normale ou 4x4). Pour les traversées en bateau avec votre voiture, une escale de 3 jours aux Féroé permet de découvrir ces merveilleuses îles.
Parmi la gamme de produits proposés en Islande, dans la brochure *Islande Aventure* : des circuits en voiture en toute liberté ou organisés avec héber-

L'ISLANDE,

GRANDEUR
Nature

Nos spécialistes
vous répondent
au 01 56 58 30 20
et sur www.islandtours.fr

ISLAND TOURS

8 boulevard Pasteur 75015 PARIS

gement en hôtels, fermes, guesthouses, auberges de jeunesse. Circuit par avion au départ de Paris avec location de voiture et hébergement, excursions.

▲ VOYAGEURS EN EUROPE DU NORD

Spécialiste du voyage en individuel sur mesure. ● www.vdm.com ●
– *Paris :* La Cité des Voyageurs, 55, rue Sainte-Anne, 75002. ☎ 0892-23-56-56 (0,34 €/mn). Fax : 01-42-86-17-88. Ⓜ Opéra ou Pyramides. Lun-sam 9h30-19h.
– *Bordeaux :* 28, rue Mably, 33000. ☎ 0892-234-834 (0,34 €/mn).
– *Grenoble :* 16, bd Gambetta, 38000. ☎ 0892-233-533 (0,34 €/mn).
– *Lille :* 147, bd de la Liberté, 59000. ☎ 0892-234-634 (0,34 €/mn). Fax : 03-20-06-76-31.
– *Lyon :* 5, quai Jules-Courmont, 69002. ☎ 0892-231-261 (0,34 €/mn). Fax : 04-72-56-94-55.
– *Marseille :* 25, rue Fort-Notre-Dame (angle cours d'Estienne-d'Orves), 13001. ☎ 0892-233-633 (0,34 €/mn). Fax : 04-96-17-89-18.
– *Montpellier :* 7, rue de Verdun, 34000. Ouverture début 2007.
– *Nantes :* 22, rue Crébillon, 44000. ☎ 0892-230-830 (0,34 €/mn). Fax : 02-40-20-64-38.
– *Nice :* 4, rue du Maréchal-Joffre (angle rue de Longchamp), 06000. ☎ 0892-232-732 (0,34 €/mn). Fax : 04-97-03-64-60.
– *Rennes :* 31, rue de la Parcheminerie, 35102. ☎ 0892-230-530 (0,34 €/mn). Fax : 02-99-79-10-00.
– *Rouen :* 17-19, rue de la Vicomté, 76000. ☎ 0892-237-837 (0,34 €/mn). Fax : 02-32-10-82-58.
– *Toulouse :* 26, rue des Marchands, 31000. ☎ 0892-232-632 (0,34 €/mn). Fax : 05-34-31-72-73. Ⓜ Esquirol.
Sur les conseils d'un spécialiste de chaque pays, chacun peut construire un voyage à sa mesure...
– *Voyageurs en Europe du Nord* (Danemark, Finlande, Islande, Norvège, Suède). ☎ 0892-236-161 (0,34 €/mn). Fax : 01-42-86-16-28.
Pour partir à la découverte de plus de 120 pays, 100 conseillers-voyageurs, de près de 30 nationalités et grands spécialistes des destinations, donnent des conseils, étape par étape et à travers une collection de 25 brochures, pour élaborer son propre voyage en individuel. Des suggestions originales et adaptables, des prestations de qualité et des hébergements exclusifs.
Voyageurs du Monde propose également une large gamme de circuits accompagnés (Famille, Aventure, Routard...). À la fois tour-opérateur et agence de voyages, Voyageurs du Monde a développé une politique de « vente directe » à ses clients, sans intermédiaire.
Dans chacune des *Cités des Voyageurs,* tout rappelle le voyage : librairies spécialisées, boutiques d'accessoires de voyage, restaurant des cuisines du monde, lounge-bar, expositions-vente d'artisanat ou encore dîners et cock-tails-conférences. Toute l'actualité de VDM à consulter sur leur site internet.
Nouveau ! Voyageurs du Monde Express : tous les vols et une sélection de voyages « prêts à partir » sur des destinations mythiques. ☎ 0892-688-363 (0,34 €/mn).

▲ VOYAGES WASTEELS (JEUNES SANS FRONTIÈRE)

62 agences en France, 140 en Europe. Pour obtenir l'adresse et le numéro de téléphone de l'agence la plus proche de chez vous, rendez-vous sur ● www.wasteels.fr ●
Centre d'appels infos et ventes par téléphone : ☎ 0825-887-070 (0,15 €/mn). Voyages Wasteels propose pour tous des séjours, des week-ends, des vacances à la carte, des croisières, des locations mer et montagne, de l'hébergement en hôtel, des voyages en avion ou train et de la location de voitures, au plus juste prix, parmi des milliers de destinations en France, en Europe et dans le monde. Voyages Wasteels, c'est aussi tous les voyages

UNE TRIBU AU SERVICE DE VOS VOYAGES

DOC GRATUITE ✆ **0825 701 702**

0,15 €TTC/ mn

www.nomade-aventure.com

jeunes et étudiants avec des tarifs réduits particulièrement adaptés aux besoins et au budget de chacun avec la carte d'étudiant internationale ISIC (12 €).

En Belgique

▲ NOUVELLES FRONTIÈRES
– *Bruxelles* (siège) : bd Lemonnier, 2, 1000. ☎ 02-547-44-22. Fax : 02-547-44-99. ● www.nouvelles-frontieres.be ●
– Également d'autres agences à *Bruxelles, Charleroi, Liège, Mons, Namur, Waterloo, Wavre* et au *Luxembourg.*
Plus de 30 ans d'existence, 250 destinations, une chaîne d'hôtels-clubs *Paladien.* Pas étonnant que Nouvelles Frontières soit devenu une référence incontournable, notamment en matière de tarif. Le fait de réduire au maximum les intermédiaires permet d'offrir des prix « super-serrés ».

▲ PAMPA EXPLOR
– *Bruxelles :* av. Brugmann, 250, 1180. ☎ 02-340-09-09. Fax : 02-346-27-66. ● info@pampa.be ● Lun-ven 9h-19h ; sam 10h-17h. Également sur rendez-vous, dans leurs locaux, ou à votre domicile.
Spécialiste des vrais voyages à la carte, Pampa Explor propose plus de 70 % de la « planète bleue », selon les goûts, attentes, centres d'intérêt et budget de chacun. Du Costa Rica à l'Indonésie, de l'Afrique australe à l'Afrique du Nord, de l'Amérique du Sud aux plus belles croisières en passant par l'Islande, Pampa Explor tourne le dos au tourisme de masse pour privilégier des découvertes authentiques et originales, pleines d'air pur et de chaleur humaine. Pour ceux qui apprécient la jungle et les Pataugas ou ceux qui préfèrent les cocktails en bord de piscine et les fastes des voyages de luxe, en individuel ou en petits groupes, mais toujours sur mesure. Possibilité de régler par carte de paiement. Sur demande, envoi gratuit de documents de voyages.

En Suisse

▲ NOUVELLES FRONTIÈRES
– *Genève :* 10, rue Chantepoulet, 1201. ☎ 022-906-80-80. Fax : 022-906-80-90.
– *Lausanne :* 19, bd de Grancy, 1006. ☎ 021-616-88-91. Fax : 021-616-88-01.
(Voir texte dans la partie « En France ».)

▲ STA TRAVEL
– *Bienne :* General Dufourstrasse 4, 2502. ☎ 058-450-47-50. Fax : 058-450-47-58.
– *Fribourg :* 24, rue de Lausanne, 1701. ☎ 058-450-49-80. Fax : 058-450-49-88.
– *Genève :* 3, rue Vignier, 1205. ☎ 058-450-48-30. Fax : 058-450-48-38.
– *Lausanne :* 26, rue de Bourg, 1003. ☎ 058-450-48-70. Fax : 058-450-48-78.
– *Lausanne :* à l'université, bâtiment BFSH2, 1015. ☎ 058-450-49-20. Fax : 058-450-49-28.
– *Montreux :* 25, av. des Alpes, 1820. ☎ 058-450-49-30. Fax : 058-450-49-38.
– *Neuchâtel :* Grand rue, 2, 2000. ☎ 058-450-49-70. Fax : 058-450-49-78.
– *Nyon :* 17, rue de la Gare, 1260. ☎ 058-450-49-00. Fax : 058-450-49-18.
Agences spécialisées dans les voyages pour jeunes et étudiants. Gros avantage si vous deviez rencontrer un problème : 150 bureaux STA et plus de 700 agents du même groupe répartis dans le monde entier sont là pour vous donner un coup de main *(Travelhelp).*

WWW.SMYRIL-LINE.COM

DECOUVREZ L'ISLANDE ET LES ÎLES FÉROÉ AVEC VOTRE VOITURE

EN VOITURE POUR L'ISLANDE VIA LES ÎLES FÉROÉ ET RETOUR

L'aventure commence à Hanstholm au Danemark où vous embarquerez avec votre voiture à bord du cruise-ferry Norröna. Après deux jours fantastiques aux Iles Féroé, vous découvrirez l'Islande et ses impressionnants glaciers, ses vastes étendues, ses paysages de lave pétrifiée et ses sources chaudes.

Traversées, différents circuits proposés en voiture ou 4x4

* La brochure Smyril Line 2007 vous sera adressée sur simple demande.

LI 075 99 0068

TOURISME
voyages gallia

12 RUE AUBER · 75009 PARIS · TÉL. 01 53 43 36 36
ISLANDE@VOYAGES-GALLIA.FR · WWW.VOYAGES-GALLIA.FR

STA propose des voyages très avantageux : vols secs *(Skybreaker),* billets *Euro Train,* hôtels, écoles de langues, voitures de location, etc. Délivre la carte internationale d'étudiant ISIC et la carte Jeune Go 25.
STA est membre du fonds de garantie de la branche suisse du voyage ; les montants versés par les clients pour les voyages forfaitaires sont assurés.

▲ **VOYAGES APN**
– *Carouge :* 3, rue Saint-Victor, 1227. ☎ 022-301-01-50. Fax : 022-301-01-10. ● apn@bluewin.ch ●
Voyages APN propose des destinations hors des sentiers battus, particulièrement en Europe (Grèce, Italie et pays du Nord, dont l'Islande), avec un contact direct avec les prestataires. Certains programmes sont particulièrement adaptés aux familles.

Au Québec

▲ **EXPÉDITIONS MONDE**
Expéditions Monde est spécialiste des voyages de découverte, de trekking et d'alpinisme depuis plus de 30 ans. Les voyages en petits groupes facilitent les déplacements dans les régions les plus reculées aux quatre coins du monde, en privilégiant le respect de l'environnement. Expéditions Monde a également mis sur pied un programme de randonnée et de vélo en liberté. Pour obtenir leur brochure, possibilité de les contacter par téléphone : Ottawa (☎ 1 800 567-2216) / Montréal (☎ 1 866 606-1721). Renseignements : (514) 844-6364. ● www.expeditionsmonde.com ●

EN BATEAU

▲ **VOYAGES GALLIA TOURISME**
– *Paris :* 12, rue Auber, 75009. ☎ 01-53-43-36-36. Fax : 01-47-42-84-07. ● islande@voyages-gallia.fr ● www.voyages-gallia.fr ●
Agent général pour la France de la Compagnie maritime *SMYRIL LINE,* seule compagnie à relier l'Islande à partir du nord de l'Europe (Danemark, Norvège, Écosse) via les îles Féroé.
Avec une capacité de 1 500 passagers, comme un hôtel flottant avec toutes les facilités modernes (couchettes, large choix de cabines, solarium, piscine, salle de fitnes, salle de cinéma, etc.) le nouveau cruise-ferry *Norröna* de la *Smyril Line* a commencé à naviguer au printemps 2003.
D'avril à septembre, il rejoint chaque semaine l'Islande, au départ de Hanstholm (Danemark), de Bergen (Norvège) et également de Scrabster (Écosse) du 16 juin au 31 août. Si vous allez jusqu'en Islande en embarquant à Hanstholm, vous débarquerez à Torshavn (îles Féroé) où vous séjournerez 3 jours/ 2 nuits (mais uniquement à l'aller) avant de rejoindre l'Islande. Cet arrêt aux Féroé est également programmé sur les trajets Seydisfjordur/Bergen (3 nuits), Seydisfjordur/Scrabster (3 nuits) et Bergen/Lerwick (2 nuits) durant la période du 16 juin au 31 août. Horaires complets dans la brochure *Smyril Line.*

LORRAINE (paru)

D'abord, on ne passe pas par la Lorraine avec ses gros sabots, on laisse à la frontière ses idées préconçues. La Lorraine peut revendiquer aujourd'hui d'être le centre de l'Europe. Elle partage ses frontières avec trois pays (l'Allemagne, la Belgique et le Luxembourg). À propos, qui appelle-t-on lorsque la France est dans la panade ? Jeanne d'Arc et de Gaulle avec sa croix de Lorraine. Qui est le vrai poumon vert du pays ? La Lorraine avec un bon tiers de forêt. Et que dire de ces villes à forte personnalité : Nancy avec sa célèbre place Stanislas et son patrimoine Art nouveau unique ; Metz, qu'on croit grise, mais qui affiche un festival permanent de teintes jaune, ocre, mordorées et un délicieux centre piéton d'où émerge une merveilleuse cathédrale... Bar-le-Duc, aux vieux quartiers pleins de charme. Sans oublier l'héroïque Verdun et les souvenirs douloureux des Poilus. Enfin, comme cette province est très sage, allez voir Épinal, elle y a reçu une image. Les visiteurs apprécieront le superbe patrimoine culturel de la Lorraine, riche de ses différences. Nourrie par la France et l'Allemagne, elle se façonna de ces deux cultures.

GÉNÉRALITÉS

Pour la carte générale de l'Islande, se reporter au cahier couleur.

> « Il n'existe pas de spectacle plus imposant
> que l'Islande surgissant de la mer. »
> **Arnas Arnaeus**

Un voyage en Islande, terre des extrêmes et des contrastes, à la limite du cercle polaire, est l'occasion d'une fabuleuse leçon de géologie. Volcans, glaciers, champs de lave, zones géothermiques, plages de sable noir composent des paysages sauvages qui, selon le temps et l'éclairage, évoquent le début ou la fin du monde. Sols craquelés, soulevés, fumants, bouleversés, laissant apparaître par endroits les entrailles de la terre, l'Islande était considérée autrefois comme la porte des Enfers. Et pourtant, près de 300 000 habitants vivent sur la deuxième île d'Europe, dans de paisibles villages côtiers, fiers d'être ancrés à une île dont la découverte ne laisse jamais indifférent. Car, à l'image de son relief et de ses couleurs tranchées et crues, l'Islande ne peut inspirer que des sentiments entiers. Vous userez jusqu'à la corde votre dictionnaire de superlatifs : il n'est pas 10 km que l'on fait sans s'émerveiller de la splendeur des paysages. En un mot, une destination unique (et l'on pèse nos mots) pour le routard amoureux de nature et de solitude.

CARTE D'IDENTITÉ

- **Capitale :** Reykjavík.
- **Superficie :** 103 000 km², dont 12 % de glaciers, 23 % de terres arables et 63 % de zone désertique.
- **Population :** 300 000 hab.
- **Densité :** 2,8 hab./km².
- **Espérance de vie :** 80 ans.
- **PIB par habitant :** 29 852 US$.
- **Monnaie :** couronne islandaise (ISK), *króna,* divisée en 100 *aurars.* 100 ISK = environ 1 € (fin 2006).
- **Langue :** l'islandais. On parle couramment l'anglais et souvent le danois.
- **Régime :** parlementaire.
- **Chef d'État :** M. Ólafur Ragnar Grímsson (depuis 1996, réélu en juin 2004).
- **Premier ministre :** Geir Haarde (depuis 2006).
- **Site classé au Patrimoine de l'Unesco :** Thingvellir National Park.

ISA

SIDA

LOLA

protégez-vous

www.aides.org

AVANT LE DÉPART

Adresses utiles

En France

ℹ️ *Office de tourisme d'Islande :* l'office de tourisme islandais a fermé ses portes à Paris pour regrouper ses activités à partir de l'Allemagne, à Francfort. On peut néanmoins appeler le ☎ 01-53-64-80-50 où un service répond, en français, en sem 9h-13h. On peut y laisser ses coordonnées pour recevoir de la documentation. • www.icetourist.de/islande •
■ ***Ambassade d'Islande :*** 8, av. Kléber, 75116 Paris. ☎ 01-44-17-32-85. Fax : 01-40-67-99-96. Ⓜ Kléber ou Charles-de-Gaulle-Étoile. Lun-ven 9h30-13h, 14h-17h.

■ ***Icelandair :*** 12, rue Vignon, 75009 Paris (3e étage). ☎ 01-44-51-60-51. Fax : 01-42-65-17-52. • www.iceland air.fr • Ⓜ Madeleine. Lun-ven 9h-18h.
■ ***Bibliothèque nordique à la bibliothèque Sainte Geneviève :*** fonds finno-scandinave, 6, rue Valette, 75005 Paris. ☎ 01-44-41-97-50. • www-bsg.univ-paris1.fr/nor dique • Ⓜ Maubert-Mutualité. Lun-ven 13h-18h. Des milliers d'ouvrages consultables sur place. Tout sur tous les pays du Nord, dans toutes les langues.

En Belgique

■ ***Ambassade d'Islande :*** Rond-Point Schumann 11, Bruxelles 1040. ☎ 02-238-50-00. Fax : 02-230-69- 38. • www.iceland.org/be • Lun-ven 9h-17h.

En Suisse

■ Il n'existe pas d'ambassade d'Islande en Suisse. Les ressortissants helvètes doivent s'adresser à celles de Paris (voir coordonnées plus haut) ou de Berlin (☎ 030-50-50-40-00 ; fax : 030-50-55-43-00).

Au Canada

■ ***Embassy of Iceland :*** 360 Albert Street, Suite 710, Ottawa, Ontario, K1R-7X7. ☎ (613) 482-1944. Fax : (613) 482-1945. • www.iceland.org/ca • Lun-ven 8h30-16h.

Formalités d'entrée

– *Passeport* ou *carte d'identité* en cours de validité pour un séjour inférieur à 3 mois. En 2001, sans faire partie de l'Union européenne, l'Islande a adhéré à la convention de Schengen sur la libre circulation des personnes. Il n'y a donc plus de contrôle aux frontières pour les ressortissants de l'Union.
– Aucune *vaccination* exigée.
– Désinfection obligatoire du *matériel de pêche* ou *d'équitation*.
– Enfin, limitation de l'importation de *nourriture* à 3 kg et env 130 € (13 000 ISK) par personne. Produits frais interdits. Ceux qui avaient prévu d'emporter de quoi faire un gueuleton s'abstiendront. L'importation d'*alcool* et de *cigarettes* est, elle aussi, strictement réglementée (dans la limite de 2 l de vin, ou 1 l de vin et 1 l de spiritueux, et 1 cartouche de cigarettes).
Attention, depuis nov 2006, des mesures de restriction sur les liquides ont été mises en place. Pour tout renseignement, contacter le site : • www.dgac.fr •

Carte internationale d'étudiant

Elle prouve le statut d'étudiant dans le monde entier et permet de bénéficier de tous les avantages, services, réductions étudiants du monde, soit plus de 30 000 avantages, dont plus de 7 000 en France, concernant les transports, les hébergements, la culture, les loisirs... C'est la clé de la mobilité étudiante !

La carte ISIC donne aussi accès à des avantages exclusifs sur le voyage (billets d'avion spéciaux, assurances de voyage, carte de téléphone internationale, location de voitures, navette aéroport...).

Pour plus d'informations sur la carte ISIC

● www.isic.fr ● ou ☎ 01-49-96-96-49.

Pour l'obtenir en France

Se présenter dans l'une des agences des organismes mentionnés ci-dessous avec :
– une preuve du statut d'étudiant (carte d'étudiant, certificat de scolarité...) ;
– une photo d'identité ;
– 12 €, ou 13 € par correspondance incluant les frais d'envoi des documents d'information sur la carte.
Émission immédiate.

■ *OTU Voyages :* ☎ 0820-817-817 (0,12 €/mn) ou ● www.otu.fr ● pour connaître l'agence la plus proche de chez vous. Possibilité de commander la carte ISIC en ligne.
■ *Voyages Wasteels :* ☎ 0825-88-70-70. (0,15 €/mn) pour être mis en relation avec l'agence la plus proche de chez vous. ● www.wasteels.fr ● Propose également une commande en ligne de la carte ISIC.

En Belgique

Elle coûte 9 € et s'obtient sur présentation de la carte d'identité, de la carte d'étudiant et d'une photo d'identité auprès de :
■ *Connections :* renseignements au ☎ 02-550-01-00. ● www.isic.be ●

En Suisse

Dans toutes les agences STA Travel, sur présentation de la carte d'étudiant, d'une photo d'identité et de 20 Fs.

■ *STA Travel :* 3, rue Vignier, 1205 Genève. ☎ 058-450-48-30.
■ *STA Travel :* 26, rue de Bourg, 1015 Lausanne. ☎ 058-450-48-70.

Il est également possible de la commander en ligne sur le site ● www.isic.fr ● (et pour la Suisse : ● www.isic.ch ●).

Carte FUAJ internationale des auberges de jeunesse

Cette carte, valable dans 81 pays, permet de bénéficier des 4 000 auberges de jeunesse du réseau Hostelling International réparties dans le monde entier. Les périodes d'ouverture varient selon les pays et les AJ. À noter, la carte AJ est surtout intéressante en Europe, aux États-Unis, Canada, Moyen-Orient et en Extrême-Orient (Japon...).

GÉNÉRALITÉS

Pour tout renseignement, réservation et information en France

Sur place

■ **Fédération Unie des Auberges de Jeunesse (FUAJ) :** 27, rue Pajol, 75018 Paris. ☎ 01-44-89-87-27. Fax : 01-44-89-87-49. ● www.fuaj. org ● Ⓜ Marx-Dormoy ou La Chapelle. Mar-ven 10h-18h, sam 10h-17h. Montant de l'adhésion : 10,70 € pour la carte moins de 26 ans et 15,30 € pour les plus de 26 ans (tarifs 2006). Munissez-vous de votre pièce d'identité lors de l'inscription. Une autorisation des parents est nécessaire pour les moins de 18 ans (une photocopie de la carte d'identité du parent qui autorise le mineur est obligatoire).
– Inscriptions possibles également dans toutes les auberges de jeunesse, points d'information et de résa FUAJ en France.

Par correspondance

Envoyer une photocopie recto verso d'une pièce d'identité et un chèque correspondant au montant de l'adhésion. Ajouter 1,20 € pour les frais d'envoi de la FUAJ. Réception de la carte sous une quinzaine de jours.
On conseille de l'acheter en France car elle est moins chère qu'à l'étranger.
– La FUAJ propose aussi une **carte d'adhésion « Famille »,** valable pour les familles de 2 adultes ayant un ou plusieurs enfants âgés de moins de 14 ans. Prix : 22,90 €. Fournir une copie du livret de famille.
– La carte donne également droit à des réductions sur les transports, les musées et les attractions touristiques de plus de 80 pays mais ces avantages varient d'un pays à l'autre, ce qui n'empêche pas de la présenter à chaque occasion, cela peut toujours marcher.

En Belgique

Son prix varie selon l'âge : entre 3 et 15 ans, 3 € ; entre 16 et 25 ans, 9 € ; après 25 ans, 15 €.

Renseignements et inscriptions

■ **À Bruxelles :** LAJ, rue de la Sablonnière, 28, 1000. ☎ 02-219-56-76. Fax : 02-219-14-51. ● info@laj.be ● www.laj.be ●
■ **À Anvers :** Vlaamse Jeugdherbergcentrale (VJH), Van Stralenstraat 40, B 2060 Antwerpen. ☎ 03-232-72-18. Fax : 03-231-81-26. ● info@vjh.be ● www.vjh.be ●

– Votre carte de membre vous permet d'obtenir un bon de réduction de 5 € sur votre première nuit dans les réseaux LAJ, VJH et CAJL (Luxembourg), ainsi que des réductions auprès de nombreux partenaires en Belgique.

En Suisse (SJH)

Le prix de la carte dépend de l'âge : 22 Fs pour les moins de 18 ans, 33 Fs pour les adultes et 44 Fs pour une famille avec des enfants de moins de 18 ans.

Renseignements et inscriptions

■ **Schweizer Jugendherbergen (SJH) :** service des membres, Schaffhauserstr. 14, Postfach 161, 8042 Zurich. ☎ 01-360-14-14. Fax : 01-360-14-60. ● marketing@youthhostel.ch ● www.youthhostel.ch ●

Au Canada et au Québec

Elle coûte 35 $Ca pour une durée de 16 à 26 mois (tarif 2006) et 175 $Ca à vie. Gratuit pour les enfants de moins de 18 ans qui accompagnent leurs parents. Pour les juniors voyageant seuls, la carte est gratuite, mais la nuitée est payante (moindre coût). Ajouter systématiquement les taxes.

Renseignements et inscriptions

■ *Tourisme Jeunesse :*
– *À Montréal :* 205, av. du Mont-Royal Est, Montréal (Québec) H2T 1P4. ☎ (514) 844-02-87. Fax : (514) 844-52-46.
– *À Québec :* 94, bd René-Lévesque Ouest, Québec (Québec) G1R 2A4. ☎ (418) 522-2552. Fax : (418) 522-

2455.
■ *Canadian Hostelling Association :* 205, Catherine St, bureau 400, Ottawa (Ontario) K2P 1C3. ☎ (613) 237-78-84. Fax : (613) 237-78-68. ● info@hihostels.ca ● www. hihostels.ca ●

Carte d'assurance maladie

Pour un séjour temporaire en *Islande,* pensez à vous procurer la carte européenne d'assurance maladie. Il vous suffit d'appeler votre centre de sécurité sociale (ou de vous connecter au site internet de votre centre, encore plus rapide !) qui vous l'enverra sous une quinzaine de jours. Cette carte fonctionne avec tous les pays membres de l'Union européenne (y compris les 12 petits derniers), ainsi qu'en Islande, au Lichtenstein, en Norvège et en Suisse. C'est une carte plastifiée bleue du même format que la carte vitale. Attention, elle est valable un an, gratuite et personnelle (chaque membre de la famille doit avoir la sienne, y compris les enfants).

ARGENT, BANQUES, CHANGE

Argent

Fin 2006, 100 ISK valaient 1 €, 1,59 Fs et 1,43 $Can.
Les *couronnes* islandaises (*krónurs,* ISK) ne sont pas exportées. Du coup, les banques et les bureaux de change ne demandent pas de commission. En Islande, les euros sont acceptés dans toutes les structures touristiques, qui changent au taux officiel du jour, et dans toutes les banques. Sinon, le change est possible à l'aéroport à chaque arrivée d'avion (même la nuit) sans taxe. Noter que l'Islande est la première *« cashless society »* (société à argent virtuel) au monde. En effet, les Islandais sont devenus les pionniers du paiement électronique : plus de 80 % des transactions sont maintenant virtuelles. Grâce à leur niveau de vie élevé, ils ont développé les nouvelles technologies bien avant les autres pays européens et attiré les multinationales spécialisées dans les paiements électroniques (banque via Internet et commerce électronique).
Payer en argent liquide vous catalogue tout de suite comme touriste, mais cela n'empêche pas que vous puissiez payer partout en liquide. Et comme tel, vous aurez sans doute besoin des renseignements ci-après.

Banques

Les banques sont ouvertes lun-ven 9h15-16h (fermées le w-e). Dans certaines d'entre elles, on trouve du café (gratuit) et des jeux pour les enfants.

Cartes de paiement

Les cartes internationales de paiement *MasterCard* et *Visa* sont acceptées partout et permettent de payer tous ses achats (même les plus petits), ce qui évite de nombreux problèmes de change, car il existe des banques uniquement dans les villes. Attention toutefois à la commission prélevée sur chaque utilisation de la carte, de l'ordre de 1 à 3 €, quel que soit le montant de vos courses. Prévoir donc de la monnaie et garder la carte pour les gros montants, comme l'hôtel, l'essence, les restos. En dehors des banques, il est possible de changer de l'argent à la réception des campings ou des hôtels, mais à un taux défavorable.

– *Carte MasterCard :* assistance médicale incluse ; numéro d'urgence : ☎ (00-33) 1-45-16-65-65. En cas de perte ou de vol, composer le : ☎ (00-33) 1-45-67-84-84 en France (24h/24 ; PCV accepté) pour faire opposition 24h/24 (numéro également valable pour les autres cartes de paiement émises par le *Crédit Agricole* et le *Crédit Mutuel.*) ● www.mastercardfrance.com ●

– *Carte Visa :* assistance médicale incluse ; numéro d'urgence : (00-33) 1-42-99-08-08. Pour faire opposition, contacter le ☎ 1-410-581-9994 (depuis l'étranger).

– Pour la carte *American Express,* téléphoner en cas de pépin au : ☎ 01-47-77-72-00. Numéro accessible tlj 24h/24, PCV accepté en cas de perte ou de vol.

– Pour toutes les cartes émises par *La Banque postale,* composer le ☎ 0825-809-803 (0,15 €/mn) et pour les DOM : ☎ 05-55-42-51-97.

– Vous pouvez aussi utiliser les *chèques de voyage* : ils sont acceptés presque partout.

Dépannage

– Pensez à échanger en euros les couronnes islandaises qui vous restent avant de quitter le pays. La couronne islandaise n'est pas échangeable au retour.

En cas de besoin urgent d'argent liquide (perte ou vol de billets, chèques de voyage, carte de paiement), vous pouvez être dépanné en quelques minutes grâce au système *Western Union Money Transfer.* Pour cela, demandez à quelqu'un de vous déposer de l'argent en euros dans l'un des bureaux *Western Union* ; les correspondants en France de *Western Union* sont *La Banque postale* (fermée le samedi après-midi, n'oubliez pas ! ☎ 0825-009-898) et la *Société Financière de Paiement (SFP),* ☎ 0825-825-842. L'argent vous est transféré en moins de 1h. La commission, assez élevée, est payée par l'expéditeur. ● www.westernunion.com ●

En cas de nécessité, depuis l'Islande, appelez le ☎ 552-37-35 (bureau de change de l'office de tourisme à Reykjavík).

ACHATS

Les *pull-overs* islandais, bien sûr. Très chauds, très épais, tricotés dans la tradition. Bon, on aime les motifs ou pas... Essayez d'en acheter dans les fermes : même si vous n'en trouvez pas, le contact avec les paysans vaut la peine. Et si vous en trouvez, ils seront de meilleure qualité et moins chers. Vérifiez si le raccord des manches au corps est bien fait sous les bras. Les pulls sont plus chers à Reykjavík que dans les usines Kurpjon ou chez les grands-mères tricoteuses que vous pourrez rencontrer sur votre route. De même que les pulls, on trouve des gants, bonnets et chaussettes de laine.

Également, un *artisanat* plus confidentiel en décoration et *prêt-à-porter* à base de bois, lave, peau de poisson séchée...

Et bien sûr, du **saumon** ou de la **morue séchée** ! Carrément moins cher qu'en France. On trouve aussi du chocolat Sirius, pas mauvais du tout. Une variante : des petits raisins enrobés de ce fameux chocolat. Les collègues ou grand-maman vont adorer !

BUDGET

L'Islande reste parmi les pays les plus chers d'Europe. Les Islandais doivent, pour la plupart, avoir deux emplois s'ils souhaitent conserver un haut niveau de vie et ils commencent à travailler très jeunes. Néanmoins, la récession économique, si elle a apporté bien des changements sociaux, a permis au moins de mettre plus à notre portée les merveilles du pays. Ainsi, la nourriture de base dans les supermarchés est plus abordable que dans les années 1980. Cela dit, elle demeure bien plus onéreuse qu'en France. Près du double dans beaucoup de cas. Pendant un temps, les professionnels du tourisme ont fait des efforts pour baisser leurs tarifs. Il semble que cet âge d'or soit fini et les prix ont recommencé à augmenter, chaque année un peu plus, de manière souvent inconsidérée.
NB : pour cette rubrique, les équivalences en euros sont arrondies.

Hébergement

Attention, les prix des hébergements de la catégorie « Bon marché » (dortoirs, lits superposés...) sont indiqués pour une personne. Pour les autres catégories, les prix indiqués sont ceux d'une chambre double.
– **Bon marché :** de 1 100 à 3 000 ISK (11 à 30 €) par personne pour les nuits en sac de couchage. Formule possible dans les dortoirs aménagés dans des écoles, en auberge de jeunesse, dans des chalets aménagés *(Summer Houses),* dans la majorité des *guesthouses* et des fermes, et enfin, dans quelques hôtels. Pour les campings, le prix est en général de 500 ou 600 ISK (5 ou 6 €) par personne, mais certains petits terrains non équipés sont gratuits.
– **Prix moyens :** de 5 000 à 8 000 ISK (50 à 80 €) la chambre double. C'est ce que coûte une nuit dans un « lit fait », dans une *guesthouse,* une ferme ou un hôtel (*Edda* ou équivalent), avec lavabo dans la chambre et douche commune. Attention, ces tarifs n'incluent pas toujours le fameux petit déj à volonté.
– **Plus chic :** plus de 8 000 ISK (80 €) pour une chambre double avec salle de bains privée ou à partager.

Nourriture

Pour 750 à 1 000 ISK (7,50 à 10 €), vous aurez un petit déj à volonté qui vous permettra peut-être de tenir jusqu'au dîner. Le midi, beaucoup de touristes se rabattent sur une formule pique-nique, avec les provisions ou les buffets froids achetés au supermarché. On trouve souvent dans ces derniers des micro-ondes pour réchauffer soupes et plats lyophilisés.
– **Bon marché :** moins de 1 000 ISK (10 €) dans les nombreux lieux où vous sera proposée de la restauration rapide, stations-service et cafés.
– **Prix moyens :** de 1 000 à 1 800 ISK (10 à 18 €). Il s'agit de la majorité des restos. Quelques-uns proposent un menu touristique. Il se compose d'une soupe, d'un plat et d'un thé ou café. Il faut compter en moyenne pour un plat 1 200 à 1 500 ISK (12 à 15 €) au déjeuner et à partir de 2 500 ISK (25 €) au dîner. Par contre, à la carte, le prix doublera tout de suite.
– **Plus chic :** c'est-à-dire tout simplement pour un bon repas au resto. À partir de 3 000 ISK (30 €) le plat et... cela peut grimper vite et haut. Surtout si vous accompagnez votre repas d'une bouteille de vin (dont la vente, comme dans la plupart des pays scandinaves, est toujours un monopole d'État) ; multipliez alors la note par 3 pour du mauvais vin et par 4 ou 5 pour du bon !

Visites et transports

Les entrées des musées sont chères, même pour les tout petits musées avec trois fois rien dedans... Compter 300 à 600 ISK (3 à 6 €). Un budget à ne pas négliger, donc, même si toutes les visites ne sont pas indispensables, loin de là.

Si vous voyagez en bus, pensez à vous renseigner sur les différents *pass* (voir la rubrique « Transports »), bien plus économiques que les billets au coup par coup, qui reviennent très cher. Concernant l'essence, elle coûte à peu près aussi cher que chez nous : env 150 ISK (1,50 €) le litre de super sans plomb et 100 ISK (1 €) pour le gasoil. Mais attention si vous voulez louer un 4x4 : avec ces engins, on passe à la pompe tous les jours !

Bon à savoir

Il n'y a pas de petites économies...

Bon plan : vous pouvez *vous faire rembourser la TVA* locale à votre retour dans l'aéroport de Keflavík (env 15 % du prix de vos achats). Pour cela, présenter à la banque de l'aéroport de Keflavík des factures, d'au moins 5 000 ISK (50 €, montant qui concerne des achats effectués dans un même magasin) et de moins de 30 jours, de produits achetés dans les magasins annonçant *« Tax Free »*. Se procurer la brochure gratuite *« Where to shop tax-free Iceland »* dans les offices de tourisme ou les commerces. Non valable sur les locations de voitures. Arrivez tôt à l'aéroport, car il y a souvent la queue. Sinon, vous pouvez écrire à l'adresse suivante pour être remboursé : *Global Refund Service AB,* Kontinentgatan 2, PO Box 128, 23122 Trelleborg, Sweden.

CHASSE À LA BALEINE

Après 14 ans de moratoire, l'Islande a décidé en 2003 de reprendre, de manière contrôlée, la chasse à la baleine, une pratique qui fait partie intégrante de sa culture. Cette reprise a défrayé la chronique et provoqué une nette chute de la fréquentation touristique, au nom du boycott. Ce mouvement d'humeur semble toutefois s'être tassé, et les touristes sont aujourd'hui nombreux à profiter de l'essor des excursions d'observation de baleines. L'un des arguments avancés est le fait que les baleines mangent trop de poissons. Le Japon et la Norvège chassent plusieurs centaines de petits rorquals par an, le Japon sous couvert de recherche scientifique. Le problème, c'est que l'on sait déjà tout sur les baleines et que cette chasse est bel et bien commerciale : alors que la vente de la viande de baleine et de ses dérivés est interdite par la CBI (la Commission baleinière internationale), des restos proposent régulièrement de la baleine au menu. Si l'Islande se contente de chasser la *minke whale,* un petit cétacé que l'on trouve à profusion dans les eaux de l'Atlantique Nord, et respecte des quotas stricts, il est tout de même condamnable de trouver encore aujourd'hui des steaks de baleine dans certaines assiettes.

CLIMAT ET PHÉNOMÈNES DES LATITUDES NORDIQUES

Contrairement à l'idée reçue, il ne fait jamais très froid en Islande, la température moyenne en été étant de 12 °C, avec parfois des pointes à 20 °C ! Seules, en hiver ou la nuit en été, les températures de l'intérieur de l'île peuvent atteindre des valeurs vraiment négatives (de - 5 à - 15 °C). Mais, que cela ne vous incite pas à vous découvrir, la pluie et le vent sont traîtres...

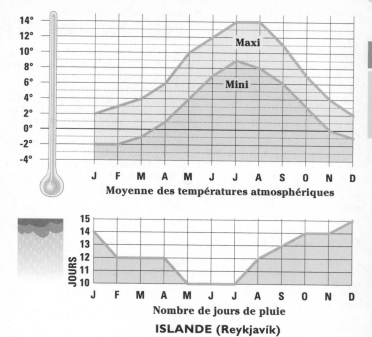

Moyenne des températures atmosphériques

Nombre de jours de pluie

ISLANDE (Reykjavík)

Le climat change très rapidement, ce qui est assez perturbant et contraignant. Des dictons du genre « Si vous n'aimez pas le temps qu'il fait, attendez quelques minutes » donnent une idée de la variabilité. Ainsi, les prévisions météo locales sont, en général, assez peu fiables, que ce soit à la télévision ou à la radio (pour nos lecteurs polyglottes). Sachez encore que la côte est s'avère beaucoup plus ensoleillée que la côte ouest..., alors si vous êtes surpris par un déluge à Ólafsvík (ça peut durer une semaine d'affilée), partez vite pour Egilsstadir.

Pour toute information, consulter le site météo islandais : ● www.vedur.is ● Super bien fait, avec les températures, prévisions, l'état de la mer et même les risques de séismes ou d'avalanches...

Le soleil de minuit

Phénomène éphémère, superbe, étonnant, visible seulement à certaines latitudes. Pour les petits Français (Belges, Suisses ou Québécois) que nous sommes, l'apparition – ou plutôt la non-disparition – du soleil aux heures les plus profondes de la nuit a quelque chose de magique. La lumière qu'il diffuse alors est particulière, comme irréelle. On ne parvient pas à savoir si l'effet est psychologique ou si l'air, la lumière et les éléments sont véritablement transformés. Le résultat est pourtant là. On y voit comme en plein jour et on ne s'en lasse pas. Le soleil glisse sur l'horizon en caressant les flots, puis il remonte et va faire pâlir ses couleurs plus à l'est. On définit le soleil de minuit ainsi : à son point le plus bas, le soleil ne doit pas disparaître complètement derrière l'horizon.

Évidemment, plus on va vers le nord, plus la période où il est visible est longue. En hiver, plus on va vers le nord, plus la nuit polaire se prolonge. Au mois de juin, le soleil ne se couche jamais complètement dans le nord du pays. Il y a même des excursions spécialement organisées vers l'île de Grimsey, située sur le cercle polaire, pour y admirer le soleil de minuit, c'est-à-dire si le temps n'est pas couvert !

À moins de vouloir visiter l'île sous la neige et sous peine d'avoir très peu d'heures de clarté, on conseille donc aux randonneurs de se rendre en Islande entre juin et septembre pour admirer fjords, glaciers et autres champs de lave. Sachez tout de même qu'en juin la plupart des pistes intérieures ne sont pas ouvertes, mais qu'il fait jour une bonne partie de la nuit de la fin mai à la mi-août. Le record tombe le 21 juin : le soleil se couche alors à minuit et se lève à 3h. Mais entre les deux, il fait suffisamment clair pour bouquiner dehors ou prendre des photos sans flash. Un régal !

Rappelez-vous cependant que le soleil à minuit n'est pas aussi chaud qu'à midi, emportez donc un chandail.

On vous recommande, à ce propos, de ne pas oublier un masque de nuit si la lumière vous gêne pour dormir, les maisons n'ayant la plupart du temps ni volets ni rideaux.

En hiver, les mois de novembre, décembre et janvier sont les plus sombres (seulement 3h de lumière par jour à Akureyri en janvier). Il faut attendre fin février pour qu'il fasse jour une dizaine d'heures.

Les aurores boréales

Les anciens leur prêtaient des pouvoirs surnaturels, leur apparition était interprétée comme le signe avant-coureur d'événements tragiques. Depuis l'avènement de la science, on est rassuré. C'est surtout dans le Grand Nord la nuit, par temps clair et durant les mois d'hiver, que l'on peut avoir l'occasion de contempler ce fascinant phénomène lumineux provoqué simplement par la présence de particules solaires ionisées dans les hautes couches de l'atmosphère terrestre aux abords des pôles.

COURANT ÉLECTRIQUE

220 volts. Prises européennes.

CUISINE

Une chose est sûre, on n'ira pas en Islande pour sa grande gastronomie. La tendance dominante en matière de nourriture se circonscrit essentiellement au hamburger, à la pizza et aux frites... Ce qui induit une très visible explosion de l'obésité dans le pays. Les autorités commencent d'ailleurs à se faire du souci à ce sujet, mais il suffit d'entrer dans un supermarché pour comprendre : du sucre, du gras, du sucre, du sucre, des maxi-portions, du grignotage, des sodas... En général, le rayon fruits et légumes fait moins de 2 m² ! Et les bouteilles d'eau sont hors de prix, même en petit format. Vu les prix pratiqués, vous serez certainement obligé de recourir de temps à autres aux supermarchés, aux fast-foods et à la nourriture de stations-service. Car s'il existe de nombreux restos où l'on mange bien, surtout à Reykjavík, le problème est de pouvoir se les offrir... Cercle vicieux.

– La réputation des fameux *petits déjeuners* nordiques en prend un sacré coup. Ne vous attendez pas à des buffets variés, car d'un hôtel à l'autre vous trouverez chaque jour strictement les mêmes choses : pain de mie, confiture et beurre, tranches de jambon de basse qualité (genre plastique amélioré de protéines), tranches de fromage type gouda, céréales, rondelles de concombre et de tomate, œufs durs. Côté boisson, le café filtre est assez bon et le thé en sachets aussi. Mais les jus sont très chimiques. Seuls certains hôtels 4 étoiles proposent un menu différent de celui-là. Alors, vous l'aurez compris, autant faire, si c'est possible, votre petit déj tout seul avec des choses achetées au supermarché ! Attention aussi, bon nombre de voyageurs profitent des buffets pour faire leurs provisions pour le déjeuner. Les sandwichs que vous vous confectionnerez vous seront alors tout simplement facturés.

– Un grand nombre de *guesthouses* et de fermes mettent à votre disposition leur cuisine, et bien souvent, il s'agit d'un coin-cuisine spécialement équipé pour les voyageurs. Il vous sera donc fréquemment possible de faire votre popote vous-même.

– Pour les snacks, on peut aller dans les stations-service qui, dans certains villages, rassemblent tous les services (poste, essence, épicerie...). *Burgers,* frites et cola sont au menu. Également des sandwichs au pain de mie. Ça dépanne.

– Nos lecteurs plus fortunés pourront aller au resto. Certains proposent durant l'été un menu touristique comprenant un hors-d'œuvre, un plat et un café (voir la rubrique « Budget »). Les hôtels *Edda* ont également tous un resto. Le café filtre est toujours servi à volonté (pas l'*espresso*). À la carte, l'addition grimpe vite, mais faut bien se faire plaisir de temps en temps ! Alors prévoyez de tester le macareux, les différents poissons locaux et, enfin, le célèbre agneau islandais, délicieux mais pas donné du tout.

– Possibilité de se procurer œufs et lait dans les fermes. On peut aussi trouver à très bon prix du poisson frais dans les conserveries des ports. Sinon, le poisson surgelé en filets, les côtelettes de mouton surgelées et la viande hachée de mouton sont relativement bon marché. Ce qui n'est pas le cas pour les légumes et les fruits frais, qui de toute façon vous paraîtront bien palots (tomates orange clair, etc.).

– Les boulangeries sont dénommées *bakarís*.

Quelques spécialités

– Goûtez absolument au ***skyr,*** sorte de fromage blanc très épais. À déguster nature, aromatisé aux fruits ou avec du sucre. Ça cale les faims les plus tenaces. On le trouve aussi dans de nombreuses tartes en dessert, un régal. Nombreux fromages à tartiner *smjörosturs,* genre « Vache qui rit », aux crevettes, aux champignons, au hareng... Pas mauvais du tout dans les sandwichs. Difficile de trouver du fromage au sens où nous l'entendons. En revanche, le lait et les yaourts sont de très bonne qualité, à prix corrects.

– ***Surmatur :*** abats de mouton, baleine ou phoque conservés dans du petit-lait acide. Plutôt rare sur les menus...

– ***Súrsaðir hrútspungar :*** testicules de mouton. Pas très fréquent non plus.

– ***Le kaviar :*** non pas du caviar, mais des œufs de poisson en tube. À étaler sur du pain. Aussi bon marché qu'excellent.

– ***Hangikjöt :*** jambon fumé d'agneau. Fameux.

– ***Svid :*** tête de mouton.

– ***Blódmör :*** boudin de mouton.

– ***Súrmjólk :*** babeurre. Délicieux.

– ***Hákarl :*** aileron de requin vieilli pendant plusieurs mois dans le sol afin que l'urée contenue dans le sang perde sa toxicité. Goût étrange qui rappelle celui d'un vieux munster resté très longtemps au fond d'un placard. On l'accompagne d'ailleurs d'une gorgée de *brennivín* pour chasser ce goût.

– Nombreux ***poissons*** : *lax* (saumon sauvage fumé ou confit à l'aneth), *orskur* (morue), *sild* (hareng), *sa* (églefin), *lúða* (flétan).

– ***Poisson séché,*** à manger avec du beurre. D'odeur forte, mais son goût n'est pas désagréable. Les Islandais en sont très friands. Le poisson est séché sur de grands portiques en bois ou en métal appelés *hjallus*. On l'achète dans toutes les épiceries et les supermarchés. Évitez toutefois d'en ramener dans votre chambre d'hôtel.

– ***Lundi :*** macareux, fumé ou grillé. Se rapproche du goût du canard. Excellent. Surtout dans les restos chers.

– La *pâtisserie islandaise,* avec ses gâteaux plats, très bons.
– Goûter au *pain* noir, au vague goût de réglisse, bourratif et se conservant bien ; c'est le *rúgbraud.* Une autre version de ce pain de seigle complet est le *hverabrau* que l'on enterre dans les champs de lave encore chaude pendant 24h. Vous en trouverez à Mývatn notamment. Avec une tranche de saumon fumé, un petit bonheur gustatif nourrissant.

Boissons

– Les prix des alcools sont exorbitants. Si vous voulez faire plaisir à des amis islandais, pensez donc à leur apporter une bonne bouteille de chez nous (attention aux restrictions aussi, voir « Formalités d'entrée » dans « Avant le départ »).
– Ne manquez pas de goûter à la spécialité locale : le *brennivín,* alcool de pomme de terre parfumé à l'angélique ; se boit glacé. Dans le même registre, *Reyka,* une vodka islandaise, pas trop forte, qui réveille juste ce qu'il faut, filtrée à la lave. On la trouve en *duty free* à l'aéroport. Goûtez également les *bières* islandaises (la consommation de bière, illégale pendant 74 ans, n'est autorisée que depuis 1989). Ce sont des blondes légères et agréables, vendues en bouteilles de 33 ou 50 cl. Dans les bars, la pinte (50 cl) est la règle ; elle coûte entre 500 et 600 ISK (5 à 6 €) en moyenne. Le *vin* ne se consomme qu'exceptionnellement, dans des grands restos, pour les plus fortunés. Tous les vins, même les mauvais, sont hors de prix.
– Attention, les alcools ne sont vendus que dans les magasins d'État spécialisés *(Vinbud)* ; seule la bière légère (2,25 % d'alcool) est vendue au supermarché. Les *Vinbud* ont des horaires très stricts et sont fermés le week-end. Inutile de dire que le vendredi soir, la file d'attente à la caisse est longue !
– Dans les bars, présentez-vous au comptoir pour commander et on viendra vous servir là où vous vous serez installé. Le pourboire est un geste rare et pas vraiment ancré dans la culture locale. Attention, pour nos jeunes lecteurs : l'âge minimum d'entrée dans les bars est de 20 ans. Mais il est question que cela change et que la limite soit fixée à 18 ans.

DÉCALAGE HORAIRE

Quand il est midi à Reykjavík, il est 14h à Paris en été, ou 13h en hiver.

DISTANCES

– *Le tour de la route 1 :* 1 336 km.
– *Reykjavík-Akureyri :* 389 km.
– *Akureyri-Egilsstadir :* 265 km.
– *Reykjavík-Egilsstadir :* 698 km (quelques dizaines de kilomètres de plus par le sud).
– *Reykjavík-Ísafjördur :* 457 km.
– *Reykjavík-Höfn :* 459 km.

ÉCONOMIE

La courbe du taux de croissance de l'Islande n'arrête pas de grimper : plus de 6 % sont prévus en 2006. N'est-ce pas pourtant l'arbre qui cache la forêt ? L'Islande tire la plus grande part de ses revenus de la pêche : en fait, cette industrie est vitale pour le pays, car elle représente les trois quarts de ses exportations et donc un grand nombre d'emplois. Ainsi, le pourcentage de chômage que l'Islande enregistre aujourd'hui provient en grande partie de l'inactivité de ce secteur en raison des fluctuations de l'offre et de la demande. Le niveau record a été atteint en 2001 avec près de... 1 %. De quoi faire rêver plus d'un gouvernement ! En 2005, il était de 2,5 %, avec une baisse prévue en 2006 à 1,9 %.

Le modèle économique islandais évolue et la diversification de ses exportations est notoire, en matière de production énergétique notamment (l'aluminium) – ce qui n'est pas sans poser des problèmes écologiques et de société et l'éternel débat des pour et des contre... – ou d'investissement banquier (*Icelandair*, la compagnie aérienne nationale, est présente au capital du *low-cost Easy Jet,* tout comme des banques islandaises dans des sociétés alimentaires). Depuis quelques années, le tourisme procure au pays une autre grosse source de revenus. Auparavant destination privilégiée des Scandinaves et des Allemands, l'Islande accueille aujourd'hui avec beaucoup de plaisir les touristes francophones qui se font de plus en plus nombreux. En 2005, plus de 300 000 visiteurs, toutes nations confondues. Autant que la population de l'île ! Malgré une apparente richesse (et surtout une monnaie forte et bien protégée qui rend la vie si chère), l'Islande jouit de nombreux supports financiers (notamment américains). Les ménages se sont endettés sur plusieurs générations, car ils peuvent cumuler les prêts sans limite. Or les banques américaine, japonaise et européennes ont relevé leurs taux d'intérêt. Les Islandais pourront-ils rembourser ? On craint une récession et une chute de la consommation des ménages. Avec un déficit extérieur qui ne cesse d'augmenter, des analystes financiers ont tiré la sonnette d'alarme au début de l'année 2006. La couronne islandaise pourrait chuter et entraîner le PIB avec elle. La diversification économique parviendra-t-elle à enrayer cette spirale ?

ÉQUIPEMENT

On va même vous aider à faire votre valise ! Pas pour paraître directifs, mais parce qu'un mauvais équipement peut assombrir un séjour. En hiver et au printemps, donc, il faut s'habiller comme pour la montagne en hiver. À Reykjavík, une tenue de ville assez habillée et chaude pour sortir ; ailleurs, les indispensables pour ceux qui comptent faire des randos et/ou du camping :
– chaussures de randonnée avec des semelles costaudes à cause de la lave très coupante (semelles style *Vibram*) ;
– sandales en plastique (pour le passage des gués, indispensables à Landmannalaugar et Thórsmörk) ;
– Thermolactyl, Gore-Tex et fourrure polaire, éventuellement, bonnet et gants ;
– anorak et pantalon imperméables ;
– pour les campeurs, matelas isolant et sac de couchage supportant des températures avoisinant 0 °C, voire moins ;
– lunettes de soleil (la lumière d'Islande est assez crue) ;
– maillot et serviette pour les sources d'eau chaude et les nombreuses piscines ;
– lampe frontale avec piles (à partir d'août) ;
– trousse à pharmacie ;
– réveil car il serait dommage d'attendre une journée de plus votre bus (départs tôt le matin) ;
– jumelles, pas indispensables, mais très utiles pour observer aussi bien les oiseaux que les baleines ;
– masque de sommeil, quand il fait jour même en pleine nuit !
Et si vous avez l'âme d'un pêcheur, n'oubliez pas que le matériel de pêche doit être certifié « désinfecté » par un vétérinaire, pour pouvoir passer la frontière !

FÊTES ET JOURS FÉRIÉS

– Le 1er w-e de juin est appelé *jour des Pêcheurs.* Si vous le pouvez, tâchez de vous trouver dans un village côtier. Festivités autour des pêcheurs qui reviennent à terre spécialement à cette occasion, balades en mer, compétitions...

– *Fête nationale :* le 17 juin. Anniversaire de la naissance de la république d'Islande en 1944.

– Le *premier jour de l'été* est férié.

– Le *1er w-e de juillet,* les jeunes dépensent leur première paie de travail d'été. Excès un peu partout dans le pays. Éviter spécialement la vallée de Thórsmörk.

– *La fête des Commerçants :* le 1er w-e d'août. Les magasins sont fermés. Les gens dansent et boivent, c'est sûrement l'une des meilleures occasions pour les rencontrer. Ne pas oublier d'apporter ses bouteilles si on ne veut pas faire « déplacé ». Le lundi qui suit ce week-end de fête est férié.

– *Gay pride :* 2e w-e d'août à Reykjavík.

– *Fête de la culture :* mi-août. Dans tout le pays, toute la nuit.

– Les *24, 25 et 26 déc* sont des jours fériés comme ailleurs en Europe.

– Le *Nouvel An* à Reykjavík vaut le détour, tout le monde organise son propre feu d'artifice.

GÉOGRAPHIE

Quelques chiffres : l'Islande mesure 300 km du nord au sud et 500 km d'est en ouest. Elle est située à moins de 300 km du Groenland, 800 km de l'Écosse et à près de 1 000 km de la Norvège, à proximité du cercle polaire, entre 63°24' et 66°33' de latitude nord et entre 13°30' et 24°32' de longitude ouest. La superficie de l'Islande est de 103 000 km^2, composée pour environ 12 % de glaciers, 40 % de sables, 25 % de champs de lave, 20 % de pâturages, 3 % de lacs, et 1 % seulement sont des terres cultivées.

Au centre, des toundras marécageuses, où se réfugient, l'été, des oiseaux migrateurs. Peu d'arbres sur cette île, d'où une érosion préoccupante.

L'altitude moyenne de l'île est de 500 m et son point culminant est le Hvannadalshnúkur (2 119 m), situé sur le plus grand glacier d'Islande, qui est aussi le plus vaste d'Europe (il a la même superficie que la Corse) : le Vatnajökull (8 400 km^2).

GÉOLOGIE ET GÉOTHERMIE

Située sur la dorsale médio-atlantique, l'Islande est un point chaud de l'activité volcanique et géothermique : trente volcans postérieurs à la dernière période glaciaire sont entrés en éruption au cours des deux derniers siècles, et c'est de l'eau naturellement chaude qui fournit à la population un chauffage peu onéreux et non-polluant. Les rivières sont domestiquées pour produire une énergie hydroélectrique bon marché.

L'activité volcanique attire de nombreux curieux avides de spectacles inoubliables. On se rend souvent en Islande en espérant voir des geysers, une éruption (une tous les 5 ans en moyenne, n'y comptez pas trop...), ou plus sûrement des coulées de lave sortie depuis peu des entrailles de la terre. Ce serait dommage de quitter l'île sans avoir senti l'odeur sulfureuse des fumerolles, s'être baigné dans des sources chaudes et s'être émerveillé à la vue de régions dénudées où la terre est jaune et rouge et la boue des mares bouillonnantes couleur plomb.

On apprécie encore mieux ces lieux exceptionnels en comprenant pourquoi ils existent.

PLANS ET CARTES
EN COULEURS

SOMMAIRE

L'ISLANDE

OCÉAN GLACIAL ARCTIQUE

Cercle polaire arctique

Horn (Cap Nord)

Ísafjardardjúp

*Détroit
de Danemark*

Ísafjördur
Flateyri
Dýrafjördur
Arnarfjördur · Thingeyri ▲920
Patreksfjördur
Patreksfjördur · Bíldudalur
Látrabjarg

Drangajökull ▲925
Unadsdáldur

Djúpavík

Húnaflói

Skagafjördur

Hólmavík · Drangsnes

Hofsós

Saudárkrókur
Blönduós · Hóla

Bjarkalundur
Péninsule
de Vatnsnes [1] Varmahlíd · Glaumbær

Flatey

Breidafjördur

Hvammstangi

Blönduós

Stykkishólmur · Hvammsfj. Búdardalur · Stadarskáli
Brú

Hellissandur
Ólafsvík · Grundarfjördur
Snæfellsjökull ▲
1 448

Kjölur

Hveravellir

Hraunfossar
· Húsafell

Borgarnes · Reykholt Langjökull
Kaldidalur *Hvítárvatn* Kerlingarfjö

Faxaflói

Borgarfj.

Akranes · Hvalfjördur [1] Thingvellir
REYKJAVÍK Mosfellsbaer

Geysir · Gullfoss

Laugarvatn

· Flúdir

Keflavík
*Blue
Lagoon* Njardvík
Reykjanes Grindavík
Eldey *Kleifarvatn*

Hafnarfjördur Hveragerdi
Thorlákshöfn Selfoss [1]

Strandarkirkja

Seljalandsfoss

▲ Hekla
1 491

Hella

Hvolsvöllur · Thórsmö
Mýrdalsjök

Skógafoss · Skógar

Îles Vestmann · Eldfell
Heimaey

Surtsey

50 km

NORD

Grímsey

Pistilfjördur

Öxarfjördur   Kópasker

Skjálfandi   Thórshöfn   Bakkaflói

glufjördur
  Ólafsfjördur   Húsavík   Ásbyrgi
    Hrísey
    Grenivík
Dalvík
    Eyjafjördur   P. N. de
                    Jökulsárgljúfur   Vopnafjördur
                    Dettifoss
                                        Vopnafjördur   Héradsflói
                    Kráfla
Akureyri Godafoss   818▲   Grímsstadir
  1
                                                        Borgarfjördur
          Mývatn

          Dyngjufjöll   Egilsstadir
                                    1   Seydisfjördur   Îles Féroé
                            Hallormsstadur   Neskaupstadur
                            Hengifoss●
          Askja   Reydarfjördur   Reydarfjördur
          1 510▲   1   Fáskrúdsfjördur
Laugafell   Stödvarfjördur
                                                        Breiddalsvík
Hofsjökull
                                                    Djúpivogur

                        Vatnajökull   **Stafafell**
          Grímsvötn
          1 719▲   1
Thórisvatn   Höfn
                        Jökulsárlón   Hornafjördur

          Lakagígar   Öræfajökull
andmannalaugar   1   Skaftafell
  Eldgjá

                            Ingólfshöfdi
          Kirkjubæjarklaustur

  1
rdalssandur

              OCÉAN   ATLANTIQUE

┌─────────────┐
│ ⊖ Gué   │
│   Glacier │
└─────────────┘

L'ISLANDE

L'ISLANDE

4

L'ISLANDE – RÉSEAU DES BUS

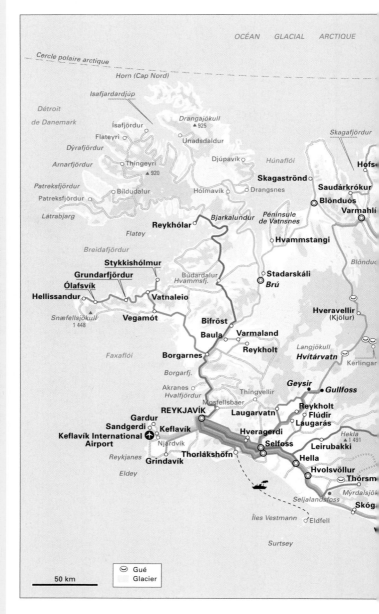

OCÉAN GLACIAL ARCTIQUE

Cercle polaire arctique

Horn (Cap Nord)

Ísafjardardjúp

Détroit
de Danemark

Ísafjördur
Flateyri
Dýrafjördur

Drangajökull
▲ 925

Unadsdaldur

Djúpavík

Húnaflói

Skagafjördur

Hofs

Arnarfjördur
Thingeyri
▲ 920

Skagaströnd

Saudárkrókur

Patreksfjördur
Patreksfjördur   Bíldudalur
Látrabjarg

Hólmavík   Drangsnes
Bjarkalundur

Blönduós
Varmahlí

Flatey

Reykhólar

Péninsule
de Vatnsnes

Hvammstangi

Breidafjördur

Stykkishólmur

Grundarfjördur
Ólafsvík
Hellissandur

Búdardalur
Hvammsfj.

Stadarskáli
Brú

Blöndu

Vatnaleio

Snæfellsjökull
1 448

Vegamót

Bifröst

Hveravellir
(Kjölur)

Baula   Varmaland

Langjökull

Faxaflói

Borgarnes

Reykholt
Hvítárvatn

Kerlingar

Borgarfj.

Akranes
Hvalfjördur

Thingvellir

Geysir Gullfoss

REYKJAVÍK   Laugarvatn
Mosfellsbaer

Reykholt
Flúdir
Laugarás

Gardur
Sandgerdi
Keflavík International
Airport

Keflavík
Njardvík

Hveragerdi

Selfoss

Hekla
▲ 1 491

Leirubakki

Reykjanes
Grindavík

Thorlákshöfn

Hella

Hvolsvöllur
Thórsm

Eldey

Myrdalsjök

Íles Vestmann

Seljalandsfoss

Skóg

Eldfell

Surtsey

⊖ Gué
 Glacier

50 km

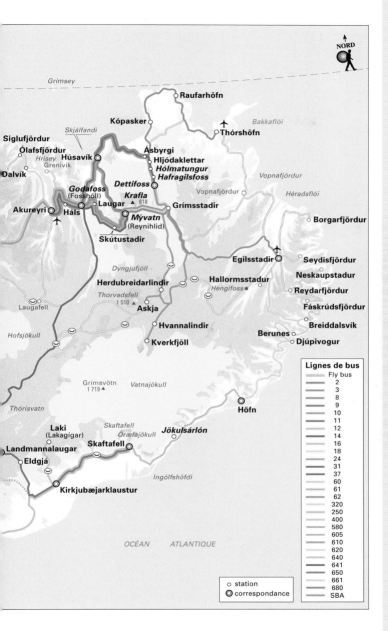

NORD

Grimsey

Raufarhöfn

Kópasker

Bakkaflói

Thórshöfn

Siglufjördur

Skjálfandi

Ólafsfjördur Húsavík
Hrisey Grenivik
Dalvik

Ásbyrgi
Hljódaklettar
Hólmatungur
Hafragilsfoss

Vopnafjördur

Godafoss Dettifoss
(Fosshöll) Krafla
Akureyri Laugar ▲ 818
Háls

Vopnafjördur

Héradsflói

Grímsstadir

Borgarfjördur

Mývatn
(Reynihlid)

Skútustadir

Dyngjufjöll

Egilsstadir

Seydisfjördur

Neskaupstadur

Herdubreidarlindir

Hallormsstadur
Hengifoss

Reydarfjördur

Thorvadsfell
1 510 ▲
Askja

Fáskrúdsfjördur

Laugafell

Hvannalindir

Breiddalsvík

Hofsjökull

Berunes
Djúpivogur

Kverkfjöll

Grímsvötn
1 719 ▲ Vatnajökull

Höfn

Thórisvatn

Skaftafell
Laki Öræfajökull Jökulsárlón
(Lakagígar) Skaftafell
Landmannalaugar

Eldgjá

Ingólfshöfdi

Kirkjubæjarklaustur

OCÉAN ATLANTIQUE

Lignes de bus

	Fly bus
	2
	3
	8
	9
	10
	11
	12
	14
	16
	18
	24
	31
	37
	60
	61
	62
	320
	250
	400
	580
	605
	610
	620
	640
	641
	650
	661
	680
	SBA

○ station
◎ correspondance

L'ISLANDE – RÉSEAU DES BUS

L'ISLANDE – RÉSEAU DES BUS

REYKJAVÍK

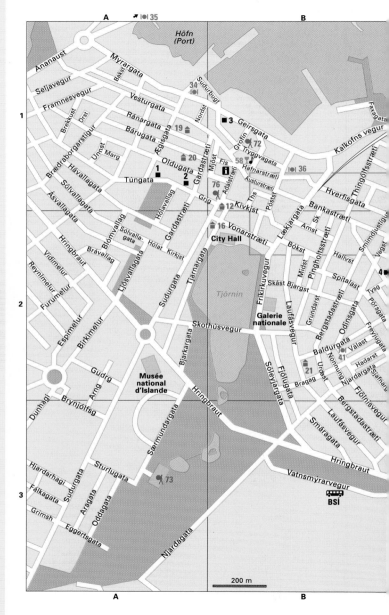

Höfn
(Port)

↗ |●| 35

A

B

Ananaust
Myrargata
Seljavegur
Framnesvegur
Bakkust
Vesturgata
Súdurbugt
34
|●|
Brekkust
Drsi
Ránargata
Nordst
Egilsgata
Geirsgata
3
Grófin
72
Bárugata
19
Trygvagata
Ulmst
Marg
Öldugata
20
Míóst
58
Fis
Hafnarstræti
36
Brædraborgarstigur
Hávallagata
Gardastræti
1
2
Gardastræti
Adalstræti
Austurstræti
Túngata
76
Ths
Grjg
Póstst
Sölvallagata
Ásvallagata
Grjg
12
Kivkíst
Bankastræti
Hringbraut
Blomvallag
Hólat
16
Vonarstræti
Lækjargata
Sk
Amst
Smmdjustigou
Vidimelur
Bráávallag
Kirkíst
City Hall
Bókst
Vegst
Reynimelur
Ljósvallagata
Hverfisgata
Þingholtsstræti
Hallvst
Furumelur
Sudurgata
Tjarnargata
Tjörnin
Midst
Spítalast
4
Espimelur
Bjarnst
Þórsgata
Birkimelur
Skást
Bjargst
Grundarst
Bergstadastræti
Oddingsta
Tysg
Frikirkuvegur
Laufásvegur
Galerie
nationale
Freyjugata
Skothúsvegur
Gudrg
Arng
Musée
national
d'Islande
Blarkargata
Fjólugata
Baldurgata
21
Válast
41
Dunhagi
Brynjólfsg
Sóleyjargata
Nonnung
Njardargata
Urdast
Bragag
Stafnarty
Fjölnisvegur
Hringbraut
Bergstadastræti
Hjardarhagi
Sturlugata
Sæmundargata
Laufásvegur
Smáragata
Fálkagata
Sudurgata
Aragata
Oddagata
73
Hringbraut
Grimsh
Eggertsgata
Vatnsmýrarvegur
BSÍ
Njardagata

200 m

A

B

REYKJAVÍK

REYKJAVÍK – REPORTS DU PLAN

L'Islande : un cas géologique

L'île est la partie émergée d'un gigantesque plateau basaltique sous-marin de 750 km de diamètre. Les plus anciennes roches accessibles n'ont que 20 millions d'années, ce qui est très jeune : en France, par exemple, on trouve en Bretagne Nord des roches de 2 milliards d'années ! Toute cette terre qui constitue les plaines et les montagnes d'Islande a donc pris naissance en un temps très court, grâce à un volcanisme particulièrement actif.

Pourquoi ce volcanisme ?

Commençons par quelques rappels.
Si l'on parcourait du centre vers la périphérie les 6 370 km du rayon terrestre, on rencontrerait :
– un noyau constitué de matériaux ferreux ;
– un manteau inférieur ;
– l'asthénosphère, constituée de roches se comportant comme une pâte molle ;
– la lithosphère, épaisse de 70 km sous les océans et de 150 km sous les continents. Son niveau le plus superficiel est appelé croûte : c'est ce qu'on voit autour de nous et sous nos pieds. Cette lithosphère est découpée en plaques rigides, ne pouvant pas se déformer mollement comme l'asthénosphère : les contraintes qui s'exercent dessus entraînent des mouvements le long de failles, ce qui provoque les séismes.
L'Islande occupe une position particulière sur la terre. Elle se situe entre deux plaques (la nord-américaine et l'eurasienne) qui s'écartent à la vitesse (vertigineuse !) de deux centimètres par an. On appelle ce phénomène la dérive des continents. La ligne de contact forme une dorsale, ou ride médio-océanique, soit, dans ce cas, une immense fracture de l'écorce terrestre reliant l'océan Polaire arctique et l'Antarctique. Au niveau des dorsales, du matériel chaud remonte des profondeurs de l'asthénosphère avant de fondre près de la surface : c'est le fameux magma qui alimente des volcans sous-marins. Cette gigantesque cicatrice se trouve à environ 2 500 m de profondeur sous l'océan Atlantique.
Alors pourquoi l'Islande émerge-t-elle, vous demandez-vous ? Eh bien, parce qu'elle reçoit une seconde source de magma qui s'ajoute à la première ; seconde source due à un point chaud. Ce terme désigne une colonne de matériel originaire de la limite noyau/manteau (très profond et donc très très chaud), qui traverse tout le manteau en ligne droite, en faisant des volutes comme un champignon d'explosion atomique.
L'Islande s'est constituée par l'accumulation d'importantes quantités de magma, ce qui se poursuit encore aujourd'hui. Il y a donc à faible profondeur des massifs de roche très chaude que les eaux de pluie et de fonte des glaces atteignent facilement en descendant par les fissures du sous-sol. Cette eau se charge en minéraux, comme le soufre ou la silice, puis remonte naturellement à la surface, en formant des geysers ou des sources chaudes. Parfois, il faut un forage pour avoir accès à la précieuse vapeur exploitée pour les besoins de l'industrie.
Pourquoi voit-on...

Des volcans allongés ?

En Islande, les deux plaques qui s'écartent créent des failles monumentales (voyez entre l'aéroport de Keflavík et la capitale, ou à Thingvellir, à l'est de Reykjavík). Au niveau des volcans, la lave s'épanche par des fissures longues de plusieurs centaines de mètres. Rapidement, de petits cônes alignés se forment et grandissent. On peut voir de tels alignements sur la côte sud de la péninsule, de Reykjanes au Lakagigar... Le volcan Eldfell qui détruisit en 1973 une partie de la ville d'Heimaey commença également par une série de petits cônes, mais un seul prit de l'importance et devint le volcan actuel.

Différents types de lave ?

La lave est de la roche en fusion qui trouve son origine à quelques kilomètres sous nos pieds. Il en existe une infinie variété de compositions selon la nature de la roche fondue et la longueur du trajet depuis la source. La roche que vous rencontrerez partout est le basalte. Il peut être grisâtre ou bleuâtre. Vous trouverez également de la rhyolite (une roche plus rose), de l'obsidienne (une sorte de verre noir et brillant), ou de la ponce au pied du volcan Hekla : c'est une roche claire, si légère qu'elle flotte sur l'eau (faites l'expérience !).

Les coulées sont de deux types : la lave peut posséder une surface rugueuse et scoriacée, ou au contraire lisse et ridée en « cordages ». Dans ce cas, la coulée vue par la tranche montre souvent un découpage en colonnes assez régulières possédant cinq à sept côtés. Ces colonnes peuvent être verticales et former comme des tuyaux d'orgues *(studlaberg),* ou au contraire être disposées en gerbes (c'est splendide, et les Islandais appellent ça *kubbaberg*). Cependant, toutes les roches ne sont pas disposées en coulées : quand la lave à 1 000 °C sort de sous la mer ou de sous un glacier, elle explose et forme de petits grains qui s'agglomèrent et durcissent ensuite. En allant à Heimaey, on peut voir ces roches rougeâtres appelées hyaloclastite.

Il est toujours bon de jeter un œil aux cailloux du bord des routes : avec un peu de chance, on trouve dans le basalte de magnifiques cristaux d'olivine (on fait des bijoux de ce minéral limpide, vert doré, atteignant souvent cinq millimètres), ou des zéolithes (de grands cristaux blancs, très fréquents dans la région de Djúpivogur à l'est).

Les geysers

Ce sont des sources chaudes particulières, formant un puits dont le fond est très chaud. L'eau se trouvant tout en bas voudrait bouillir mais en est empêchée par la pression de la colonne d'eau la surmontant. La moindre perturbation dans cette colonne permet une décompression : l'eau chaude qui entre brutalement en ébullition est alors projetée très haut par la poussée de la vapeur.

Des solfatares et marmites de boue bleue

L'eau des sources chaudes est souvent chargée en sulfures qui se déposent au niveau du sol (comme à Námafjáll, à l'est du lac Mývatn). Le soufre forme également de l'acide sulfurique au contact de l'eau. Cet acide ronge la roche au fil du temps, c'est pourquoi elle devient friable, jaune, bleue ou rouge, comme rouillée. Le basalte est en quelque sorte digéré par les fumerolles ! En plus de l'activité volcanique, l'Islande offre bien d'autres curiosités géologiques !

Les glaciers

Quatre glaciers principaux persistent sur l'île, tout en reculant. Le plus grand d'entre eux, le Vatnajökull, a la superficie de la Corse ! Ils étaient beaucoup plus étendus à l'époque des glaciations (il y a seulement 10 000 ans) ; en se retirant, ils creusèrent des vallées en forme de U très ouvert (à admirer entre Varmahlid et Akureyri) et des roches striées par le frottement (par exemple au nord de la péninsule de Snæfellsnes).

Par ailleurs, on a des preuves que le climat de l'île était au contraire plus chaud qu'aujourd'hui avant cette période de glaciation : dans la péninsule de Tjörnes, au nord de Húsavík, une mine de lignite a été exploitée (du charbon) montrant des restes de chênes et même de séquoias, une espèce de conifère croissant actuellement en Californie ! Ces arbres ont disparu quand le climat est devenu sub-polaire.

Les chutes d'eau

Les immenses coulées de basalte superposées forment des marches d'escalier sur le cours des fleuves. Et ces marches forment... des cascades. Il en existe des milliers de petites sur les côtes d'Islande, en particulier au sud de la péninsule de Snæfellsnes. D'autres sont gigantesques et grondantes : Gullfoss, Godafoss, Dettifoss... Inoubliable !

Un désert planté de lupins bleus !

La colonisation humaine s'est accompagnée de la destruction de la forêt primitive de bouleaux nains. Depuis, le vent a « vanné » la terre dénudée, formant ici des dunes de sable noir et là des amoncellements de pierres. Dans le centre de l'île, vous pourrez même voir des rochers complètement lissés, polis par le vent. On tente aujourd'hui de freiner cette érosion éolienne en semant des rangées de lupins qui fleurissent dans le désert au mois de juillet.

Et la géothermie dont on parle tant ?

Son principe est d'utiliser l'eau chaude du sous-sol, eau qui a l'énorme avantage d'être totalement gratuite. Les installations demandent un impressionnant réseau de tuyaux que vous verrez partout. Les forages sont très onéreux, mais l'investissement est rentable dans la durée et l'énergie peu polluante procure une autonomie énergétique au pays (les cheminées rejettent néanmoins du CO_2 et du SO_2, qui se transforme en acide sulfurique). Les applications sont très diverses : l'eau chaude sert d'abord au chauffage domestique de la quasi-totalité de la population. Elle alimente également de nombreux lieux de baignade dont le plus réputé est le Blue Lagoon (Bláa Lónid). La vapeur permet de chauffer des serres (30 °C !) qui fournissent aux Islandais leurs tomates *(tomatur)*, poivrons *(paprika)* et concombres *(agurka)*. Sur la côte sud, la ville de Hveragerdi s'est spécialisée dans la culture des fleurs. La production d'électricité de plusieurs centrales géothermiques vient compléter celle des barrages hydroélectriques. On exploite également près de Mývatn une usine de séchage de diatomées (des algues dont on tire de la silice, utilisée comme abrasif, comme épaississant de peintures...), des élevages de saumons et d'ormeaux en eau chaude dans la péninsule de Reykjanes, des installations de séchage de poisson, d'extraction de sel... Bref, pour tout vous dire, une fois sur place, on a réellement l'impression d'avoir fait un voyage dans le temps et d'être revenu des millions d'années en arrière, tant le sentiment d'un bouleversement récent est prégnant en certains endroits. D'ailleurs, c'est au Snæfellsjökull, volcan qui culmine à 1 446 m, que Jules Verne situe la porte d'entrée de son *Voyage au centre de la Terre*.

HÉBERGEMENT

Le sac de couchage est IMPÉRATIF pour ceux qui veulent voyager économiquement, puisqu'il permet aussi bien de coucher dans les auberges de jeunesse que de profiter de *sleeping-bag accommodation,* autrement dit de dortoirs ou chambres dans lesquelles on peut dormir en duvet, proposées dans la plupart des *guesthouses,* certains hôtels et certaines fermes. Vous trouverez la liste des adresses ou emplacements des hôtels *Edda,* AJ, fermes, refuges et campings dans la brochure *Áning,* gratuite et distribuée dans tous les offices de tourisme. Vous pourrez également réserver via Internet une grande partie de ces adresses. Pour les AJ : ● www.hostel.is ● Pour les fermes : ● www.farmholidays.is ● Pour les hôtels *Edda* : ● www.hoteledda. is ● Et pour les refuges : ● www.fi.is ●

Le système des bons *(vouchers)* peut vous permettre d'établir à l'avance et précisément votre budget tout en vous laissant la plus grande liberté sur place. Un petit bémol : une fois sur place, des lecteurs ont vu leurs bons refusés ou des suppléments réclamés. Mais vous rencontrerez aussi des personnes arrangeantes qui accepteront, par exemple, vos bons pour AJ dans leur *guesthouse.* Renseignez-vous au moment de la résa par téléphone, pas plus de 24h à l'avance si vous avez choisi la formule *sleeping-bag accommodation.*

Les campings

Un bon moyen d'économiser sur son budget ! On trouve des campings partout, y compris dans les coins reculés. Précisons que le camping sauvage est interdit, *a fortiori* dans les zones naturelles protégées.

Pour une personne, on paie en général 500 à 600 ISK (5 à 6 €) par nuit, mais cela varie. Ces campings payants sont souvent bien équipés : douches, w.-c., et parfois machine à laver, coin cuisine, abris. Dans certains cas, les douches sont payantes (par pièces, avec un minuteur). Il existe aussi de nombreux campings gratuits et non équipés : pas de douche, mais toujours des w.-c. et des lavabos. On se douche alors à la piscine du village... tout en profitant des *hot pots* et des jacuzzi lorsqu'il y en a !

Une tendance : de plus en plus de campings se dotent de bungalows, chalets ou cabanes, appelez-les comme vous voudrez, en tous cas des hébergements en dur, pour 2 à 10 personnes, où l'on peut dormir avec son duvet ou des draps. Mais tout compte fait, ça revient au même prix que de dormir dans une *guesthouse* !

Pour faire la cuisine, utilisez les réchauds à pétrole ou à alcool. Pour le gaz, prendre plutôt des recharges jetables. Le bon plan est d'aller voir à la réception si des campeurs n'ont pas laissé leurs recharges avant de prendre le chemin du retour : c'est une pratique fréquente et admise, qui permet de racheter des cartouches à moitié pleines (ou vides). Voir aussi dans les stations-service.

L'humidité est le premier ennemi du campeur. L'expérience prouve que les grands sacs poubelle (eh oui !), solides et étanches, sont très, très précieux pour tout emballer la nuit ou dans la soute à bagages des autocars.

Les refuges et les huttes

Nombreux *refuges* dans l'intérieur désertique, gardés par des personnes qui connaissent parfaitement les territoires sauvages alentour. Ces refuges sont très propres mais pas très grands. Il existe aussi des *huttes* aménagées sur des chemins de randonnée balisés reliant les grands refuges gardés. Elles sont fermées et l'on obtient la clef auprès des gardes qui sont ainsi sûrs que l'on paie. Certaines sont chauffées par l'eau chaude naturelle, et un bain réparateur est assuré en fin d'étape dans les sources chaudes de Landmannalaugar et Hveravellir.

Les deux organismes suivants gèrent les refuges et vous donneront tous les renseignements à leur sujet. On peut réserver directement sur leur site internet.

■ *Touring Club of Iceland* (Ferda-félag Íslands) : Mörkinni 6, à Reykjavík. ☎ 568-25-33. Fax : 568-25-35. ● www.fi.is ●

■ *Útivist* (Outdoor Life Touring Club) : Hallveigarstígur 1. ☎ 561-43-30. Fax : 561-46-06. ● www.utivist.is ●

Pour indication, une moyenne des prix : pour les refuges bien équipés, il faut compter 1 500 ISK (15 €) la nuit pour les membres et 2 000 ISK (20 €) pour ceux qui ne le sont pas. Pour les refuges de base, il faut compter respectivement 1 000 et 1 300 ISK (10 et 13 €). Le camping coûte entre 500 et 600 ISK (5 à 6 €) et l'utilisation de la cuisine est payante (300 ISK, soit 3 €), comme les douches (même prix). Il vaut mieux réserver à l'avance.

Les auberges de jeunesse

C'est sans aucun doute l'un des moyens les plus sympathiques et les moins chers de se loger en Islande, d'autant plus qu'on peut y faire sa cuisine. Presque toutes possèdent à la fois des dortoirs et des chambres pour deux ou des familiales. Attention, car certaines peuvent être fort éloignées de la route principale ou du centre et, de ce fait, difficilement accessibles à ceux qui n'ont pas de voiture. Celles des « grandes » villes sont ouvertes à peu près toute l'année, mais les autres n'ouvrent qu'en été ou une partie de l'année. Compter env 1 800 ISK (18 €) par nuit pour les membres, 2 200 ISK (22 €) pour les non-membres. Petit déj de 700 à 900 ISK (7 à 9 €) : ça vaut le coup de le faire soi-même. Il existe un fascicule gratuit en anglais qui indique leur localisation et leurs caractéristiques (à se procurer dans les offices de tourisme ou les AJ). Très pratique. À l'AJ de Reykjavík, les sacs de couchage sont théoriquement interdits, alors qu'en province il est conseillé d'en avoir un avec soi.

■ *Association des auberges de jeunesse d'Islande :* Sundlaugavegi 34, 105 Reykjavík. ☎ 553-81-10.

Fax : 588-92-01. ● www.hostel.is ● Un réseau de 26 auberges de jeunesse réparties de façon équilibrée.

– Il n'y a pas de limite d'âge pour séjourner en AJ.
– La FUAJ propose deux guides répertoriant toutes les AJ du monde : un pour la France, un pour le monde (ce dernier est payant).
– La FUAJ offre à ses adhérents la possibilité de réserver depuis la France, grâce à son système de résa international, 6 nuits maximum et jusqu'à 6 mois à l'avance, dans certaines auberges de jeunesse situées en France et à l'étranger (le réseau Hostelling International couvre plus de 80 pays). Gros avantage, les AJ étant souvent complètes, votre lit (en dortoir, pas de résa en chambre individuelle) est réservé à la date souhaitée. Vous réglez en France, plus des frais de résa (env 6,15 €). L'intérêt, c'est que tout cela se passe avant le départ, en français, et en euros ! Vous recevrez en échange un reçu de résa que vous présenterez à l'AJ une fois sur place. Ce service permet aussi d'annuler et d'être remboursé. Le délai d'annulation varie d'une AJ à l'autre (compter 6,15 € pour les frais).
Le système de résa international est désormais accessible en ligne via le site ● www.hihostels.com ● D'un simple clic, il permet d'obtenir toutes informations utiles sur les auberges reliées au système, de vérifier les disponibilités, de réserver et de payer en ligne sans frais.

Les *guesthouses*

L'hébergement le plus convivial, situé en général dans une grande maison. On y trouve souvent une cuisine commune bien pratique. Certaines *guesthouses* sont carrément devenues des hôtels, avec des prix ébouriffants (plus de 9 000 ISK, soit 90 €, la double !). D'autres ont gardé des tarifs raisonnables, notamment avec la *sleeping-bag accommodation* (nuit avec son propre sac de couchage), mais en tout cas le niveau de confort est toujours très satisfaisant. Mieux vaut réserver en été.

Les hôtels *Edda*

Il s'agit de collèges dans lesquels les touristes prennent la place des écoliers durant les vacances d'été de juin à fin août. Mais certains sont maintenant ouverts toute l'année. Ne vous laissez pas impressionner par leur aspect extérieur souvent sévère, l'intérieur est fort bien équipé : cafétéria, salle à manger et même quelquefois piscine, gymnase... Les chambres, avec leur mobilier en bois clair, sont toutes calquées sur le même modèle. Douches communes (toujours nickel). De plus en plus d'*Edda* ont des chambres « *Edda Plus* » avec salle de bains, TV et téléphone... mais super chères (plus de 12 000 ISK, soit 120 €) ! Quelques-uns conservent une formule *sleeping-bag accommodation,* ce qui revient sensiblement au même prix qu'une AJ (dans les 2 000 ISK, soit 20 €), mais vous n'avez pas la possibilité de faire votre cuisine. ● www.hoteledda.is ●

Les hôtels

Ils sont d'un niveau très moyen en Islande. Mais les prix, eux, ne sont pas moyens du tout. La chambre double dans un hôtel revient au grand minimum à 10 000 ISK (100 €) et dépasse souvent les 15 000 ISK (150 €). À ce prix-là, on a déjà vu des chambres où les salles de bains et w.-c. étaient dans le couloir, à partager ! Pas toujours de TV et de téléphone. Clairement, il y a de moins en moins de différence entre *guesthouse* et hôtel proprement dit. C'est pour cela que nous nous intéresserons principalement aux *guesthouses*. Les rabais hors saison peuvent être importants (20 à 50 %). Petit déj presque toujours inclus.

L'hébergement à la ferme

C'est certainement le meilleur moyen de faire connaissance avec les Islandais. On est logé soit dans la ferme même, soit dans un bâtiment séparé dont la capacité d'hébergement fait quelquefois plus penser à un hôtel qu'à une ferme. On est alors loin de nos gîtes ruraux. Dans certains cas, on peut louer des chalets ou des bungalows (intéressant quand on est plusieurs), ou encore planter sa tente à côté de la ferme. Repas sur demande et cuisine à disposition selon les fermes. Certaines proposent également de la pêche ou de l'équitation. Malheureusement, plusieurs « fermes » ont amélioré leurs chambres – donc leurs tarifs – jusqu'à en devenir vraiment inabordables. On engage quelqu'un pour la réception, on construit un resto, on accepte des groupes de temps en temps, et voilà comment tout s'est transformé en banal hôtel de campagne ! Dommage... Mais il reste quand même quelques fermes authentiques disséminées dans le pays.

Comptoir d'Islande, entre autres, (se reporter au début du guide à la rubrique « Les organismes de voyages ») propose des bons d'hébergement dans les fermes à des tarifs intéressants. Attention, toutes n'acceptent pas les bons, et certaines d'entre elles, jugeant leurs prestations supérieures, demandent un supplément. De plus, ces bons sont remboursés à 70 % seulement s'ils n'ont pas été utilisés. Le système demeure cependant très pratique car pas mal de fermes offrent l'avantage d'être ouvertes toute l'année. Contactez le fermier au maximum un jour avant votre passage pour les bons en sac de couchage.

Icelandic Farm Holidays, qui gère l'ensemble des fermes adhérant à l'organisme, édite une remarquable brochure qui offre une multitude de précisions et une description de chaque ferme. À Reykjavík : Sí umúla 13. ☎ 570-27-00. Fax : 570-27-99. ● www.farmholidays.is ●

HISTOIRE

L'Islande est l'une des terres les plus récentes du monde : à la fois géologiquement et historiquement, on peut la considérer comme une des premières démocraties. Est-elle la fameuse et mythique « Ultima Thulé » dont parle le grec Pythéas au IVᵉ siècle av. J.-C. ? En tout cas, les premiers colons se firent attendre jusqu'au tout début du VIIIᵉ siècle. Ce sont des moines irlandais qui s'installèrent sur cette terre sans habitants, avant de laisser place aux Vikings norvégiens lorsque ceux-ci colonisèrent l'île au IXᵉ siècle. Deux ou trois navigateurs nordiques vinrent tout d'abord voir de quoi il s'agissait, et l'on doit à un dénommé Flóki Vilgerdarson le nom d'*Island,* « terre de glace ». Vers 871 apr. J.-C., les premiers vrais colons nordiques commencent à affluer, avec notamment Ingólfur Arnarson, qui établit son camp à l'emplacement actuel de Reykjavík. D'autres vagues d'émigrants viennent établir leurs fermes en Islande, emmenant famille et esclaves (qui furent rapidement affranchis). Contrairement à l'idée reçue, ces émigrants n'étaient pas des pirates, mais des fermiers norvégiens fuyant le manque de terres et les impôts. Quoi qu'il en soit, la société islandaise, composée de clans, s'organise en une sorte d'État dirigé par une assemblée, l'*Althing,* qui siège pour la première fois en 930, en plein air, sur le site de Thingvellir. Les colons n'avaient en effet aucune envie de reproduire les injustices du système monarchique qu'ils avaient fui... L'*Althing* est donc le plus vieux parlement national du monde qui soit encore en activité. En l'an 1000, il délaisse la religion scandinave des origines et adopte le christianisme comme religion officielle. Ce fut durant cette période qu'Éric le Rouge, hors-la-loi banni par la nouvelle justice islandaise, découvre le Groenland – « le pays vert » – et que son fils, Leifur Eríksson, accoste une quinzaine d'années plus tard dans un endroit qu'il appelle *Vínland* à cause de ses vignes, et qui n'est autre que la côte Est des États-Unis. Entre 1120 et 1230 les premières sagas islandaises apparaissent, ainsi que le poème *Edda* de Snorri Sturluson.

À partir de 1230, l'Islande traverse une période de troubles (luttes de pouvoirs, raids sanglants). Elle se termine en 1262 par la soumission de l'île au roi de Norvège, qui n'eut qu'à profiter du chaos ambiant pour prendre possession de l'île. L'*Althing* perd alors tout son pouvoir, et des impôts élevés sont perçus au bénéfice des Norvégiens. À la fin du XIVᵉ siècle, la Norvège et l'Islande deviennent provinces danoises. Suit alors une longue période très sombre pour l'île, soumise au monopole du commerce danois, ravagée par les épidémies (peste noire en 1402 qui cause la mort des deux tiers de la population) et à qui l'on impose de plus en 1536 la foi luthérienne.

Il faut attendre le XIXᵉ siècle pour assister à la naissance d'un mouvement national, dont le héros s'appelle Jón Sigurðsson. La province acquiert une certaine autonomie, du moins dans le domaine commercial. Le télégraphe et le téléphone font leur apparition en 1906, reliant l'île au reste du monde. En 1918, la souveraineté islandaise est reconnue dans le cadre d'une union à la couronne danoise, qui conserve toutefois l'autorité en matière de défense et d'affaires étrangères. La proclamation de la république d'Islande à Thingvellir, le 17 juin 1944, met fin à sept siècles de colonisation étrangère. L'emblème de l'île change : la morue surmontée d'une couronne dorée cède la place à l'actuel drapeau bleu avec la croix scandinave rouge sur fond blanc.

Devant la menace allemande dont les troupes occupent le Danemark, les forces britanniques débarquent en Islande en 1940, avec l'assentiment des habitants. Elles se retirent dès 1941 pour laisser place aux troupes américaines, censées partir à leur tour une fois la guerre finie. Ce ne sera pas le cas et, en 1951, la base militaire de l'aéroport de Keflavík revient aux États-Unis, qui y stationnaient encore jusqu'en septembre 2006.

En 1963, à la suite d'une éruption sous-marine, l'Islande s'agrandit d'une nouvelle île, Surtsey.

En 1980, Vigdís Finnbogadóttir devient la première femme au monde à être élue chef d'État. Les femmes, en Islande, ont eu un parti politique (dissous en 1999 car elles pensaient avoir atteint leurs objectifs), l'Alliance des femmes, qui avait 6 députés et dont le chef de file a été élu maire de Reykjavík en 1994. Depuis 1996, le pays est présidé par Ólafur Ragnar Grímsson, qui n'a pas eu de mal à se faire réélire en 2000 et en 2004 puisque, étant le seul candidat, l'élection a été tout simplement gagnée ! De toute façon, sauf exception, le président n'a guère qu'un rôle honorifique, car c'est le Premier ministre qui tient les rênes de l'État. En mai 2006, Geir Haarde, président du Parti de l'Indépendance, succède à Halldor Asgrimsson comme Premier ministre. De nombreux dossiers attendent le nouveau chef du gouvernement : les relations avec les États-Unis, dont les derniers GI ont quitté la base de Keflavík en septembre 2006. Faudra-t-il se doter d'une défense ? Comment résoudre les différentes équations économiques ? Comment diversifier les secteurs d'activité ? Intégrer l'Europe et la zone euro ? Autant de questions à traiter au plus vite. La démocratie fondée par les Vikings est toujours bien vivante : pas d'aristocratie et des rapports privilégiés entre citoyens et pouvoir, puisque le numéro de téléphone des ministres est dans l'annuaire et sur le site internet ● iceland.is ● et que chaque député connaît tous ses électeurs (en zone rurale) !

Les Islandais sont passionnés d'histoire et, en même temps, de généalogie : les deux ne font qu'un dans ce pays où, avec son nom, on remonte assez facilement jusqu'à ses origines ancestrales... La généalogie a permis aussi d'isoler les gènes des maladies héréditaires et permis à la génétique de faire de considérables avancées. De plus, l'impressionnante conservation de la langue islandaise à travers les âges permet de lire sans mal les textes anciens.

HORAIRES

– **Les magasins** sont ouverts de 9h à 18h et, le samedi, de 10h à 16h (au plus tard). Ceux d'alimentation sont ouverts jusqu'à midi le samedi, sauf les boulangeries, qui vendent aussi des laitages et ouvrent le week-end jusqu'à 16h. De même, les magasins de pull-overs et autres souvenirs sont ouverts le samedi et parfois le dimanche. Quelques supermarchés restent ouverts jusqu'à 23h tous les jours. Le week-end, on peut aussi se ravitailler dans certains kiosques et stations-service (choix limité bien sûr !). En dehors de Reykjavík, les magasins des centres commerciaux et les stations-service sont souvent ouverts toute la journée (de 9h à 22h, 23h ou 23h30) tous les jours en semaine.

– **Les banques** sont ouvertes de 9h15 à 16h et fermées le w-e.

INFOS EN FRANÇAIS SUR TV5

TV5MONDE vous accompagne : la chaîne TV5MONDE est reçue dans de nombreux hôtels du pays, et disponible dans la plupart des offres du câble et du satellite.

Si vous êtes à l'hôtel, et que vous ne recevez pas TV5MONDE dans votre chambre, n'hésitez pas à le demander ; vous pourrez ainsi recevoir 18 fois par jour des nouvelles fraîches de la planète en français.

Pour tout savoir sur TV5, connectez-vous à ● www.tv5.org ●

LANGUE

L'islandais se différencie considérablement des autres langues scandinaves continentales. L'islandais, comme le danois, le norvégien et le suédois viennent pourtant du norrois, la langue des Vikings. L'islandais a fort peu évolué depuis le XIIIᵉ siècle, et les Islandais peuvent lire en version originale les sagas de leurs ancêtres. Ce conservatisme linguistique, dû à l'isolement de l'île, fut encouragé au XIXᵉ siècle pour résister à la danisation du pays, et aujourd'hui encore les Islandais continuent à protéger jalousement la pureté de leur langue. Ainsi, tous les nouveaux mots sont islandisés. L'avion se dit « machine volante », le téléphone est devenu « le fil » (*simi,* une abréviation de *talsimi,* « le fil qui parle »), et l'ordinateur est une « sorcière qui compte » (*tölva,* mot-valise composé de *völva,* oracle, et de *tal,* compter).

Cette politique active d'islandisation frise le nationalisme exacerbé et n'est pas évidente à suivre en pleine mondialisation. Certains mots, inventés de toutes pièces parce que correspondant à des réalités absentes du sol islandais, n'ont pas eu de succès auprès des Islandais. On a inventé *bjügaldin,* littéralement « fruit courbe », pour « banane » mais *banani* s'est imposé de lui-même... Parfois, on invente des mots à rallonge qui ne servent pas souvent... Par exemple, pour « métro », une savante commission d'experts a préconisé *nedanjar darlest,* soit « le train qui va sous terre » mais c'est bien long pour un mot qui sert rarement en Islande... On se contente donc de *jörðlest* (terre-train).

Un dictionnaire courant d'islandais comporte 80 000 mots alors que la commission chargée des néologismes a recensé 600 000 mots différents en tenant compte de tous ceux qui ont été créés !

Une langue bien poétique qui ne manquerait pas d'en séduire plus d'un, n'étaient sa grammaire (nettement plus compliquée que celle du français) et sa prononciation. Voici quand même une initiation pratique à la langue des Vikings...

Prononciation des lettres (sauf exceptions)

a devant ng et nk	« ao »
á	« ao »
au	« euï »
e	« è »
é	« iè »
ei/ey	« eï »
i	« é »
í	« i »
ó	« au »
ö	« eu »
u	« eu »
ú	« ou »
y	« é »
æ	« aï »
f	« v »
f à l'initiale et devant k, s ou t	« f »
f devant l ou n	« p »
g après une voyelle et devant i ou j	« y »
h devant v	« k »
j	« y »
k à l'intérieur du mot devant k, l ou n	« h »
k devant s et t	« gh »
ll	« tl »
p devant un t	« f »

Deux lettres originales

le *d* barré (đ)	*th* anglais tendant vers le « z »
le *p* allongé (que l'on écrira souvent « Th »)	*th* anglais tendant vers le « s »

Et cette liste est loin d'être exhaustive...

Mots usuels

oui	*já*
non	*nei*
bonjour	*góđan dagínn* (le second *g* ne se prononce pas)
au revoir	*bless*
merci	*takk fyrir* (on peut se contenter de *takk*)
santé !	*skál*
ouvert	*opiđ*
fermé	*lokađ*
entrée	*inn*
sortie	*út*
aujourd'hui	*í dag*
tous les jours	*alla daga*
tous les jours sauf le week-end	*vika daga*
lundi	*mánudagur*
mardi	*thriđjudagur*
mercredi	*miđvikudagur*
jeudi	*fimmtudagur*
vendredi	*föstudagur*
samedi	*laugardagur*
dimanche	*sunnudagur*
un	*einn*
deux	*tveir*
trois	*thrir*

Les mois s'écrivent presque comme en anglais.

Pour lire une carte

dalur	vallée
hóll	colline
fjall	montagne
fjörđur	fjord
foss	cascade
gígur (pluriel : *gigar*)	cratère
höfn	port
hraun	champ de lave
hver	source chaude
jökull	glacier
mörk	bois
nes	péninsule
sandur	désert de sable
vatn	lac
völlur	plaine

Pas de panique, les Islandais parlent presque tous l'anglais. Très souvent, dans le secteur touristique, vos interlocuteurs parleront les autres langues scandinaves et l'allemand. En revanche, peu d'espoir de pouvoir converser en français.

LAVERIES

On a bien cherché et l'on n'a pu que constater que nulle part en Islande il n'y a de laveries automatiques. C'est comme pour les ordinateurs, les Islandais sont très bien équipés. Il existe quelques pressings, mais leurs tarifs sont exorbitants car le linge est lavé, séché et soigneusement repassé. Cependant, vous trouverez des campings, des *guesthouses* et des AJ qui sont équipés de machines à laver et à sécher le linge. Il faut compter en moyenne 200 à 500 ISK (2 à 5 €).

LITTÉRATURE

Tout Islandais qui se respecte détient au moins deux sortes d'œuvres dans sa bibliothèque : les *sagas* (dont certaines sont disponibles en français) et les formidables romans de l'écrivain islandais Halldór Laxness (né en 1902), prix Nobel de littérature en 1955, évoquant sans égal l'Islande et ses habitants.

La culture islandaise, qui assimile les diverses traditions, se reflète mieux que n'importe où ailleurs dans une production littéraire remarquable. La tradition orale a, en effet, rapidement évolué pour se pérenniser dans des récits écrits.

Cette production littéraire rassemble les *eddas,* poèmes mythologiques et épiques en vers, et les *sagas,* qui sont des épopées retraçant les différents mythes et légendes sur la colonisation de l'Islande, dont les plus connues, le *Livre de la colonisation (Landnámabók)* et le *Livre des Islandais (Islendingabók)* sont vendues dans le monde entier. Cette production littéraire exceptionnelle et le fait unique au monde que chaque Islandais est capable de la lire dans le texte original expliquent que ce peuple ait une vision très nette de ses origines et de son identité.

La passion pour la culture est réellement l'axe central de la société islandaise qui, même sans école obligatoire jusqu'en 1913, avait un taux extrêmement faible d'illettrisme.

Aujourd'hui encore, les Islandais ont une grande admiration pour les poètes et choisissent leurs élus parmi les gens de lettres (ce fut le cas pour Vigdís Finnbogadóttir).

Tout le monde ici est un peu poète et artiste, d'ailleurs on se présente parfois comme tel avant de révéler sa principale source de revenus ; on rencontrera ainsi des écrivains médecins, des menuisiers facteurs ou des sculpteurs banquiers. On compte d'ailleurs un nombre incalculable de librairies et de bibliothèques en Islande, et ne dit-on pas toujours qu'« une moitié des Islandais écrit les livres, l'autre moitié les lit ». Un auteur accède très aisément à la publication, et l'édition islandaise connaît une intense activité. D'ailleurs, 1 Islandais sur 10 publie au moins un livre au cours de sa vie. Nuançons cependant ce tableau idyllique en avouant que les plus âgés sont inquiets de la baisse d'intérêt des plus jeunes pour leur culture ancestrale, qui ne résiste pas devant une certaine américanisation.

LIVRES DE ROUTE

Avant de partir, nous vous conseillons de parcourir l'excellent et beau livre de Patrick Desgraupes, sobrement intitulé ***Islande*** (Hermé). Un régal, tant le photographe a perçu les phénomènes climatiques, la lumière intense et omniprésente de cette terre où le minéral et le végétal s'absorbent et éclatent devant son objectif. Et puis ces couleurs... Ces cieux... Sublime ! Le tout réalisé dans des conditions mémorables (voir la préface). Autrement, très peu d'auteurs islandais sont traduits en français. Certains, comme Gunnar Gunnarsson, préféraient écrire en danois pour avoir un lectorat plus important.

Littérature ancienne (voir plus haut)

– *Sagas islandaises* (Gallimard, coll. « La Pléiade »), traduit par Régis Boyer.

– *L'Edda* (1230), poème de Snorri Stulurson (Gallimard, coll. « Aube des Peuples »).

– *Mythes et Dieux de la Scandinavie ancienne* (2000), étude de Georges Dumézil (Gallimard, coll. « Bibliothèque des Sciences Humaines »). Spécialiste de la mythologie comparée indo-européenne, Dumézil rédigea aussi toute une série d'études érudites sur nombre de thèmes mythiques et de figures divines de la Scandinavie ancienne. Le présent recueil rassemble une vingtaine de ces études disséminées dans des revues savantes.

– *Légendes de la mythologie nordique* (1999), de Jean Mabire (Éditions L'Ancre de Marine), raconte par le menu les origines de la religion nordique et l'histoire des Ases, Vanes et autres Géants. Le tout avec humour et sans s'appesantir sur les débats de spécialistes. Quelques légendes et anecdotes vraiment savoureuses.

Littérature contemporaine

– *La Cloche d'Islande* (1943-1946), roman de Laxness (Flammarion Poche, coll. « GF », n° 659). Du prix Nobel de littérature 1955, un texte truculent et varié, nourri de la tradition épique, dans lequel alternent les épisodes les plus burlesques et les plus tragiques. Les trois protagonistes incarnent l'âme d'un peuple, celui de l'Islande du XVIIIe siècle.

– *Le Paradis retrouvé* (1960), pièce de Laxness (Gallimard, coll. « L'Imaginaire », n°236). Le fermier Steinar vit en Islande. Convaincu par un évêque de s'installer dans la communauté islandaise du Paradis terrestre du lac Salé en Utah, le malheur s'abat sur sa famille.

– *Lumière du monde* (1937-1940), roman de Laxness (Aubier). Une histoire écrite dans la tradition des grands romans picaresques qui emprunte, tour à tour, au romanesque et à la farce pour dénoncer la vanité et le comique noir des ambitions humaines.

– *Frères jurés* (2000), roman de Gunnar Gunnarsson (Fayard). L'histoire de Leif et Ingolf, en Norvège, à la fin du IXe siècle. Liés par l'affection et l'admiration, ils sont bannis de leurs terres natales à la suite d'une tragique histoire d'amour et s'établissent sur une île lointaine, l'Islande.

– *Le Berger de l'avent* (1937), roman de Gunnar Gunnarsson (Arléa, coll. « Poche »). Dans le temps de l'avent, sur les pentes d'un massif enneigé d'Islande, un berger part à la recherche de brebis égarées. Ce bref roman aurait inspiré à Hemingway son *Vieil Homme et la Mer*.

– *Comptine matinale dans les brins d'herbe* (1998), roman de Thor Vilhjalmsson (Actes Sud). Au début du XIIIe siècle, l'Islande indépendante est en proie à de nombreux conflits intérieurs. Sturla, le personnage central du roman, devra lutter à la fois contre ses frères et le pouvoir religieux pour préserver ses terres.

– *Nuits à Reykjavik* (1989), roman de Thor Vilhjalmsson (Actes Sud). Nuits de dérive, d'alcool et de rêveries dans les bars de la capitale islandaise.

– *Le Voleur de vie* (1996), roman de Steinunn Sigurdardóttir (Flammarion). Alda, 37 ans, célibataire, est professeur d'allemand et d'anglais dans un lycée islandais. Riche, cultivée, particulièrement belle, elle daigne se laisser aimer de ses nombreux soupirants. Jusqu'au jour où elle s'éprend d'un jeune professeur d'histoire enseignant dans le même lycée qu'elle, mais marié. Adapté au cinéma par Yves Angelo.

– *Islandia* (2006), B.D. de Marc Védrines (Dargaud). Un jeune homme, Jacques, part en Islande pour confronter ses rêves à la réalité. Au XVIIe siècle, dans une atmosphère mystérieuse, la magie est au cœur des croyances séculaires...

– *La Cité des jarres* (2006), d'Arnaldur Indridason (Métailié). Un crime à priori banal conduit l'inspecteur Erlendur, personnage bonhomme, à interroger les proches de la victime et sa propre famille, à réfléchir sur les ancêtres islandais et la génétique... Une belle réflexion sur la descendance également. L'Islande est un terrain idéal pour ce polar, au milieu des brumes et des climats froids. Parmi d'autres ouvrages du même auteur, *La Femme en vert* (2006 ; Métailié).

Auteurs français

– *Pêcheur d'Islande* (1886), roman de Pierre Loti (Le Livre de Poche, n° 2271). Histoire de Yann, pêcheur breton de Paimpol, qui pratique la pêche lointaine dans les eaux islandaises. Lui et ses compagnons sont appelés les « Islandais ». Pierre Loti décrit avec réalisme les conditions de vie de ces hommes qui pêchent sans relâche pendant les longues journées d'été sans jamais mettre pied à terre durant leur campagne.
– *L'Incendie de Copenhague* (1995), roman de Gilles Lapouge (Albin Michel). La mission commanditée en 1702 par Frédéric IV, roi du Danemark, à son archiviste Eggert Pétursson, qui le conduit en Islande, terre sauvage à demi lunaire de neige et de pâturage, en quête des vélins où furent calligraphiées au XIIe siècle les célèbres sagas islandaises.

MÉDIAS

On peut avoir des infos en anglais tous les matins à 7h30 (juin-août) sur la *Radio One* (FM : 92.4/93.5). Les informations sont enregistrées sur répondeur automatique consultable au ☎ 515-36-90. La *BBC* propose en semaine, à 8h, 9h puis 12h et 17h des infos en anglais (FM : 106.8). La *BBC World Service* offre des infos continues en anglais pour les pays anglophones (FM : 90.9).
Deux chaînes de télévision avec de nombreux films et émissions américains sous-titrés en islandais. Raison pour laquelle les Islandais connaissent déjà bien l'anglais avant d'avoir commencé à l'apprendre (à 12 ans). Et ne pas oublier qu'ils ont quasiment tous le satellite.

MODERNITÉ ET TRADITION

Si, pendant des siècles, les Islandais ont tous été paysans, aujourd'hui, moins de 10 % de la population se consacre à l'agriculture ou plutôt à l'activité pastorale, l'activité traditionnelle restant l'élevage des moutons (eh oui ! les fameux pulls) et des chevaux, longtemps seul moyen de locomotion. Un grand nombre d'Islandais possèdent leur cheval, même s'ils ne le montent que rarement. Ne dites jamais à un Islandais qu'il a un beau poney, il risquerait de vous regarder de travers et de vous vanter les mérites du cheval islandais pendant des heures.
Tant qu'on est dans les souvenirs, ne manquez pas d'aller voir les fameuses maisons aux toits-prairies (intégration parfaite au paysage et très bon isolant), devenues des musées, qui constituaient l'habitat traditionnel jusqu'au début du XXe siècle et qui furent remplacées par de petites maisons en tôle ondulée peintes de couleurs plutôt vives et par de petits immeubles conformes aux normes antisismiques. Non, ne protestez pas, et faites-vous plutôt inviter : pour les Scandinaves ce n'est pas l'extérieur de la maison qui compte, mais l'intérieur, qui est très souvent douillet et mignon comme tout.
Deux tendances extrêmes : la majorité de la population, disent les statistiques, n'exclut pas l'existence des elfes, lutins, fées et revenants (on détourne le parcours d'une route en construction si l'on pense qu'elle ris-

que de passer sur leur territoire...) mais, à l'inverse, l'Islande est à la pointe de la technologie : tout le monde a un portable et Internet.

Une autre tendance : l'américanisation très visible de la société, notamment à travers la nourriture (les fast-foods pullulent) et son corollaire, l'obésité galopante. Voir également l'utilisation d'énormes 4x4 – pas toujours justifiée, puisque souvent employés en ville et pour de petites courses que l'on pourrait faire à pied.

À cheval entre Europe et Amérique, l'Islande semble hésiter encore...

MUSÉES

Les Islandais sont des fous de musées. Créer des musées est comme une sorte de sport national : conserver le passé reste en effet une immense préoccupation des habitants de cette île, particulièrement férus d'histoire. Pas un village qui n'ait son musée maritime, folklorique, d'histoire naturelle ou autre. Bien souvent, ils sont fondés par des passionnés qui ont amassé une collection privée depuis leur toute petite enfance, et l'on se fait toujours un plaisir de les rencontrer dans leur antre. Mais il faut avouer que tous ne valent pas le coup : à chaque fois, c'est 300 à 600 ISK (3 à 6 €) l'entrée, alors sélectionnez.

Les musées sont toujours gratuits pour les moins de 12 ans et offrent des réductions pour les moins de 16 ans, les plus de 67 ans et les étudiants possesseurs de la carte ISIC.

NOMS ET PRÉNOMS

On se voit difficilement interpeller n'importe qui par son prénom et le tutoyer ! C'est pourtant ce qui se passe en Islande car l'identité d'une personne est donnée par son prénom (ce que les Islandais eux appellent leur nom). En effet, le nom de famille est en fait composé du prénom du père suivi de l'attribut masculin *son* pour le fils et féminin *dóttir* pour la fille. C'est simple, non ?

PERSONNAGES

– ***Björk*** (née en 1965) *:* pour beaucoup, à la mention de l'Islande, la première chose qui vient à l'esprit est la voix originale, belle et envoûtante, de la chanteuse Björk, également compositrice et actrice. Elle évoque souvent elle-même l'influence que son pays a eu sur sa créativité, même si peu d'artistes islandais ont aujourd'hui une audience internationale aussi vaste et aussi transculturelle. Ce n'est qu'un des mystères et paradoxes de Björk, et le fait qu'elle soit islandaise n'y est peut-être pas étranger.

Björk Gudmundsdóttir est née au sein d'une famille mélomane de Reykjavík. Elle a été propulsée sur la scène musicale par la vague punk qu'elle ne tarda pas à canaliser vers de nouvelles directions. C'est vers le milieu des années 1980 que la musique islandaise émerge sous l'impulsion de Björk et de son groupe de rock ésotérique, les *Sugarcubes*. Mais le nom de Björk ne va devenir légendaire qu'avec l'essor de sa carrière en solo, avec *Debut* en 1993 et poursuivie avec *Post, Homogenic*, *Vespertine* et *Medulla*. Elle est alors reconnue comme l'une des voix les plus originales de la scène musicale et décide d'élargir son champ d'action à la composition de chansons et à l'art dramatique en jouant le rôle principal du film à succès *Dancer in the Dark* dont elle a également composé la bande originale.

– Au point de vue musical et au niveau international, le groupe ***Sigur Ros*** commence à faire parler de lui. Une musique pour le moins inspirée et très pêchue, mélange de rock mâtiné de solos à la mode Radiohead.

POPULATION

L'Islande battue par les vents n'a jamais connu de population autochtone, et l'occupation, jusqu'au IXe siècle, n'y fut qu'occasionnelle. Si les Vikings norvégiens la colonisèrent ensuite, différentes hypothèses se côtoient pour expliquer les deux principaux types de population encore présents aujourd'hui : scandinave (traditionnellement des blonds aux yeux clairs) et celte (châtains aux yeux marron). Pour certains, les Celtes étaient déjà présents avec quelques Irlandais, pour les autres, ils furent emmenés comme esclaves par les Vikings. Toujours est-il que ces Celtes déjà christianisés jouèrent un grand rôle dans l'évolution vers une religion monothéiste.

Si l'apport norvégien est indéniable, la réussite du mélange de la population l'est aussi. Le succès de l'union des différents éléments culturels permet d'expliquer l'originalité de ce peuple, de cette société qui fut parmi les premières à opter pour un régime démocratique.

De récentes études génétiques menées par la société privée *DeCode Genetics* ont révélé que 50 % des femmes proviennent du nord des îles britanniques et que la plupart des hommes viennent de Scandinavie. Des gènes porteurs de maladie ont pu être isolés et identifiés. Cette recherche a été facilitée par l'extraordinaire homogénéité génétique du peuple islandais et par son intérêt pour la généalogie.

Mais cette homogénéité génétique commence à poser problème. L'immigration est faible : on ne compte que 3,5 % d'étrangers en Islande, dont une majorité d'autres peuples nordiques ; viennent ensuite les Européens de l'Ouest, Américains et quelques Philippins et Thaïlandais qui viennent participer aux campagnes de pêche. Mais le brassage inter-ethnique est quasi nul, et la stagnation, le vieillissement et l'isolement de la population ont provoqué de nombreux cas de dégénérescence.

POSTE

Les **bureaux de poste** sont ouverts de 9h à 16h30 du lundi au vendredi. Fermés le w-e. Compter 75 ISK (0,75 €) pour affranchir une lettre de moins de 20 g ou une carte postale vers l'Europe (tarif 2006). Il existe aussi un tarif « B » plus lent et économique. ● www.postur.is ●

RELIGION

Convertis au christianisme en l'an 1000, les Islandais ont adopté le *luthéranisme* en 1550 (aujourd'hui 97 % de la population) sous l'influence norvégienne. La Bible a été traduite en 1584, vous pourrez admirer l'exemplaire original au Musée national de Reykjavík. Grâce au financement public (qui suscite bien des débats), des églises ont été construites un peu partout, parfois en des lieux très isolés. L'originalité de leur architecture est surprenante : on remarquera, par exemple, les églises en forme de tipi, de bateau (à Blondüos) ou, à l'évocation de la géologie, en orgues basaltiques comme à Reykjavík et Akureyri ou encore celle, très moderne (et presque avant-gardiste), d'Ólafsvík. Outre les nombreuses églises de l'Église évangélique luthérienne, il y a une cathédrale catholique à Landakot, où la messe est célébrée tous les dimanches.

SANTÉ

Un accord existe entre l'Islande et la Communauté européenne ; munissez-vous donc de votre carte européenne d'assurance maladie (voir « Avant le départ ; carte d'assurance maladie » plus haut). Pour ceux qui ne la possèdent pas et pour les ressortissants d'autres pays, nous vous conseillons de souscrire une assurance voyage, faute de quoi il vous faudra assumer les éventuels frais médicaux. Pour tous renseignements, contactez la **Sécurité sociale** (*Tryggingastofnun Ríkisins*) : Laugavegur 114, 105 Reykjavík. ☎ 560-44-00. Lun-ven 8h-15h30. ● www.tr.is ●

Encore plus attentifs que les Norvégiens ou les Suédois en matière de santé publique, les Islandais ont une espérance de vie des plus élevées au monde : 78 ans pour les hommes et 82 ans pour les femmes ! Ils jouissent d'une bonne santé grâce à l'air pur et aux excellents produits de la mer. L'eau est potable dans toute l'Islande. Les pharmacies (*Apótek*) sont ouvertes aux heures ouvrables et plusieurs sont ouvertes la nuit. De nombreux médecins généralistes et spécialistes exercent à Reykjavík. Il y a aussi 8 centres médico-sociaux à Reykjavík où des généralistes peuvent recevoir des patients dans un bref délai pendant la journée.

Il y a un dispensaire ou un hôpital dans toutes les villes et agglomérations principales. Le numéro de téléphone du service d'urgence (24h/24) est le ☎ 112.

Désagréments

Dès que les beaux jours reviennent, un petit moucheron prolifère intensément dans toutes les régions où il y a de l'eau douce, c'est-à-dire à peu près partout dans le pays. Si vous craignez d'en gober, vous pourrez toujours vous procurer une moustiquaire sur place. Ce moucheron, qui a l'allure et le comportement d'un moustique (de ce fait appelé *simulie*), est très agressif envers l'homme. Par nuages entiers, il peut entraîner des centaines de piqûres chez le touriste non protégé, allant même jusqu'à générer une maladie que les spécialistes appellent la *simuliidose*. Bien que celle-ci ne soit pas bien grave (fièvre, fatigue générale, maux de tête, prurit cutané), elle mérite d'être prévenue, tant elle est désagréable. La prévention repose sur les répulsifs cutanés réellement efficaces, similaires à ceux que l'on utilise en zone tropicale.

Beaucoup – pour ne pas dire la quasi-totalité – des répulsifs antimoustiques/arthropodes vendus en grande surface ou en pharmacie sont peu ou insuffisamment efficaces. Un laboratoire (Cattier-Dislab) vient de mettre sur le marché une gamme enfin conforme aux recommandations du ministère français de la Santé : *Repel Insect* Adulte (DEET 50 %) ; *Repel Insect* Enfant (35/35 12,5 %) ; *Repel Insect* Trempage (perméthrine) pour imprégnation des tissus (moustiquaires en particulier) permettant une protection de 6 mois ; *Repel Insect* Vaporisateur (perméthrine) pour imprégnation des vêtements ne supportant pas le trempage, permettant une protection résistant à 6 lavages.

Il est conseillé de s'enduire les parties découvertes du corps et de renouveler fréquemment l'application. Il est aussi très utile, très confortable et très recommandé de dormir sous moustiquaire imprégnée d'insecticide.

Ces produits et matériels sont souvent difficiles à se procurer. Ils peuvent être achetés par correspondance :

■ **Catalogue Santé Voyages (Astrium) :** 83-87, av. d'Italie, 75013, Paris. ☎ 01-45-86-41-91. Fax : 01-45-86-40-59. ● www.sante-voyages.com ● (infos santé voyages et commande en ligne sécurisée). Envoi gratuit du catalogue sur simple demande. Livraison *Colis*simo Suivi en 48h en province. Expéditions DOM-TOM.

Si vous souhaitez vérifier les infos concernant CSV, allez sur le site internet, l'info est mise à jour en temps réel (dixit le patron). Bon courage.

SAVOIR-VIVRE ET COUTUMES

– Ayez toujours en tête cette phrase tirée des *sagas,* et dont la première partie est inscrite sur chaque voiture de police : « Avec la loi, on construit un pays ; sans elle, on la détruit. » L'Islande est un pays très policé, on attendra de vous que vous respectiez les règles. Mais cela n'empêche pas les Islandais d'avoir un petit grain de folie, rassurez-vous !

– L'été, partout où vous irez, ce sont des jeunes gens qui vous accueilleront et qui, pour la plupart, commencent ce job d'été. Soyez patient, malgré quelques problèmes d'organisation, tout vient à point à qui sait attendre !

– Ne prenez pas à la légère une pancarte vous prévenant d'un danger, surtout dans la région des geysers ou avant les gués.

– Évitez les shampooings, lavages, savonnages en tout genre (même biodégradables) dans les sources chaudes. Les Islandais sont particulièrement sensibles à tout ce qui est pollution et apprécient peu les traces de mousse ou les flacons de shampooing vides en pleine nature. Vous éviterez aussi de laisser traîner papiers et mégots, même s'ils ne vous en font et ne vous en feront jamais la remarque.

– On enlève ses chaussures en entrant dans les maisons. Souvent un petit panneau vous le rappelle, mais demandez toujours avant d'entrer chez un particulier. Dans les lieux fréquentés, des brosses sont mises à votre disposition. Sur certains sites, vous pourrez décrotter vos chaussures avant de remonter dans le bus ou dans votre voiture.

– Si vous êtes invité à une soirée par des Islandais, le seul alcool que vous boirez sera certainement celui que vous apporterez. Vous pourrez remporter votre bouteille si elle n'est pas finie !

– Il est interdit de quitter les pistes en véhicule (le vélo étant considéré comme un véhicule). En effet, en Islande, l'érosion fait beaucoup de dégâts et la nature est très fragile, même si elle donne l'impression d'être très résistante.

– Beaucoup plus qu'ailleurs, l'égalité entre les hommes et les femmes est une réalité : les sexes ne se distinguent ni dans les attitudes ni dans les tâches. Très instructif quant aux progrès qu'il nous reste à accomplir dans ce domaine.

– Les jeunes prennent très vite leur indépendance vis-à-vis de leurs parents. Ils voyagent souvent, vivent à l'étranger et s'endettent pour faire leurs études. Malgré une sensibilité très protectionniste, cela les prédispose à une grande ouverture d'esprit.

– L'humour islandais est plutôt cynique. À Reykjavík, on adore les cancans. Et l'on débat des derniers potins publiés dans le courrier des lecteurs du *Morgunbladid,* le plus grand quotidien national.

– Et puis, en tant que Latins, on a souvent tendance à oublier que les autres peuples n'affichent pas aussi facilement et naturellement leurs sentiments que nous... Au premier abord, on peut parfois penser à une attitude quelque peu distante et fermée. N'en croyez rien... Il suffit d'être patient, de ne rien brusquer... Dans la plupart des cas, l'accueil se fait chaleureux et l'écoute attentive.

SITES INTERNET

Nous vous proposons ici quelques sites et bases de données, pour certains passionnants, afin de vous introduire au vaste monde Internet islandais. Le grand nombre de sites (tout à la fois albums de photos et récits de voyage) reflète la fascination exercée par l'Islande auprès de ses visiteurs. À vous de surfer sur la vague islandaise, le sujet est inépuisable ! La plupart des sites indiqués ci-dessous sont en anglais.

● *www.routard.com* ● Tout pour préparer votre périple, des fiches pratiques, des cartes, des infos météo et santé, la possibilité de réserver vos prestations en ligne. Sans oublier *Routard mag,* véritable magazine avec, entre autres, ses carnets de route et ses infos du monde pour mieux vous informer avant votre départ.

● *www.icetourist.is* ● Site de l'office de tourisme islandais. En anglais, et pour les parties générales aussi en français. Tout un tas de thèmes abordés, des liens et des infos pratiques (hôtellerie, possibilité de vacances sportives, etc.), un bon aperçu de l'Islande en photos, bref un site exhaustif pour le futur voyageur.

● *www.icelandnaturally.com* ● Le site officiel nord-américain de l'office de tourisme islandais. Un site très complet et attractif sur l'Islande, son histoire, sa population, le tourisme... avec des photos de très bonne qualité. Donne des recettes culinaires typiques. On y apprend même que Kevin Costner pêche sur cette île sauvage. Maintenant que vous le savez, on est sûr que vous préparez déjà votre balluchon !

● *www.icelandtotal.com* ● Ce site vous aidera à préparer votre voyage et à faire un choix entre tous les sites que propose l'Islande. Agrémenté de nombreux articles allant des mœurs des macareux aux tentatives de Keiko pour regagner l'océan.

● *www.reykjavik.is* ● Une bonne introduction à la capitale, avec des infos touristiques de tous ordres : restos, événements culturels, liste des musées, planning des concerts et expos des mois à venir. Bien fait.

● *www.os.is/page/english* ● Site sur les phénomènes géologiques en Islande. Pour suivre les derniers événements sur les tremblements de terre et les volcans en fusion.

● *http://perso.infonie.fr/af.quinty/* ● Le récit de voyage et l'album photo d'un Français. Des infos générales et quelques conseils.

● *http://www.vegag.is/vefur2.nsf/pages/english.html* ● Un site ultra complet sur l'état des routes du pays, avec maintes cartes détaillées, les portions en travaux, la hauteur des gués, bref la totale avant de prendre la route.

Pour finir, on ne pouvait passer sous silence cette artiste fascinante et originale : Björk. De nombreux sites et pages Web existent, où l'on peut, entre autres, écouter des morceaux de ses chansons dont : ● *www.bjork.com* ● *www.selmasongs.com* ●

SOCIÉTÉ

Non contents d'avoir créé le premier régime démocratique, les Islandais ont également été les premiers à élire une femme présidente de la République : Mme Vigdís Finnbogadóttir, qui a exercé cette fonction durant quatre mandats. Un parti féministe fondé en 1983, l'Alliance des femmes, s'occupait d'ailleurs de défendre les droits des femmes et des enfants et revendiquait une plus grande participation de celles-ci à la vie publique.

Le parlement, l'*Althing*, est composé de 63 membres qui sont élus pour 4 ans. Cinq partis sont à l'heure actuelle représentés au parlement. La fonction suprême de l'État est dévolue au président, qui détient cependant un pouvoir plutôt honorifique. Le vrai leader politique du pays est le Premier ministre.

Les jeunes participent, eux aussi, activement à la vie économique du pays puisqu'ils travaillent très souvent au service de la communauté, ou dans le secteur privé, pendant leurs vacances d'été (à partir de 14 ans). Les plus jeunes aident dans les fermes pendant que les plus âgés se chargent de l'entretien des routes. Ils disposent alors d'une partie de leur salaire comme bon leur semble et fêtent traditionnellement leurs paies les premiers week-ends de juillet et août, en buvant et en dansant de manière souvent excessive. L'État conserve l'autre partie jusqu'à leur majorité. Ces jeunes n'ont, par ailleurs, aucun service militaire à effectuer puisque l'Islande n'entretient aucune force. Jusqu'à présent, sa défense était assurée par l'*Iceland Defense*

Force établie sous l'égide de l'OTAN, soit 3 000 soldats, tous américains. Ce contingent vivait dans une base à Keflavík, sorte de mini-territoire américain. En 2003, les Américains ont annoncé leur intention de supprimer cet effectif, provoquant l'inquiétude des Islandais, dont l'emploi dépendait de l'activité de la base, et posant, bien sûr, le problème de la défense de l'île. Les GI ont quitté l'île en septembre 2006.

L'aéroport est également un aéroport militaire, ce qui en fait le seul aéroport international au monde en activité 24h/24.

Difficile de parler de l'Islande sans évoquer la pêche, pilier de l'économie. En effet, l'Islande vit à 70 % de cette ressource. Pour cette raison, les Islandais défendent farouchement leur territoire de pêche et sont extrêmement méfiants à l'idée d'une éventuelle entrée dans l'Union européenne. L'abaissement important des quotas de pêche de morue en 1991 avait d'ailleurs doublé en 1 an le taux de chômage, même s'il n'est plus aujourd'hui que d'environ 2 % ! Le tabac est cher en Islande : il faut compter autant qu'en France, environ 500 ISK (5 €). Vous en trouverez dans les petites boutiques qui font presse et marchand de bonbons. Les bars en vendent également, mais à un prix supérieur. On ne trouve pas de tabac à rouler.

Le fumeur n'est vraiment pas le bienvenu en Islande. Les professionnels du tourisme choisissent ou non de lui réserver un espace. La plupart des restos et des chambres d'hôtel sont non-fumeurs. Dans certains bars et restos, on n'a le droit de fumer qu'à partir de 22h. Dans la rue, lorsque vous avez terminé votre cigarette, conservez précieusement votre mégot jusqu'à la prochaine poubelle !

SPORTS ET LOISIRS

Outre les possibilités d'équitation et de ski, l'Islande dispose de très nombreuses *piscines* alimentées par de l'eau naturellement chaude, relaxation garantie. Nos polyglottes seront intéressés par les nombreux potins qui y circulent... Les piscines sont en plein air et ouvertes généralement toute l'année (7h-22h en sem et 8h-20h ou 21h le w-e). C'est un lieu incontournable en Islande.

D'autres activités se développent tels le kayak dans les fjords du Nord-Ouest et l'escalade sur les îles Vestmann notamment.

Le sport le plus apprécié est certainement le football. Les Islandais suivent surtout la *Premier League* anglaise et les supporters affichent fièrement les maillots de *Manchester United, Arsenal* ou autres. Ils ont aussi, évidemment, un œil sur le championnat national, dont la moitié des équipes vient de l'agglomération de Reykjavík. Le problème du championnat islandais, c'est qu'il est court et décalé par rapport aux autres : en effet, pas de matchs l'hiver !

TÉLÉPHONE ET TÉLÉCOMS

Le téléphone, avec l'électricité et l'eau chaude, est l'une des rares choses qui ne soient pas chères en Islande (comprenez qu'il vous en coûtera autant qu'en France).

Les cabines à pièces restent assez répandues même si les cartes ne vont pas tarder à les supplanter. Attention, généralement il ne faut pas introduire le montant avant d'avoir composé le numéro sinon votre pièce est perdue. Une carte téléphonique peut être achetée dans les bureaux de poste et les agences de téléphone. On peut aussi acheter des cartes prépayées pour mobiles.

Si vous avez besoin d'aide, composez le ☎ 905-50-10, pour les renseignements, et le ☎ 533-50-10, pour les opérateurs.

– *Islande* → *France :* 00 + 33 + numéro de votre correspondant à 9 chiffres (c'est-à-dire le numéro à 10 chiffres sans le 0 initial).

– *France* → *Islande* : 00 + 354 + numéro du correspondant.
– Pour appeler en *PCV,* aller dans les postes *(póstur og sími)* et demander un **collect call to France.**

Les portables

Trois opérateurs couvrent Islande : *Iceland Telecom, Íslandssími* et *TAL.* Ils couvrent à eux trois la quasi-totalité du pays, y compris toutes les agglomérations et villages de plus de 200 habitants. À l'intérieur du pays, la qualité de la réception est très variable. Dans certains endroits reculés, on ne capte pas du tout.
Les trois compagnies vendent des cartes téléphoniques GSM prépayées et proposent des services GSM/GPRS. Ces cartes sont disponibles dans les stations-service dans tout le pays. On peut louer des téléphones GSM chez *Iceland Telecom,* Ármúli 27, à Reykjavík.
NMT : le service *NMT* pour téléphones portables longue distance d'Iceland Telecom couvre la plupart du pays, y compris les plateaux de l'intérieur et convient à ceux qui circulent beaucoup à l'intérieur des terres. On peut louer des appareils NMT chez Iceland Telecom.

Internet

Les Islandais ont pour ainsi dire tous un ordinateur chez eux, du coup vous trouverez assez peu d'endroits où vous connecter. Dans les bibliothèques, l'accès n'est pas cher (env 200 ISK, soit 2 € les 30 mn) et le cadre agréable. Il existe quelques cybercafés où l'on vous demandera en moyenne 400 à 500 ISK (soit 4 à 5 €) pour 1h de connexion. Quelques offices de tourisme proposent également ce service.

TRANSPORTS

Le stop

Ça marche assez bien, en tout cas sur les portions les plus utilisées de la route 1 (qui fait le tour de l'île), soit autour de Reykjavík, du côté de Mývatn et de Jökulsárlón, entre autres. Plus difficile dans les régions des fjords de l'Est et de l'Ouest, et cela devient très hasardeux dès que vous quittez la route principale. Le problème est qu'on peut parfois attendre 2h sans apercevoir une seule voiture. Se mettre aux pompes à essence et aborder les voitures qui s'arrêtent. Le week-end, beaucoup d'Islandais quittent la capitale, c'est l'occasion de découvrir leurs lieux de villégiature préférés : les gorges de la Hvítá, la péninsule de Snæfellsnes...

Le bus

Le réseau dessert tout le pays, y compris l'intérieur. C'est le moyen le plus économique de découvrir l'Islande. On peut acheter les tickets soit à la gare routière, soit directement dans le bus. Il n'y a souvent qu'un bus par jour et les horaires sont bien respectés. Le chauffeur s'arrête quand on le lui demande. Une grande partie des horaires et des infos concernant le bus se trouvent dans la brochure éditée par *BSÍ Travel* (● www.austurleid.is ●) que vous pourrez vous procurer facilement sur place ou que l'office de tourisme islandais peut vous adresser. Vous pouvez aisément la télécharger (en pdf) depuis leur site et même réserver des billets en ligne.
Il existe deux forfaits :
– **Omnibus Passport** (communément appelé *Omnipass*) : forfait de 1, 2 ou 3 semaines (au prix de 357, 446 et 542 €), qui permet d'utiliser, du 15 mai au

15 sept, toutes les lignes régulières de bus du pays sauf celles passant sur les pistes de l'intérieur et celle se rendant à Dettifoss, Landmannalaugar et Thorsmörk.

– **Full-Circle Passport :** il permet de faire le tour de l'île (1 336 km) sans limitation de temps, mais uniquement sur la route circulaire 1, et il ne permet pas de retour en arrière. Il est disponible seulement de juin à fin août. Compter 257 €. Mais attention, si vous avez l'intention de faire des trajets supplémentaires, en dehors de la route 1, *l'Omnipass* risque d'être plus intéressant. À vos calculettes !

Une extension : le **Full-Circle Passport incluant les fjords du Nord-Ouest** (env 378 €). Disponible seulement de début juin à fin août. Il comprend le ferry de Stykkishólmur à Brjánslaekur.

Des variantes existent aussi : *l'Extended Version du Full-Circle Passport* (307 €) valable du 20 juin à fin août, avec des itinéraires différents ; par exemple, entre Reykjavík et Akureyri, le bus passe entre les glaciers via Gullfoss et Geysir, au lieu de prendre la route côtière. À vous de voir ! Le **Highland Passport** (de 3 à 11 j., soit 157 à 457 €) permet aussi de ne passer que par l'intérieur, valable sur certaines portions, comme la route 9 pour Thormörsk ou les routes 11 et 112, vers Landmannalaugar, Vík et Skaftafell. Pratique !

Ces *passes* peuvent être achetés au terminal de *BSÍ Travel* (Vatnsmrarvegur 10. ☎ 562-10-00 ou 10-11), à l'AJ de Reykjavík, au terminal de bus de ville (Hafnarstraeti 82) et dans les offices de tourisme d'Egilsstadir, de Höfn et de Selfoss.

BSÍ rembourse à 90 % les portions non utilisées sur le *pass*, le pays étant divisé en 4 portions. Il suffit d'aller à la fin du voyage au bureau central à Reykjavík, Vatnsmyrarvegur 10, pour se faire rembourser. *Attention :* ces forfaits ne sont pas valables dans les bus urbains.

Réductions avec l'*Omnipass* de 15 % sur les locations de vélos du réseau *BSÍ*, et de 20 % pour le second.

Vous pouvez également acheter vos billets au coup par coup, mais vous vous rendrez vite compte que cela n'est pas rentable. Sachez qu'il n'y a pas de réductions si vous achetez un billet aller-retour.

En ce qui concerne les bus « excursion », il est possible de ne les prendre que sur une partie de leur trajet et non pas sur la totalité. Ces bus, que nous distinguerons des bus réguliers, proposent des arrêts dans les sites intéressants vous laissant le temps de les visiter. Le chauffeur vous fera écouter en islandais et en anglais de brefs commentaires sur un CD. Assez pittoresque. 5 % de réduc sont accordés aux détenteurs de *pass* pour certaines excursions, mais vraiment très peu pour ceux qui ont le *Full-Circle Passport*. De plus, il faut acheter ses billets au terminal de Reykjavík pour que ces réductions soient prises en compte. Malheureusement, il n'y a souvent pas d'autres solutions que de prendre ces bus car ils mènent dans des endroits sans habitations.

Pour ce qui est des bus de l'intérieur, ils ne commencent à circuler que fin juin, voire début juillet, jusqu'à la fin août. Renseignez-vous bien avant d'établir votre itinéraire.

Vous participerez peut-être au folklore des bus qui s'embourbent. Sachez que les soutes ne sont pas étanches, alors si vous passez des gués un sac poubelle ne sera pas inutile !

La voiture

Le réseau routier est constitué de pistes dont certaines portions seulement sont asphaltées (en fait, seulement 30 % !). Mais 70 % de la route 1 est asphaltée et c'est celle que vous utiliserez le plus. Les pistes qui mènent à l'intérieur du pays ne sont ouvertes que de mi ou fin juin à fin août. Pour connaître les dates d'ouverture, téléphoner au ☎ 1777 ou consulter le site ● www.vegag.is ● Les routes en « F » (F45, F133) ne sont praticables qu'avec des véhicules tout-terrain conduits, sous peine de galères, par des conducteurs expérimentés, car il y a de nombreux gués à franchir. Ce genre d'aventure est réservé à nos lecteurs les plus fortunés, car la location de ces engins revient très cher. Si vous vous contentez du tour de l'île sans passer par les sites du style Thorsmörk, Lakagígar ou Landmannalaugar, une voiture ordinaire suffit. L'accès aux pistes F est alors interdit. Sachez que dans tous les cas, 4x4 ou pas, les bas de caisse ne sont jamais assurés quelle que soit l'assurance à laquelle vous souscrivez : donc, être prudent sur les routes non asphaltées, sinon attention la facture !

Location de voitures

La location sur place n'est pas donnée, mais vous comprendrez mieux pourquoi au bout de quelques heures de piste. Louer depuis la France (ou autre pays d'origine) est bien meilleur marché.
– Toutes les compagnies de location de voitures comme *Hertz* (☎ 0825-861-861 ; 0,15 €/mn), *Avis* (☎ 0820-050-505 ; 0,12 €/mn) ou *Budget* (☎ 0825-003-564 ; 0,15 €/mn) sont disponibles depuis la France pour l'Islande.

■ *Auto Escape :* ☎ 0800-920-940 (numéro gratuit). ☎ 04-90-09-28-28. Fax : 04-90-09-51-87. ● info@auto escape.com ● www.autoescape. com ● L'agence *Auto Escape* réserve auprès des loueurs de véhicules de gros volumes d'affaires, ce qui garantit des tarifs très compétitifs. 5 % de réduc supplémentaire aux lecteurs du *Guide du routard* sur l'ensemble des destinations. Il est recommandé de réserver à l'avance. Vous trouverez également les services d'Auto Escape sur ● www.routard.com ●

Carburants

Autour de Reykjavík, les ***stations-service*** sont ouvertes de 7h à 23h30 env. En dehors de la capitale, les horaires sont variables ; en général fermeture à 22h. En dehors de ces heures, on peut toujours régler par carte de paiement ou, dans certains automates, avec des billets de 100, 500 et 1 000 ISK. On peut aussi, dans les stations Esso, acheter une carte prépayée de 3 000 à 5 000 ISK (30 à 50 €) pour ne pas toujours payer par carte de paiement, éviter les commissions et prendre de l'essence de jour comme de nuit. Important : procurez-vous une carte qui mentionne les stations-service (les cartes *Landmælingar Islands* les indiquent, en vente sur place ou à Paris chez ***Voyageurs du Monde,*** voir adresse dans chapitre « Comment y aller ? »).
Les conducteurs de camping-car devront s'acquitter d'une taxe sur les véhicules Diesel. Elle se calcule par semaine de location et peut être réglée par carte de paiement.

Conduite

Vitesse limitée à 50 km/h en ville, 80 km/h sur les routes empierrées et 90 km/h sur les routes asphaltées. Feux de croisement obligatoires de nuit comme de jour. Ralentissez quand vous croisez une voiture et également à l'approche d'un pont car il ne permet le passage que d'un seul véhicule. Souvent, les tunnels sont à sens unique avec des refuges latéraux. Si ces derniers sont de votre côté, à droite, vous avez priorité. Sinon, faites marche arrière ! Soyez vigilant à l'égard des moutons, surtout quand il y en a des deux côtés de la route ; les petits vous font craquer, mais peuvent s'avérer être de véritables dangers quand ils traversent quasiment sous vos roues. Klaxonnez afin d'éviter tout accident. Attention également aux chevaux (la méthode islandaise consiste là encore à klaxonner dès qu'ils sont en vue). De toute façon, vous ne participez pas à un rallye, et une conduite prudente vous permettra d'éviter les nids-de-poule et les sorties de route malencontreuses. Les nombreuses grilles (clôtures canadiennes) qui sont posées sur la route sont là pour empêcher les moutons de passer. En effet, cela permet d'endiguer les maladies. Il ne s'agit pas du tout d'un signe de propriété. Ralentissez quand vous les passez, cela fait un bruit du tonnerre. Une brochure gratuite, *L'Art de conduire sur les routes islandaises,* recèle un nombre précieux d'informations et de conseils (disponibles dans les offices du tourisme et les stations-service).

Cartes géographiques

Pour voyager en Islande, il est indispensable de se munir d'une bonne carte qui précise l'état des routes, afin de savoir avec quel type de véhicule on peut y circuler. On trouve de très bonnes cartes dans les « points d'information » pour les touristes, les stations-service, les campings et même les épiceries. On conseille la carte au 1/500 000 de chez *Landmælingar Íslands* (Institut islandais de cartographie ; ● www.lmi.is ●), qui indique les campings, les refuges, les stations-service, les gués, etc. La meilleure selon nous.
Pour les trekkings, l'Islande est couverte par 9 cartes d'état-major au 1/250 000. Les cartes sont moins chères en Islande, alors n'achetez en France que celles dont vous avez besoin pour faire l'itinéraire général. Ces cartes n'étant pas très faciles à se procurer depuis la France, vous pourrez vous contenter de celle au 1/750 000 de chez *RV Verlag* ou celle au 1/500 000 de *Freytag & Berndt,* qui tiennent relativement bien compte de l'état des routes, des stations essence et des AJ.

Le vélo

À ne recommander qu'aux plus courageux, étant donné les conditions climatiques et l'état des pistes. Si vous pensez confier votre vélo à la soute du bus pour les longues distances, sachez que le chauffeur vous demandera un supplément d'env 600 ISK (6 €). Curieusement, certains chauffeurs sympas omettent de vous le réclamer. Mieux vaut apporter son vélo, on est plus sûr de son état ; il est toutefois possible d'en louer. Inutile de vous dire que c'est fort onéreux.

L'avion

Ne pas hésiter à faire un bout de trajet par les lignes intérieures si le temps est dégagé. Essayez de survoler des régions où se trouvent des glaciers. Fantastique ! Surtout quand cela revient moins cher que le bus, ce qui arrive. Attention, ne pas prévoir un retour par avion sur Reykjavík à la veille de quitter l'Islande : à tout moment, la météo peut empêcher les vols. Mais un vol au-dessus de l'Islande est une expérience inoubliable.
La principale compagnie est *Air Iceland* (aéroport de Reykjavík ; ☎ 570-30-30 ; ● www.airiceland.is ●), qui propose également des vols charters pour les fjords du Nord-Ouest quotidiennement. Attention, les taxes d'aéroport ne sont pas comprises dans leurs prix. En revanche, ces taxes sont généralement comprises dans les vols touristiques et les *passes.*
Il existe également un *pass Fly As You Please,* valable 12 jours maximum, coûtant 47 000 ISK (470 €), permettant d'effectuer un nombre illimité de vols intérieurs à condition que ceux-ci soient réservés à chaque fois 24h à l'avance. Quatre secteurs desservis. Attention, les transferts entre les aéroports et les villes voisines ne sont pas inclus dans le prix des billets. Renseignez-vous pour savoir à quelle distance se trouve l'aérodrome du centre de la prochaine ville. Tous ces forfaits peuvent être achetés en dehors de l'Islande, le parcours établi lors de l'achat, et le premier vol réservé à ce moment-là. Néanmoins, sur place, possibilité de changement.

Plusieurs compagnies proposent la découverte d'une région par la voie des airs. Au programme : volcans et glaciers, les îles Vestmann, le lac Mývatn, les fjords, le Sud-Ouest, etc. Les vols durent entre 20 mn et 9h. Pas donné bien sûr, mais le spectacle est grandiose. Voici 2 compagnies aux circuits parfois complémentaires, renseignez-vous bien :

■ *Jórvik HF :* à l'aéroport de Reykja-vík. ☎ 899-25-32. ● www.jorvik.is ● Départ de Reykjavík ou de Skafta-fell. Sur demande uniquement. Résa obligatoire.
■ La petite compagnie *Myflug,* basée à Mývatn, assure, quant à elle, de juin à août, une liaison quoti-dienne entre Höfn et Mývatn, Mývatn-

Reykjavík et Reykjavík-Húsavík. Renseignements : ☎ 464-44-00. Fax : 464-44-01. ● www.myflug.is ● Des survols des plus beaux sites du nord-est sont proposés.
■ *Comptoirs d'Islande* peut égale-ment se charger des résas (se repor-ter à la rubrique « Les organismes de voyages », en début du guide).

Plusieurs compagnies proposent des vols pour les *îles Féroé* et le *Groen-land.* À réserver à l'avance pour avoir des offres intéressantes. Se renseigner auprès de *Air Iceland, Jórvik HF* ou *BSÍ Travel.*

TREKKINGS, RANDONNÉES ET BALADES

Une balade en Islande prend toujours un caractère particulier. En effet, si différente de ce que nous connaissons, sa nature s'en donne à cœur joie pour nous surprendre : champs de lave, déserts de cendre, glaciers incon-tournables, sables mouvants... Et le temps, loin d'être notre allié, nous déroute par son instabilité : il n'est pas rare de voir défiler les quatre sai-sons dans la même journée ! En d'autres termes, vous pourrez rarement vous permettre des marches au hasard à travers le pays. D'abord, parce que cela peut être dangereux et, d'autre part, parce que la nature est telle-ment fragile que vous pourriez en bouleverser l'équilibre (sans exagéra-tion). Mais rassurez-vous, il y en a pour tous les marcheurs, des balades aux randonnées (Skaftafell, Hveravellir, Landmannalaugar...), souvent tra-cées et balisées, d'une heure ou de plusieurs jours. C'est tout l'intérêt du développement actuel du tourisme à l'islandaise, c'est-à-dire d'un tourisme « naturel », soucieux à la fois de préserver les sites et de développer les structures d'accueil.
Question équipement, prévoyez tout le nécessaire pour combattre froid, pluie et vent. Ne rien négliger : lainages et toiles respirantes, vestes et pantalons imperméables, coupe-vent. Pour les pieds, prendre des chaussures souples et imperméables. Utiles : une paire de sandalettes pour traverser les gués et un bâton de marche. Une boussole ne sera pas superflue (attention, à cette latitude, le Nord magnétique se situe, en moyenne, à 20° à l'ouest du Nord géographique). Pour les campeurs, tente et sac de couchage de type alpi-nisme (vent violent, neige et gel fréquents, même en été). Ceux qui souhai-tent observer les oiseaux et les phoques n'oublieront pas leurs jumelles. On voit des phoques surtout dans l'Ouest (péninsule de Snæfellsnes), dans le Nord (péninsule de Vatnsnes), et dans le Sud (à Jökulsarlon). Pour les incon-ditionnels du vélo, on ne saurait trop leur recommander un bon entraînement et du matériel fiable ainsi qu'une surestimation des besoins en eau et nour-riture (pour ceux qui comptent traverser l'île). Quant aux passionnés de che-vaux, ils peuvent trouver leur bonheur dans la plupart des fermes, avec 5 allu-res : le pas, le trot, l'amble, le célèbre *tölt* (qui évite la fatigue aux cavaliers non expérimentés) et le galop. Il faut savoir que l'équitation est un élément important de la culture traditionnelle islandaise.
Quelques recommandations ultimes : ne pas faire de tas de pierres n'importe où. Ils sont là traditionnellement pour indiquer un chemin. Ne pas hésiter à

prévenir les gardiens des refuges, ou vos rencontres de passage, de votre itinéraire. La meilleure période pour faire de la randonnée est fin août-début septembre (moins de neige, refuges moins bondés, couleurs somptueuses et premières aurores boréales). Les plus belles régions pour randonner : Landmannalaugar, le parc de Skaftafell et le lac de Mývatn ; pour les amateurs de grande solitude : le Hornstrandir. Et surtout, et on ne le répétera jamais assez, prévoir toujours le pire en matière de temps. Les Islandais sont les premiers à s'y laisser prendre !

REYKJAVÍK ET SES ENVIRONS

REYKJAVÍK   200 000 hab. (avec la péninsule de Reykjanes)

> **Pour le plan de Reykjavík, se reporter au cahier couleur.**

Vous voici dans la capitale la plus septentrionale du monde, un peu au nord du 64e parallèle. Si l'on compte les villes de banlieue (Hafnarfjörður, Kópavogur et Mosfellbær), l'agglomération de Reykjavík concentre plus de 60 % de la population islandaise et attire sans cesse de nouveaux ruraux et de nombreux étrangers – Polonais, Asiatiques –, venus pour trouver du travail. Bon, vous verrez vite que Reykjavík est très, très loin de l'enfer urbain des autres capitales du monde !
Vous serez sans doute frappé par l'aspect décousu de cette ville. Maisons distantes, immeubles modernes de toutes les formes et couleurs, entrepôts désaffectés, plan des rues dont la logique peut paraître curieuse, grands espaces vides, comme en attente... En fait, Reykjavík donne l'impression de n'être pas encore finie. Il faut dire qu'avant le XXe siècle ce n'était guère qu'un village et que l'agglomération s'est développée très rapidement. En tout cas, avec ses rues si tranquilles, bordées de maisons de tôle aux toits colorés, avec son lac peuplé de canards, on a du mal à s'imaginer dans une capitale ! Pourtant, elle recèle de solides richesses culturelles, surtout dans le domaine de l'art contemporain. La vie nocturne en fin de semaine vaut également une petite virée : rien de mieux qu'un bon vieux « *runtur* » (la tournée des pubs) pour s'en rendre compte ! Somme toute, c'est une ville attachante qui devient vite assez familière pour y passer 2 ou 3 jours sans s'ennuyer.

UN PEU D'HISTOIRE

Reykjavík signifie « baie des Fumées » en islandais. La ville fut baptisée ainsi par le premier colon islandais, Ingólfur Arnarson (voir aussi le cap Ingólfshöfði), en 874, à la vue des vapeurs provenant de sources chaudes. D'ailleurs, la capitale est toujours alimentée en eau chaude par une centrale qui capte celle du sous-sol d'où, parfois, l'odeur de soufre de l'eau courante. En 1786, l'autorité danoise accorda à Reykjavík le statut de ville : la minuscule colonie de moins de 200 habitants devint, en pratique, la capitale islandaise.

Arriver – Quitter

En bus

Des bus partent du terminal *BSÍ* (voir coordonnées plus loin) pour quasiment toutes les destinations. Prenez, à l'office de tourisme ou à la gare routière, la brochure d'*Austurleið* détaillant toutes les lignes et horaires.

En voiture ou en bus

Pour le plus grand bonheur des voyageurs, l'Islande possède une route circulaire (la route 1) qui passe par presque tous les sites les plus intéressants du pays. Autant dire qu'en un voyage déjà, avec le forfait de bus de base, vous aurez largement comblé votre curiosité. Votre séjour n'excédera sans doute pas plus de 2 semaines. C'est pourquoi il nous semble qu'un parcours commençant par le Sud est le plus judicieux : c'est là que se trouvent les sites les plus intéressants (Thingvellir, Geysir, Thórsmörk, Landmannalaugar, Jökulsárlón...) et les plus proches. S'il vous reste du temps, vous pourrez aller explorer les fjords du Nord-Ouest et la belle péninsule du Snæfellsnes, qu'il serait dommage de manquer. Rassurez-vous, en Islande, on sort très vite des sentiers battus !

En avion

✈ *L'aéroport international de Keflavík* est situé à 50 km de Reykjavík. C'est là qu'arrivent tous les vols internationaux ou nationaux.
Il existe un *bureau de change* sans commission dans la zone franche de l'aéroport (avant la récupération des bagages). Il est ouvert à l'arrivée de chaque avion, tout comme le *bureau d'infos touristiques* (ouv 24h/24). ☎ 425-03-30. ● touristinfo@reykjanesbaer.is ●
On trouve aussi plusieurs distributeurs de billets et des agences de location de voitures.

Comment se rendre à Reykjavík depuis l'aéroport ?

En bus

➢ Un service *Flybus* fonctionne à chaque arrivée d'avion entre l'aéroport international et Reykjavík. ● www.flybus.is ● ☎ 562-10-11. Il s'arrête au terminal des bus *BSÍ*. Il continue jusqu'à l'auberge de jeunesse-camping (voir « Où dormir ? »), mais vous pouvez demander à être déposé carrément devant hôtel ou *guesthouse*. Ça ne marche que pour les grandes *guesthouses* et les hôtels connus, mais dans tous les cas le chauffeur vous laissera le plus près possible de votre hébergement. Possibilité d'extension jusqu'à Hafnarfjörður (voir plus loin).
Le trajet coûte 1 100 ISK (11 €) payables auprès de bornes électroniques ou au guichet. Conservez votre reçu si vous comptez acheter l'*Omnibus Passport* (non valable pour le *Full-Circle Passport*). Votre trajet vous sera remboursé, mais sachez que votre *pass* prendra effet à partir du moment où vous êtes monté dans le *Flybus*. À vous de voir.
Pour le retour, même système : bus depuis le terminal *BSÍ* (tlj ttes les 15 mn 4h45-5h45 ; quasiment ttes les heures 8h-15h et un dernier trajet à 21h-22h jeu et dim). Pour aller jusqu'au terminal, des minibus partent des principaux hôtels, ainsi que de l'AJ ou du camping à 5h, 9h30 (slt lun de juin à fin août), 10h30, 12h30, 13h30 et 20h30 (slt ven et dim de juin à mi-sept). Pour les utiliser, il suffit de s'inscrire à la réception de votre hôtel, AJ ou camping la veille.

En taxi

Attention, un taxi entre Reykjavík et l'aéroport coûte entre 6 000 et 9 000 ISK (60 à 90 €). Au cas où, *Hrey Fill :* ☎ 553-35-00.

Adresses utiles

Infos touristiques

Plusieurs bureaux au centre-ville. Un seul est public, les autres sont privés et surtout dédiés au marketing. À éviter.

▪ *Tourist Information Centre (plan couleur B1) :* Adalstræti 2. ☎ 590-15-50. Fax : 590-15-51. ● www.visitreykjavik.is ● Juin-sept, tlj 8h30-19h ; sept-mai, lun-ven 9h-18h et w-e 9h-14h. Il s'agit de l'office public le plus grand du pays. Un monceau de documentation sur toutes les régions ! Ne prenez que celles qui sont vraiment utiles, le magazine *What's on in Reykjavík* pour sortir, le plan gratuit de la ville avec le réseau d'autobus, le livret des fermes et gîtes ruraux d'Islande, ou encore la brochure *Iceland on your own* qui récapitule les routes et horaires des bus qui sillonnent le pays. On peut aussi s'y procurer la *Tourist Card* qui donne l'accès illimité aux bus, piscines et musées de la capitale. Voir la rubrique « Transports », plus loin. Vend des cartes routières et des bouquins sur la faune et la flore. Possibilité de faire du change. Organise les *Haunted Walks* (balades hantées) de la ville, à la recherche des fantômes et des elfes qui peuplent la capitale : à 18h et 19h30 de juin à mi-sept. Compter 1 500 ISK (15 € par pers).
– *Hop on, hop off :* tlj 10h-16h, à chaque heure fixe. Prix : 1 500 ISK (15 €). Renseignements à l'OT *(plan couleur B1).* Un bon moyen pour découvrir la ville rapidement. Un bus vous dépose et vous reprend aux endroits touristiques de la ville.

Agenda culturel

Procurez-vous le *Grapevine Journal* (gratuit) ● www.grapevine.is ● et le *Reykjavík Magazine* (gratuit aussi). Plein d'infos, de tuyaux, de nouvelles adresses et des réducs parfois.

Change

Toutes les *banques* du pays sont ouvertes lun-ven 9h15-16h.

▪ *Change Group :* dans le *Tourist Information Centre.* ☎ 552-37-35. Tlj 8h-19h ; w-e 10h-18h.
▪ Nombreux *distributeurs* dans le centre et en dehors. Quelques-uns bien pratiques : celui de la *Spron,* Skólavördustígur 11 *(plan couleur B2),* de la *Landsbanki* sur Laugavegur *(plan couleur C2)* et sur Austurstræti *(plan couleur zoom),* face à la poste.
▪ *Carte Visa :* Laugavegur 77. ☎ 525-20-00 (tlj 8h30-16h30).
▪ *MasterCard/Eurocard (Kreditkort hf) :* Ármúli 28. ☎ 550-15-00 (24h/24).
▪ *American Express :* dans toutes les agences de *Landsbanki Íslands.* ☎ 410-40-00.

Représentations diplomatiques

▪ *Ambassade de France (plan couleur A1, 1) :* Túngata 22. ☎ 551-76-21 ou 22. Fax : 562-55-67. ● www.ambafrance.is ● Tlj sf w-e 9h-16h. Belle bâtisse blanche.
▪ *Consulat de Belgique :* Kringlan 6 – North Tower, PO Box 3107. ☎ 588-20-40. Fax : 588-20-44.
▪ *Consulat de Suisse :* Laugavegur 13. ☎ 551-71-72.
▪ *Ambassade du Canada (plan couleur A1, 2) :* Túngata 14. ☎ 575-65-00. Fax : 575-65-01. Tlj sf w-e 9h-12h.

Urgences

Pour toutes les urgences, un seul numéro : le ☎ 112, et cela partout en Islande.

■ *Police :* Hverfisgata 113-115. ☎ 569-90-00.

■ *Pharmacie de garde :* ☎ 551-88-88. Les pharmacies ont les mêmes horaires que les autres commerces (tlj 9h-18h sf w-e). *Pharmacie Lyfja :* Lágmúla 5. Tlj 9h-minuit.

■ *Hôpital :* Fossvogur 108. ☎ 543-20-00. Au sud-est du centre, direction Hafnarfjörður/Keflavík. Bus S1.

Services et communications

✉ *Poste (póstur) :* une dizaine de bureaux ouv lun-ven 8h-16h30. Pratique, vous trouverez des timbres pour l'Europe dans tous les commerces qui vendent des cartes postales.

✉ *Poste centrale (plan couleur zoom) :* Pósthússtræti 5. Tlj 9h-16h30 sf w-e.

■ *Consigne :* au terminal des bus *BSÍ (plan couleur B3)*, à côté du guichet, à gauche en entrant. Tlj 7h30-22h. ☎ 591-10-00. Tarif : 4 €/j. Bon plan : vous pouvez expédier vos bagages n'importe où dans les autres gares routières de la ville depuis le *BSÍ*. Compter 400 ISK (4 €) jusqu'à 3 kg et 1 500 ISK (15 €) entre 20 et 30 kg de bagages.

@ *Points de connexion internet :* à l'office de tourisme (gratuit avec la *Tourist Card*), dans les bibliothèques (la principale est située à côté du Art Museum, *plan couleur B1*), les galeries d'art, ou encore au *BSÍ,* etc. Aussi quelques cybercafés, souvent plus bruyants à cause des jeux en réseau.

Transports

– Reykjavík possède son réseau de *bus* dont le terminal principal se trouve au cœur du centre-ville (voir plus bas). Si vous n'avez pas acheté de tickets avant de monter dans le bus (achat possible dans les piscines, à la mairie et aux terminaux), vous devez mettre la somme exacte dans la boîte près du chauffeur car il ne vous rendra pas la monnaie et ne vous donnera pas de ticket. Si vous avez un changement à faire, il vous donnera un ticket valable de 30 à 45 mn. Il est beaucoup plus intéressant d'acheter un *carnet* de 10 tickets que de payer au coup par coup (le ticket est à 200 ISK pièce, soit 2 €). Mieux encore, vous pouvez acheter la *Tourist Card,* qui donne droit à des trajets illimités et à l'entrée dans les musées, galeries et piscines de la ville. Très rentable. En vente dans les offices de tourisme et à l'AJ. Validité au choix de 24h, 48h ou 72h (respectivement 1 200, 1 700 et 2 200 ISK, soit 12, 17 et 22 €).

– Le terminal de *bus inter-urbains (BSÍ)* se trouve au sud du lac Tjörnin. De là partent tous les bus qui sillonnent l'Islande.

– La location de *vélo* revient en moyenne à 1 500 ISK (15 €) pour une journée.

– Une course en *taxi* à l'intérieur de la capitale peut valoir le coup si vous êtes plusieurs.

🚌 *Bus :* ☎ 540-27-00. ● www.bus.is ● Le terminal de bus général est situé à Hlemmur *(plan couleur D2)*. Six lignes principales quadrillent la ville (S1, S2, etc.). D'autres lignes permettent de circuler. Les services de bus commencent à 7h tlj (un peu plus tard le dim). Arrêt des bus tlj à minuit. Un bus ttes les 20 mn dans la journée et ttes les 30 mn le soir et le w-e. Pour l'achat de tickets et carnets, se reporter à la rubrique « Transports » dans les « Généralités ».

🚌 *Terminal des bus BSÍ (plan couleur B3) :* Vatnsmýrarvegur 10. ☎ 562-10-00 ou 10-11. ● www.austurleid.is ● Point de départ de ts les bus longues distances. Du centre-ville, prendre un bus (nos 1, 3, 4, 6 ou 14) ou marcher 30 mn. En taxi, compter 500 ISK (5 €). Billetterie ouv 4h30-23h30. On peut bien sûr y acheter les forfaits de bus. Également des infos touristiques, une poste, une consigne, envoi des bagages à travers toute l'Islande (pratique si vous faites des randos par exemple), un bureau de change, une cafétéria ouverte pratiquement 24h/24 et des postes pour se connecter à Internet. Achat de cartes routières. Possibilité de louer des vélos tout-terrain que l'on peut transporter dans les bus. Voir le chapitre « Transports » dans les « Généralités » pour le fonctionnement des passes. Bons conseils.

■ *Taxis :* Borgarbíll, ☎ 552-24-40. Hreyfill Bæjarleidir, ☎ 553-35-00. BSR, ☎ 561-00-00.

■ *Location de vélos* (plan couleur zoom) : Hverfisgata 50. ☎ 551-56-53. VTT et bicyclettes. Location également possible au camping et à l'AJ.

■ *Parkings :* payants tlj 10h-18h sf sam (slt 10h-13h) et dim dans beaucoup de rues du centre. Selon l'endroit, compter entre 80 et 150 ISK/h (0,8 à 1,50 €/h), payable par pièces. Mais en cherchant un peu, on arrive à trouver facilement des places gratuites.

■ *Icelandair :* à l'aéroport. ☎ 425-02-20. ● www.icelandair.com ●

Location de voitures

Voici quelques adresses de location de voitures. Toutes ont des agences ou au moins des relais dans les villes importantes ; on peut prendre et laisser la voiture à l'aéroport. Il revient souvent moins cher de louer à partir de son pays d'origine. Renseignez-vous bien à l'avance et comparez les prix.

■ *ALP Car Rental :* Vatnsmýrarvegur 10, près du BSÍ. ☎ 562-60-60. ● www.alp.is ● Parmi les moins chères.

■ *Berg Car Rental :* Bildshöfda 10. ☎ 577-60-50. Fax : 567-91-95. Parmi les meilleurs tarifs.

■ *Atak Car Rental :* Smiðjuvegi 1, Kópavogur. ☎ 554-60-40. Fax : 554-60-81. ● www.atak.is ● Très compétitifs.

■ *AVIS/Geysir :* Holtsgata 56, à Njardvík. ☎ 893-44-55. Fax : 421-28-13. ● www.geysir.is ●

■ *Hertz/Icelandair :* aéroport de Reykjavík. ☎ 505-06-00. Fax : 505-06-50. ● www.hertz.is ● Tarifs préférentiels pour les passagers de la compagnie Icelandair (se renseigner avant le départ).

■ *Budget :* Dugguvogur 10 et Vatnsmýrarvegur 10. ☎ 567-83-00. Fax : 567-83-02. ● www.budget.is ● Vaste gamme de véhicules. Réduc pour les passagers d'Iceland Express.

Divers

■ *Alliance française* (plan couleur B1, 3) : Tryggvagata 8. ☎ 552-38-70 ou 562-38-20. Tlj sf w-e 13h30-18h. Fermé en juil-août.

■ *Location et achat de matériel de camping :* Utilif, au centre commercial Kringlan (bus S1, S2, S4). ☎ 545-15-80. Tlj 10h-18h30, horaires restreints le w-e. Cartouches de gaz (mais pas Butagaz, on en trouve parfois au camping), duvets, tentes... Loue aussi des skis en hiver. Prix corrects. D'autres adresses en ville, notamment près du camping.

■ *Laveries :* les laveries sont très chères (linge lavé-séché-repassé !). Mieux vaut s'adresser aux hôtels et guesthouses. Machines à laver disponibles à l'AJ-camping : seulement 300 ISK (3 €).

■ Deux *librairies* ouvertes jusqu'à 22h : Eymundsson (plan couleur zoom), Austurstræti 18 ; Boka Budir (plan couleur B2), Laugavegur 18. Choix très complet de cartes d'Islande. Nombreux livres sur le pays, en français notamment, et quelques journaux étrangers.

■ Une bonne adresse pour les *pull-overs islandais* : *Handknitting Association of Iceland (plan couleur B2, 4),* association de grands-mères tricoteuses dont le magasin se trouve Skölavördustígur 19. ☎ 552-18-90.

Tlj sf dim 9h-18h, sam 9h-16h. Pour aller avec les pulls, on trouve des gants, chaussettes, bonnets, etc. Pas donné : compter dans les 10 000 ISK (100 €) le pull. Une autre adresse sur Laugavegur au n° 64.

Où dormir ?

Signalons que la ville d'Hafnarfjörður n'est qu'à 15-20 mn de bus de Reykjavík, facilement accessible avec le *Flybus*. On y trouve une *guesthouse* très bon marché et un camping. S'il n'y a plus de place au centre de la capitale, c'est une option à envisager.

Bon marché

⚖ *Camping (hors plan couleur par D2, 11) :* Sundlaugarvegur 32. ☎ 568-69-44. Fax : 588-92-01. ● www.citycamping.is ● Du centre, prendre Laugavegur puis Borgartún et tout droit (compter env 3 km) ; bus n° 14 (arrêt : Sunnutorg). Ouv de mi-mai à mi-sept. Compter 800 ISK (8 €) par pers. Pas de charme, mais très bien équipé : peu de douches (gratuites), peu d'ombre aussi, mais tout ce qu'il faut pour cuisiner, machine à laver payante, infos touristiques, résas pour excursions, téléphones, location de vélos, cartouches de gaz des campeurs qui ont quitté le pays à vendre, cabanons à louer, petit déj hors de prix, barbecue et consigne, en espérant ne rien avoir oublié ! Sanitaires corrects malgré l'impression d'usine à gaz qui se dégage de ce camping. Pour les douches, autant aller à la piscine juste à côté (bains chauds à différentes températures, sauna, bains à remous). Pas de salle commune, juste quelques tables plus ou moins abritées, mais possibilité d'utiliser la cuisine de l'AJ voisine, tout comme Internet (payant). Supermarché à proximité. Très tôt tous les matins, bus jusqu'à *BSÍ Travel*. Possibilité de s'inscrire sur un registre pour prendre le lendemain dès 5h le *Flybus* pour l'aéroport.

▲ *AJ (hors plan couleur par D2, 10) :* Sundlaugavegur 34. ☎ 553-81-10. Fax : 588-92-01. ● www.hostel.is ● Située juste à côté du camping et de la piscine ; prendre le bus n° 5 (arrêt : Sunnutorg). Tte l'année.

Réception tlj 8h-minuit. Couvre-feu 23h-7h. Une AJ hyper bondée pas désagréable pour autant. Plein d'activités proposées aux hôtes (cours d'islandais, films, soirées à thème, etc.). Peut accueillir 160 pers dans des dortoirs de 2 avec salle de bains (4 000 ISK, soit 40 €, ou 3 500 ISK, soit 35 €, pour les membres), de 4 avec salle de bains également (2 750 ISK, soit 27,50 €, ou 2 400 ISK, soit 24 €, pour les membres) et 6 pers, sans salle de bains (2 050 ISK, soit 20,50 €, ou 1 700 ISK, soit 17 €, pour les membres). Consigne à bagages, douches, cuisines, machine à laver, téléphones, connexion internet (payant), service *Flybus*. Réserver à l'avance, beaucoup de groupes débarquent ici.

▲ *Guesthouse Salvation Army (plan couleur B1-2, 12) :* Kirkjustræti 2. ☎ 561-32-03. Fax : 561-33-15. ● guesthouse@guesthouse.is ● Tte l'année. Nuitée à 2 500 ISK (25 €) en sac de couchage en dortoir (attention, garçons et filles séparés), 3 100 ISK (31 €) par pers dans de beaux draps et 8 000 ISK (80 €) en chambre double. Petit déj servi pour 700 ISK (7 €). Pas l'adresse la plus chaleureuse, mais très centrale, près du quartier piéton en allant vers le lac. Grande bâtisse jaune de l'Armée du Salut qui servait de logement pour les marins. Véritable dédale de 52 chambres, toutes différentes. Les lits sont assez étroits, les moquettes élimées et la déco n'est plus très fraîche. Lavabo dans chaque chambre (sauf une !) et douche sur le palier (parfois un peu *cheap*). Certaines chambres sont bien aménagées pour recevoir une famille (cuisine et pièces séparées). Salle TV, cuisine équipée, salle fumeurs, Internet (15 mn gratuites en été). C'est l'adresse la plus économique du centre de Reykjavík. Service *Flybus*. Messe à 10h30 !

Prix moyens

🏠 **Snorri's Guesthouse** *(plan couleur C3, 14)* **:** Snorrabraut 61. ☎ 552-58-98. Fax : 551-89-45. ● www.guesthousereykjavik.com ● Ouv mai-août. Avec un sac de couchage, on paie 3 000 ISK (30 €) par tête ; en chambre double, prévoir plutôt 9 000 ISK (90 €), petit déj inclus (encore heureux !). Au premier abord, on hésite à entrer. On a bien tort ! Maison à l'intérieur nickel, plutôt frais et moderne, certes au bord d'une avenue passante, mais somme toute très calme. Cuisine bien équipée (manque juste un épluche-tomate et une armoire à cuillères...) et salle de bains commune très jolie. Dans la maison d'à côté, d'autres chambres. Toutes possèdent un frigo et la TV. Jardin, service de *Flybus*.

🏠 **Flóki Inn** *(plan couleur C3, 13)* **:** Flókagata 1. ☎ 552-11-55. Fax : 562-40-01. ● www.innsoficeland.is ● Avec salle de bains à partager, compter 7 500 ISK (75 €) pour une chambre single, 9 900 ISK (99 €) en double, petit déj compris. Ajouter 2 500 ISK (25 €) par pers supplémentaire pour une triple ou une quadruple. Une trentaine de chambres, bien entretenues, presque pimpantes, au mobilier fonctionnel (frigo, TV, téléphone), réparties dans 2 bâtiments. Buffet de petit déj bien garni, dans une salle impersonnelle. Parking à proximité. Service *Flybus*. Accueil sympa. Propose plein d'excursions.

🏠 **Guesthouse Centrum** *(plan couleur C2, 15)* **:** Njálsgata 74. ☎ 511-56-02. Fax : 511-56-11. ● www.guesthouse-centrum.com ● Tte l'année. Compter 3 900 ISK (39 €) par pers en sac de couchage dans des dortoirs de 3 à 5 lits. Chambres doubles pour env 8 900 ISK (89 €) pour deux, petit déj compris. Salle de bains exiguë à partager, lavabo dans les chambres. Ambiance familiale, déco avec du bois clair partout. Chambres claires, presque coquettes et super bien tenues.

Chic

🏠 **Chez Monique** *(plan couleur B2, 16)* **:** Tjarnargata 10B, juste en face de la mairie. ☎ 562-33-77 ou 692-17-77 (portable). ● www.chezmonique.is ● Tte l'année, mais plutôt loué à des résidents « longue durée » pdt l'hiver. En été, c'est à la nuit, bien sûr. Compter alors dans les 9 000 ISK (90 €) la double avec le petit déj. Possibilité de dormir avec son duvet s'il y a de la place. Réserver à l'avance et prévenir de votre heure d'arrivée pour que Monique puisse vous accueillir. Poignée de chambres vastes pour 1, 2 ou 3 pers au goût sûr et moderne réparties sur 2 étages. Tenu par une Française au cœur de la capitale, on s'y sent vite chez soi ! De la fenêtre, on voit tout le lac et une partie du centre. La salle de bains et la cuisine bien équipée sont à disposition mais communes. Bon esprit. On aime beaucoup !

🏠 **Guesthouse Egilsborg** *(plan couleur D2, 17)* **:** Thverholt 20. ☎ 896-46-61. Fax : 561-26-36. ● www.guesthouse1.com ● Ouv de mi-mai à mi-sept. Double avec salle de bains commune, petit déj compris à 9 900 ISK (99 €). N'accepte pas les sacs de couchage. Dans l'une des rues les plus glauques de la ville (genre zone industrielle !), voilà une adresse que l'on apprécie pourtant énormément : une grande maison à l'ambiance familiale et désinvolte, où l'on est accueilli d'emblée en ami. Véranda pour prendre le petit déj et le café, cuisine à dispo, possibilité de laver son linge, salle TV. Certaines chambres sont sous les combles, toutes lambrissées et avec un petit lavabo. Parking juste derrière.

🛏 *Guesthouse Baldursbrá (plan couleur B2, 21) :* Laufásvegur 41. ☎ 552-66-46. Fax : 562-66-47. ● bal dursbra@centrum.is ● À quelques minutes à pied du centre, dans un quartier résidentiel tranquille. Tte l'année. Compter 9 500 ISK (95 €) la chambre double avec salle de bains commune, petit déj inclus. Intérieur en bois, à la nordique. Huit chambres, assez spacieuses, tenues par des français. *Hot pot* et sauna. Pas de cuisine. Mieux vaut réserver à l'avance, souvent complet. Demander les chambres dans le bâtiment principal, éviter l'annexe. Service *Flybus.*

Très chic

🛏 *Hótel 4th Floor (plan couleur D2, 22) :* Laugavegur 101. ☎ 511-30-30. Fax : 511-30-33. ● www.4thfloorhotel. is ● Nuitée pour deux à partir de 11 000 ISK (110 €). Certaines chambres sans sanitaires sont moins chères. Réducs fréquentes sur le site internet. Un hôtel au... 4e étage, donc, d'un immeuble banal. La déco est pourtant résolument moderne : noire, marquée par le cuir et les notes tigrées, des sièges aux rideaux en passant par les dessus de lit. éclairages tamisés. Tt confort (TV écran plat dans les chambres, etc.), accueil très aimable et réception ouv 24h/24.

🛏 *Guesthouse Ísafold (plan couleur A1, 20) :* Bárugata 11. ☎ 561-22-94. Fax : 562-99-65. ● isafold@itn.is ● Tte l'année. Il règne un parfum d'antan dans cette maison située dans une rue calme près du centre-ville, tenue par Gunnar Gunnarsson, sympathique propriétaire. À partir de 9 800 ISK (98 €) pour une double avec salle de bains à l'extérieur, petit déj inclus. Gros supplément pour une salle de bains privée. On ne peut pas dire que ces tarifs soient justifiés ! Sacs de couchage personnels refusés. Chambres propres, équipées de rideaux et de couettes moelleuses. Petit déj au dernier étage sous les combles, déco un peu kitsch. Salle de TV et cuisine commune. Si c'est complet, d'autres chambres à 5 mn à pied.

🛏 *Guesthouse Butterfly (plan couleur A1, 19) :* Ránargata 8A. ☎ 894-18-64. ● www.kvasir.is/butterfly ● Doubles avec sanitaires à partager à 8 200 ISK (82 €). Pour profiter d'une salle de bains, compter 9 900 ISK (99 €). Appartements pour 2 ou 4 pers tout équipés (cuisine, etc.) entre 13 200 et 16 900 ISK (132 à 169 €), idéal pour les familles. Derrière une façade vert d'eau, dans cette rue calme, quelques chambres, toutes différentes, aux teintes chaleureuses. Plein de charme et cosy. De grands lits pour faire de beaux rêves. Salles de bains carrelées rutilantes. Cuisine commune, TV et bouilloire dans les chambres. Accueil sympa de Jon et sa famille.

🛏 *Guesthouse Sunna (plan couleur C2, 18) :* Thorsgata 26. ☎ 511-55-70. Fax : 551-28-32. ● www.sunna.is ● Nuitée entre 10 700 et 13 400 ISK (107 à 134 €) avec ou sans sanitaires et petit déj. Des chambres confortables (sèche-cheveux, TV, etc.), distribuées dans 3 bâtiments par de grands couloirs. Déco nordique, simple et boisée. On a bien aimé les sols parquetés. Belle vue depuis certaines chambres sur le musée de sculpture voisin. Calme. Cuisine à dispo. Arrêt *Flybus.* Bon accueil.

– Enfin, parmi les adresses beaucoup plus chic, il y a un grand nombre d'hôtels 3 étoiles offrant des doubles à partir de 13 000 ISK (plus de 130 € !) et jusqu'à plus de 20 000 ISK (200 €). Autant dire qu'à des tarifs pareils, on serait en droit d'attendre quelque chose de presque parfait. C'est rarement le cas, et on a trouvé que ces hôtels étaient bien prétentieux pour des prestations souvent moyennes. *Exit,* donc !

Où manger ?

Attention ! Après 22h, été comme hiver, il est quasi impossible de trouver autre chose à manger que des sandwichs et des pizzas dans les fast-foods du centre-ville. Presque tous les restos arrêtent de servir, alors, même si le soleil ne se couche pas et qu'on ne voit pas l'heure passer, ne ratez pas l'heure de la soupe !

Bon marché

|●| Plusieurs supermarchés *10-11* qui, comme leur nom l'indique, ouvrent de 10h à 23h tlj. Celui d'Austurstræti, au n° 17, près de la poste, *(plan couleur zoom, 30)*, ouvre... de 8h à minuit. Les autres se trouvent sur le port *(plan couleur A1)*, au bas de Baronsstígur et Hverfisgata *(plan couleur C2)* avec parking et près de l'AJ et du camping. On y trouve des micro-ondes pour réchauffer des plats ou des soupes, mais aussi des *salad-bars* à prix fixes très compétitifs.

|●| Vous trouverez un *Bónus (plan couleur C2, 31)*, la chaîne de supermarchés au fameux cochon rose et la moins chère d'Islande, au n° 59 Laugavegur, pour faire le plein. Lun-ven 11h-18h30, sam 10h-19h30 et dim 10h-18h.

|●| *Á Nœstu Grösum (One Woman Restaurant ; plan couleur zoom, 33)* : Laugavegur 20B. ☎ 552-84-10. Tlj 11h30-22h, sam 13h-22h et dim 17h-22h. Soupes et salades à partir de 600 ISK (6 €) et plats chauds autour de 1 350 ISK (13,50 €). L'entrée de cette cantine végétarienne se trouve sur Klapparstígur. Au 1er étage, dans une grande salle boisée et lumineuse, on vous proposera un buffet aux plats multiples. Pain maison à volonté. Assiettes bien remplies de légumes et de céréales de toutes sortes. Pour faire le plein de saveurs sans se ruiner. Vente à emporter également. Service jovial et souriant. Une de nos adresses préférées.

|●| *Kaffi Vín (plan couleur C2, 32)* : Laugavegur 73. ☎ 561-00-73. Tlj jusqu'à 1h, w-e 3h. Sandwichs maison à 550 ISK (5,50 €). Pour un plat de poisson ou de viande, compter 1 500 ISK (15 €). Atmosphère de club de quartier : journaux et jeux à disposition et les soirs de matchs de foot (D1 anglaise), ambiance garantie. Vous pourrez vous installer confortablement sur les banquettes ou sur les fauteuils sous la grande verrière pour y consommer juste un verre ou faire un vrai repas. Quelques plats d'inspiration autrichienne (avec force saucisses et chou) au menu. Bon gratin de poisson *(plokkfiskur)*.

|●| *Hamborgarabúlla Tómasar (plan couleur A1, 34)* : Geirsgata 1. Tlj 12h-21h. Plats autour de 700 ISK (7 €). Sur le port, avant les embarcadères pour les baleines, dans un bâtiment arrondi de couleur grise, surmonté d'une enseigne *Coca Cola*. Un repaire de fans d'hamburgers *old school,* bien juteux. Ambiance bon enfant, frites bien grasses et gâteaux roboratifs. On aime !

|●| *Café Paris (plan couleur zoom, 50)* : voir « Où trouver une terrasse au soleil ? ». Cadre de café moderne, avec ses vieilles photos. Un snack très prisé des anciens comme des jeunes et pas trop cher : *bagels* fourrés, croissants au jambon, *tacos, quesadillas* et crêpes, pas mal de choix donc. Brunch pas trop cher et très couru le dimanche.

|●| *Cafétéria du Perlan (hors plan couleur par C3)* : au réservoir géothermique (reportez-vous à la rubrique « À voir »). Ouv 10h-21h30. Jolis gâteaux, salades et sandwichs à moins de 1 000 ISK (10 €). Pas la peine de se déplacer pour autant. On appréciera quand même la vue sur les environs...

|●| *Kaffivagninn (hors plan couleur par A1, 35)* : Grandagardi 10. ☎ 551-59-32. Situé sur le port. Tlj 7h-18h30. Cafétéria des pêcheurs, fréquentée aussi par les terriens qui ont eu l'heureuse idée de venir s'égarer par ici ! Petite maison avec baie vitrée sur le

port, très poétique. Délicieux sandwichs (crevettes, thon, etc.) autour de 300 ISK (3 €), gâteaux, café et bière.

Prix moyens

|●| *Horniđ* (plan couleur B1, 36) : Hafnarstræti 15. ☎ 551-33-40. Dans le quartier piéton, derrière la poste. Tlj 11h-23h30, w-e 1h. Plat du jour à moins de 1 000 ISK (10 €), servi entre 11h et 16h. Sinon, le poisson avoisine les 2 000 ISK (20 €) et la viande atteint des sommets. Restent abordables les pizzas, à partir de 1 500 ISK (15 €), et les 2 plats végétariens toujours au menu. Un incontournable. Bonne cuisine d'inspiration italienne. On notera quelques touches d'originalité dans la conception des plats, ce qui est assez pur pour être signalé. Service bien sympa. Résa conseillée.

|●| *Shalimar* (plan couleur zoom, 37) : Austurstræti 4. ☎ 551-02-92. Tlj midi et soir. Plats de 1 200 à 1 500 ISK (12 à 15 €). Un petit resto de poche sur 2 étages pour une cuisine familiale, indo-pakistanaise, bien relevée (demandez « mild » si vous tenez à apprécier le reste du repas). Suggestions du jour, sur l'ardoise. Escapade exotique, peu onéreuse. Vente à emporter. Service un peu long mais cool.

|●| *Litli Ljóti Andarunginn* (plan couleur zoom, 38) : Lækjargata 6B. ☎ 552-98-15. Tlj 12h-21h, w-e 3h. Buffet à volonté pour 2 700 ISK (27 €) par pers. Les amateurs de gigot iront voir ailleurs : ici, on ne sert QUE des produits de la mer ! Ce petit resto dont le nom signifie « vilain petit canard » offre tous les soirs de l'été un buffet assez copieux. Très fréquenté. Ambiance tamisée autour de petites tables rondes. Service agréable.

|●| *Café Solon* (plan couleur zoom, 54) : voir « Où boire un verre ? ». Plats inventifs de 600 à 2 000 ISK (6 à 20 €). Bar tendance mais aussi resto original et pas mauvais du tout. Une bonne adresse à prix (encore !) corrects.

|●| *Vegamót* (plan couleur zoom, 52) : voir « Où boire un verre ? ». Snacks pour env 700 ISK (7 €), pizzas et autres plats consistants entre 1 200 et 1 700 ISK (12 à 17 €) : *burritos,* pâtes... Il y a une mezzanine où l'on peut grignoter bien tranquillement.

Plus chic

|●| *Tjarnarbakkinn* (Idnó ; plan couleur zoom, 40) : Vonarstræti 3. ☎ 562-97-00. Tlj 18h-22h. Entrées à partir de 1 100 ISK (11 €) et plats à partir de 2 200 ISK (22 €). Menu à 3 800 ISK (38 €). Situé aux 2e et 3e étages du plus ancien théâtre d'Islande, récemment restauré. Emplacement très agréable, juste devant le lac (à côté du City Hall). Resto chic apprécié de la clientèle reykjavíkienne. Très bonne cuisine (poisson, délicieuses spécialités d'agneau mariné...). Café au rez-de-chaussée et terrasse face au lac. Résa conseillée.

|●| *Thrir Frakkar* (plan couleur B2, 41) : Baldurgata 14. ☎ 552-39-39. Tlj sf w-e 11h30-14h30 et 18h jusque tard. Plats le midi autour de 1 600 ISK (16 €) et 2 700 ISK (27 €) le soir. L'un des meilleurs restos de poisson de la ville, dans une salle bien mise, où il est parfois possible de manger de la baleine (sans vouloir faire la morale, c'est plutôt à éviter...) ou du phoque. Quelques essais de sauces sucrées-salées. Salle très agréable et excellent service. Résa conseillée 1 ou 2 j. à l'avance.

|●| *Lækjarbrekka* (plan couleur zoom, 42) : Bankastræti 2. ☎ 551-44-30. Tlj 11h-1h, w-e 3h. Vraiment pas donné : plat de poisson pour un peu moins de 3 800 ISK (38 €) et viande à prix astronomiques. Mais formule rapide à midi. Très jolie maison construite en 1834 et admirablement retapée. L'intérieur de cette maison de poupée, tout

en bois, se compose de plusieurs petits salons. On y mange midi et soir une bonne cuisine traditionnelle, axée sur le mouton. Fait aussi salon de thé. Attire surtout les touristes fortunés ; peu de locaux.

Où trouver une terrasse au soleil ? Où boire un bon café ?

🍸 *Café Paris (plan couleur zoom, 50)* : Austurstræti 14. Ouv jusqu'à minuit en sem, 1h ven-sam. Si le soleil darde ses rayons sur les rues de Reykjavík, ce qui arrive parfois, vous serez bien content de vous attabler dans ce café qui a importé des petites tables rondes et des chaises exactement comme celles des cafés parigots. Consos pas chères et snacks pas mal. Sert de la bière. Atmosphère chaleureuse. Voir également « Où manger ? ».

🍸 *Kaffi Brennslan (plan couleur zoom, 51)* : Pósthússtræti 9. Là aussi, une terrasse très prisée, idéale pour voir et être vu. Tlj 21h-1h ; sam 11h-3h et dim 12h-1h.

🍸 *Kaffitar (plan couleur zoom, 56)* : Bankastræti 8. ☎ 511-45-40. Lun-sam 7h30-18h, dim 10h-17h. Une des branches d'une chaîne de cafés, qui sert l'un des meilleurs *espresso* de l'île. Déco de bric-à-brac coloré. Pas de jaloux : excellents chocolats également.

Où boire un verre ? Où sortir ?

On vient avant tout en Islande pour la nature à l'état brut et les paysages extraordinaires. Mais on peut aussi faire la fête et lier connaissance avec les Islandais. Le seul truc, c'est qu'il faut impérativement y être le week-end (vendredi ou samedi soir). En semaine, personne ne bouge, et une fois « à la campagne » vous n'aurez plus guère l'occasion de visiter des bistrots. Profitez-en donc ici.

Touchons deux mots du « *runtur* », cette fameuse coutume qui paraît si bizarre aux tempéraments latins. Les vendredi et samedi, à partir de 23h (pas avant !), les jeunes se mettent à faire des tours en voiture dans les quelques rues du centre-ville (ça marche aussi dans les autres villes du pays, mais avec deux rues dans le centre, le circuit est vite bouclé !) en matant les gazelles ou les gazous sur le trottoir. Quand on reconnaît quelqu'un – ou qu'on veut mieux le connaître –, on fait des appels de phare, on s'arrête et la (ou les) personne(s) monte(nt) à bord pour quelques tours de voiture. La veille, on avait bien entendu soigneusement constitué son stock de canettes de bière au *Vinbud* (magasin d'État) du coin. Selon l'humeur, le tour pourra se terminer soit dans un recoin discret (avant de recommencer le circuit), soit dans un nouveau tour, après avoir redéposé le(s) passager(s). Pare-chocs contre pare-chocs, ce petit embouteillage volontaire continue pendant des heures. Le *runtur* est surtout l'affaire des plus jeunes, qui n'ont pas le droit d'entrer dans un bar avant 20 ans, alors qu'ils ont déjà le permis de conduire. Question de budget aussi, car à 500 ISK (5 €) minimum la pinte de bière... La voiture devient leur bar, en quelque sorte !

🍸 *Vegamót (plan couleur zoom, 52)* : Vegamótastígur 4. ☎ 511-30-40. Tlj dim-jeu 11h30-1h et ven-sam 11h30-4h. Grand bar au décor design. Fréquenté par une jeunesse assez huppée et par les plus jolies blondinettes de la ville. On peut y manger des encas ou de vrais plats (à emporter également). Pour voir et être vu. Nom-breux concerts, défilés de mode, etc.

🍸 *Sirkus (plan couleur zoom, 53)* : Klapparstígur 31. ☎ 511-80-22. Dans une petite maison toute de guingois, visible de loin grâce à son *yellow submarine* en façade. Dans l'arrière-cour, un barbecue, des tables, avec en toile de fond des cocotiers peints sur le mur mitoyen, font du *Sirkus* une oasis de tranquillité. Le bar attire une faune estudiantine sapée « grunge-négligé », mais juste ce qu'il faut.

⛾ *Café Solon* *(plan couleur zoom, 54)* : Bankastræti 7A. ☎ 562-32-32. Lun-jeu 11h-1h et jusqu'à 5h30 ven-sam, avec un DJ qui mixe toute la nuit. Bistrot installé dans 2 grandes salles très hautes de plafond, au décor très dépouillé. L'un des lieux branchés de la capitale, avec une clientèle assez B.C.B.G. mais pas bégueule. On aime bien. Voir également « Où manger ? ».

⛾ *Kofi Tómasar Frænda* *(plan couleur zoom, 55)* : Laugavegur 2. ☎ 551-18-55. Ferme à 1h en sem et à 5-6h le w-e. Situé dans un demi sous-sol donnant sur Laugavegur, ce café s'apparente presque au salon de thé. En effet, on y vient pour leurs boissons chaudes et leurs gâteaux. Pas très cher. Possibilité d'y manger des plats rapides également pour un prix raisonnable (sandwichs autour de 500 ISK, soit 5 €). La décoration doit beaucoup aux expos temporaires d'artistes locaux. Éclairage à la bougie. Coin-canapé où l'on peut s'affaler en toute impunité. Très bonne ambiance dans ce lieu fréquenté par une jeunesse tranquille.

⛾ *Kaffi Brennslan* *(plan couleur zoom, 51)* : Pósthússtræti 9. Bar un peu branché mais relax avant tout, où il est assez facile d'approcher la jeunesse de Reykjavík. Service sympa et cadre de brasserie rutilant à lumière douce. Terrasse super bien placée.

⛾ *Kaffibarinn* *(plan couleur zoom, 57)* : Bergstaðarstræti 1. ☎ 551-15-88. La clientèle y est moins snob que dans les autres bars branchés de Reykjavík et ça ne désemplit pas en fin de semaine. Souvent tout le monde se lève, pousse les tables et se met à danser sur les sons mixés par un DJ. Ça pulse sec !

⛾ *Glaumbar* *(plan couleur B1, 58)* : Tryggvagata 20. ☎ 552-68-68. Le voisin du *Gaukur* (voir « Où écouter de la musique »). Bar à l'américaine avec écran géant et musique pop, dance et techno poussée au maximum ! Pour ceux qui ont les tympans costauds.

⛾ *Pravda* *(plan couleur zoom, 59)* : Austurstræti 22. ☎ 552-92-22. Entrée payante (500 ISK, soit 5 €) après minuit. Bar-lounge à l'atmosphère feutrée, fréquenté par une clientèle un peu chic et entre deux âges lovée sur des sièges mauve pétard.

Où écouter de la musique ?

⛾ ♪ *Gaukur á Stöng* *(plan couleur B1, 58)* : Tryggvagata 22. ☎ 551-15-56. Dans le quartier semi-piéton. Dim-jeu 20h-1h, ven-sam de 20h jusqu'à ce que la fête s'achève ! Entrée payante quand il y a des concerts. On dirait un pub anglais relooké par un architecte nordique. Seul endroit à Reykjavík qui accueille des groupes pratiquement tous les soirs. Musique rock.

⛾ ♪ *Dillon* *(plan couleur C2, 60)* : Laugavegur 30. Propose des concerts le w-e, dans sa belle salle très sombre.

⛾ ♪ *Grand Rokk* *(plan couleur zoom, 61)* : Smidjustígur 6. ☎ 551-52-22. Lieu de perdition où passent des groupes rock, hard ou métal ven-sam à partir de 23h. Certains trouveront l'endroit un peu glauque, avec sa faune très brute de décoffrage. D'autres viendront tester l'ambiance 100 % testostérone.

À voir

Un bon plan : la carte *Reykjavík Tourist Card* (disponible à l'OT, au *BSÍ*, à l'AJ, au camping). Prix : par pers, compter 1 200 ISK (12 €) pour 24h, 1 700 ISK (17 €) pour 2 j. et 2 200 ISK (22 €) pour 3 j. Permet de circuler en bus et d'entrer gratos dans les musées où l'on indique « *Tourist Card* acceptée » ci-dessous. Pas mal d'endroits finalement...

✷✷✷ 🏃 *Thjóðminjasafn Íslands (Musée national d'Islande ; plan couleur A2) :* Sudurgata 41. ☎ 530-22-00. ● www.natmus.is ● Bus S1, 12, 14 et 15. 1er mai-15 sept, tlj 10h-17h ; le reste de l'année, tlj sf lun 11h-17h. Entrée : 600 ISK (6 €) ; gratuit mer ; *Tourist Card* acceptée. Tour gratuit en anglais à 11h (35 mn).

S'il n'y a qu'un musée à voir en Islande, c'est celui-là. On remonte le temps en circulant tout au long de l'histoire du pays. éclairages étudiés, cabinets de curiosité, tout est fait pour vous attirer.

– *Années 800-1000 :* les premières installations. Résultats de fouilles archéologiques : un squelette de femme avec une broche. Mise en scène impressionnante. Excellente section sur les prémices du christianisme à travers notamment une petite sculpture de bois : est-ce le dieu Thor ou le Christ ?

– *1000-1200 :* beaux exemples de bois sculpté ; on dirait presque du Fernand Léger ou du Douanier Rousseau. Objets liturgiques fascinants et des visages pénétrants.

– *1200-1400 :* ne pas manquer la croix en émaux incrustés proche du travail français. Ornements et bagues qui feront rougir ces dames d'envie.

– *1400-1600 :* Olaf convertit les Norvégiens au christianisme, et les Islandais dans la foulée. C'est le temps de la Réforme. Les plaies s'abattent sur le pays, comme la peste. Le christianisme n'empêche pas les vieilles croyances... Les runes présentées ici comme des amulettes visaient à chasser le Mal. Superbe Bible de *Gudbrandur,* exemplaire unique en son genre : c'est la première Bible traduite en Islandais. Il aura fallu près de 30 ans pour y parvenir. Et attendre 1530 pour l'arrivée de l'imprimerie en Islande !

– *1600-1800 :* c'est l'heure de la stricte orthodoxie luthérienne. Drôle de « Corne à boire » *(Drinking Horn),* avec des scènes sculptées de l'Ancien et du Nouveau Testaments. La sorcellerie existe toujours, comme le souligne un terrifiant masque de cérémonie. C'est aussi le temps du développement du commerce. Un siècle des Lumières à l'Islandaise en quelque sorte. On découvre l'industrie du coton, l'éducation des enfants à travers diverses saynètes.

– *1800-1900 :* la pêche et sa place prépondérante dans la société, avec ce *schooner* qui pouvait accueillir de 2 à 12 hommes.

– *1900-2000 :* section passionnante, où l'on apprend que les femmes ont eu le droit de vote en 1912 (1945 en France) ou encore la signification exacte du drapeau islandais, symbole de l'indépendance vis-à-vis des cousins scandinaves. La croix blanche rappelle la neige des glaciers, le bleu le ciel et la mer et le rouge, la fureur des volcans. Cette évocation de l'histoire islandaise s'achève – entre autres – sur Björk, sans qui l'Islande serait restée encore longtemps méconnue ! Bel hommage à cette grande et singulière chanteuse. 🍸 Café' très agréable, claire et pas chère. Succulent café. Profitons-en !

✷✷ 🏃 *Reykjavík 871+/-2 – The Settlement Exhibition (l'exposition de l'installation ; plan couleur B1, 76) :* Adalstræti 16. ☎ 411-63-70. ● www.reykjavik871.is ● Bus S1, S3 à S6, 11, 13 et 14. Tlj 10h-17h. Entrée : 600 ISK (6 €) ; réduc. *Tourist Card* acceptée. Un musée tout neuf pour nous expliquer l'installation des premiers Islandais, puisque c'est précisément là, à l'endroit où vous êtes, que l'on a mis au jour en 2001 les fondations d'une ferme datant du Xe siècle. À travers des simulations électroniques très bien faites, on plonge dans la vie d'alors. À vous le destin des pêcheurs, cueilleurs de baies et d'autres menus plaisirs vikings !

✷ 🏃 *Listasafn Íslands (Galerie nationale d'Islande ; plan couleur B2) :* Fríkirkjuvegur 7. ☎ 515-96-20. ● www.listasafn.is ● Sur les bords du lac. Bus S4, 11, 12 et 14. Tlj sf lun 11h-17h. Gratuit jusqu'en 2008. Visite guidée mar-ven à 12h10 en anglais. Quatre grandes salles où se succèdent les expos d'artistes islandais et étrangers. Pas indispensable.

|◉| Petite cafétéria (tartes salées et sucrées).

🗽🗽 ⚹ *Le Saga Museum* (hors plan couleur par C3) : dans l'une des six citernes du Perlan, le grand réservoir géothermique qui alimente la ville. ☎ 511-15-17. • www.sagamuseum.is • Situé sur une colline au sud du centre-ville ; prendre le bus n° 16 ou 18 ou faire la montée à pied. Avr-sept 10h-18h, oct-mars 12h-17h. Entrée : 900 ISK (9 €) ; réduc. Audioguide en français inclus dans le prix. Sorte de musée Grévin consacré aux Vikings, relatant leurs us et leur histoire. Les statues de silicone sont d'un réalisme effarant. Si l'on ajoute la bande son, le décor étudié dans les moindres détails et les secrets de fabrication très surprenants, c'est une vraie réussite. Mais ça fait cher le retour dans le passé... Boutique.

🗽🗽 ⚹ *Árbæjarsafn* (musée en plein air d'Arts et Traditions populaires d'Árbær ; hors plan couleur par D3) : ☎ 411-63-00. Situé dans la banlieue, près du cours d'eau Ellidaár. Bus n°s 12 et 24 à partir du centre. En voiture, prendre Hringbraut (le grand boulevard qui traverse la ville d'est en ouest) et continuer en direction de la route 1 ; assez mal fléché. Tlj juin-août, 10h-17h. Le reste de l'année, visite guidée à 13h lun, mer et ven. Entrée : 600 ISK (6 €) ; réduc. *Tourist Card* acceptée.
Regroupement de différentes habitations islandaises du XIXᵉ au début du XXᵉ siècle, dont la plupart proviennent du centre de Reykjavík. Le but de ce petit village est de présenter l'évolution de Reykjavík au travers des différents métiers et de leur évolution au cours des deux derniers siècles. Ainsi, vous y verrez la boutique d'un horloger, d'un imprimeur, la maison d'un pêcheur, un garage et ainsi de suite. Très jolie église du nord de l'Islande. On est accueilli dans chaque maison par des gardiens en costume d'époque. L'un sale son poisson, un autre trait ses vaches pendant que sa voisine fait du crochet ou passe le balai. Visite très intéressante et divertissante. Véritable voyage à travers le temps.

🗽🗽 ⚹ *Fjölskyldu-og-Húsdyragardurinn* (zoo de Reykjavík et parc familial ; hors plan couleur par D2) : Laugardalur, Engjavegur. ☎ 553-77-00. Bus n°s S2, 15, 17 et 19. En été 10h-18h. Seul le zoo reste ouvert tlj l'hiver, 10h-17h. Entrée : 550 ISK (5,50 €) ; réduc. *Tourist Card* acceptée.
La première partie du parc est consacrée aux animaux vivant en Islande (visons, renards blancs et gris, rennes, phoques et animaux de ferme). À l'entrée sont affichés les horaires de repas des animaux. Puis vous passez le pont et arrivez dans le royaume des enfants ; là, vous regretterez de ne plus être haut comme trois pommes : circuits automobiles miniatures, drak-kar et bateau pirate sur un plan d'eau, tractopelles taille enfant, bateaux et voitures télécommandés, trampolines, etc. Prévoyez le pique-nique car vos enfants ne voudront pas partir de sitôt ! Cadre très agréable.

🗽 ⚹ *Le jardin botanique* : juste en face du zoo (voir ci-dessus). Tlj 1er avr-30 sept 10h-22h (17h en hiver). Entrée libre ! Jardin d'inspiration japonaise : rocailles, plans d'eau, petits ponts. Très élégant, très reposant. Le paysage est un peu gâché par la multitude d'étiquettes indiquant les noms de plantes. 🍽 Pour faire une pause, le *Café Flóra,* situé dans une très belle serre. Les jeunes mariés viennent s'y faire photographier.

🗽🗽 *Einar Jonsson Museum* (plan couleur C2, 70) : Eriksgata, à côté de la cathédrale. ☎ 551-37-97. • www.skulptur.is • En été, tlj sf lun 14h-17h ; le reste de l'année, ouv slt le w-e 14h-17h ; fermé en déc et janv. Entrée : 400 ISK (4 €). Einar Jonsson (1874-1954) est le plus important sculpteur islandais. Vaste ensemble contenant plus de 300 pièces. Des œuvres mas-sives et impressionnantes semblant émaner d'un Rodin nourri à la mythologie nordique et dopé au fantastique, quoique un peu trop désenchantées pour tenir la comparaison avec Auguste. Dehors, quelques bronzes. C'est Jonsson lui-même qui a dessiné ce bâtiment, devenu ni plus ni moins le premier musée du pays, en 1923. En haut, on visite la garçonnière de l'artiste, d'où la vue est imprenable.

%%% *Thjóðmenningarhúsið (maison de la Culture ; plan couleur zoom, 71) :* Hverfisgata 15. ☎ 545-14-00. ● www.thjodmenning.is ● Bus S1, S3 à S6, 12 et 13. Tlj 11h-17h. Entrée : 300 ISK (3 €). Gratuit mer. *Tourist Card* acceptée.

Abrite une collection de parchemins islandais anciens, rassemblés en Islande par Árni Magnússon (1663-1730) pour le compte du roi du Danemark, qui souhaitait préserver les éditions originales des *sagas*. Expédiés au Danemark, un certain nombre d'ouvrages partirent en fumée lors de l'incendie de Copenhague de 1728. En 1961, le parlement danois accepta de restituer cette collection à l'Islande. Les manuscrits des *sagas* et des *eddas* sont présentés au milieu de 2 salles lumineuses dans une ambiance mystique. De vrais chefs-d'œuvre ! Les parchemins les plus anciens datent du XIII\ :sup\ :`e` siècle, comme ces deux *Codex Regius*. Documentaires vidéo et brochure en français pour ceux qui veulent mieux comprendre. Intéressant.

%% *Norræna húsið (Maison nordique ; plan couleur A3, 73) :* Sæmundargata, près de l'université. ☎ 551-70-30. ● www.nordice.is ● Bus S1, 14 et 15. Tlj sf lun 12h-17h. Entrée : 300 ISK (3 €) ; gratuit avec la *Tourist Card.*

Musée créé pour mettre en valeur les liens étroits existant entre les pays nordiques. Bâtiment moderne blanc et gris métallisé, au toit incliné. Les amateurs d'architecture nordique apprécieront cette réalisation du Finlandais Alvar Aalto. Dedans, quelques peintures modernes. Une visite pas franchement indispensable, d'autant que c'est plutôt excentré.

%%% 🎿 *Sjóminjasafnið í Reykjavík (musée maritime de Reykjavík, hors plan couleur par A1) :* sur le port. De l'Alliance Française, suivre Myrargata. Au rond-point, dernière route à droite. À côté de la *cafetaria Kafevagninn,* au 2\ :sup\ :`e` étage d'un entrepôt de poissons, bien indiqué. ☎ 517-94-00. ● www.sjo minjasafn.is ● Juin-août, tlj sf lun, 11h-17h. Entrée : 500 ISK (5 €).

Un beau musée, pas trop grand, où l'on est accueilli par un des chalutiers qui ont fait la renommée des pêcheurs islandais. Une vraie plongée dans le monde de la pêche, en suivant son évolution à travers des reconstitutions d'intérieurs modestes. Cabines de marins où l'on pouvait coucher jusqu'à 24 hommes et objets de diverses époques, comme cette blague à tabac, ces jambières en peau de bête ou ces premiers filets de pêche rudimentaires. émouvant et intéressant.

Galeries d'art de Reykjavík

On peut visiter les 3 galeries municipales avec le même ticket à condition de l'utiliser dans la même journée. Prix : 500 ISK (5 €) ; gratuit lun. *Tourist Card* acceptée. Site web commun : ● www.listasafnreykjavikur.is ●

%% *Hafnarhus (maison du Port ; plan couleur B1, 72) :* Tryggvagata 17. ☎ 590-12-00. Tlj 10h-17h. Dans un bâtiment en béton brut et en métal, expos temporaires et fonds permanent d'œuvres d'Erró, alias Gudmundur Gudmunsson, célèbre peintre né en 1932. Grand voyageur qui partage son temps entre Paris, l'Espagne et la Thaïlande, il a légué à la ville plus de 3 000 de ses œuvres ! Ce maître dans l'art des collages, influencé par le pop'art et la B.D., s'amuse à détourner les tableaux. Idéologiquement décapant !

🍷 Café au 1\ :sup\ :`er` étage, avec vue sur le port.

% *Ásmundursafn (hors plan couleur par D2, 74) :* Sigtún (rue près du complexe sportif Laugardatur). ☎ 553-21-55. À pied, pas très loin du centre : prendre Laugavegur vers l'est, et c'est à gauche, un peu après l'hôtel *Nordica.* Bus S2, 14, 16, 17 et 19. Tlj, en été 10h-16h, l'hiver 13h-16h. Un musée consacré au travail de l'artiste Ásmundur Sveinsson (1893-1982) : des sculptures massives et puissantes, inspirées par la nature et la littérature islandaises. Un très beau travail dans un lieu architecturalement étonnant (un dôme, flanqué de deux pyramides tronquées), construit par l'artiste lui-même de 1942 à 1950 et où il habita jusqu'à sa mort.

🎥 **Kjarvalsstaðir** (plan couleur D3, 75) : Flókagata, quartier Miklatún. ☎ 517-12-90. À 10 mn à pied du centre. Tlj 10h-17h. Surtout des œuvres d'un des plus grands peintres islandais, Johannes Kjarval (1885-1972), et des expos temporaires.
🍴 Très bonne cafétéria.

Balade dans la vieille ville et les environs

🎥🎥 Entre le lac *Tjörnin* et le port (Ranargata, Öldugata, Bankastræti, Lauga- vegur...). Quartier semi-piéton avec des boutiques, des restos et de l'anima- tion. Nombreuses maisons de bois, de roche ou de tôle ondulée. Le quartier fut sauvé par ses habitants, fidèles au charme du passé. *Adalstræti* est la plus ancienne rue de Reykjavík, qui abrite au n° 10 la plus ancienne maison de la capitale. Sur la *place Austurvöllur,* la cathédrale *Dómkirkjan* et l'*Althing,* le parlement et son annexe hyper moderne, font de cet endroit le centre histori- que de la ville. Une fois au bord du lac, profitez-en pour aller jeter un coup d'œil sur l'immense carte d'Islande en relief située au sous-sol de la mairie toute moussue. Expos de peintures contemporaines tout autour et agréable café- téria juste au niveau du lac. Ouv 8h-19h en sem et 12h-18h le w-e.

🎥 **Le vieux cimetière** (plan couleur A2) : sur la rive ouest du lac. Beaucoup de jolies créations, totalement intégrées dans la nature. Souvent, vous remar- querez les tombes construites autour d'un arbre. Balade apaisante.

🎥 Les samedi et dimanche à 11h, **marché aux puces de Kolaportid** sur le port. Vous y trouverez des livres, des vêtements et des spécialités islandai- ses (dégustation gratuite de requin pour les plus téméraires).

🎥🎥 Monter au sommet du **réservoir géothermique** de la ville, le *Perlan* (la « perle »), situé sur la colline *Öskjuhlid,* au sud, près de l'aéroport domesti- que (impossible de le louper). ☎ 562-02-00. Tlj 10h-23h30. Accès gratuit. Architecture moderne assez impressionnante. Les 5 réservoirs contiennent chacun 4 millions de litres d'eau à 85 °C et alimentent ainsi la ville. Un 6e ré- servoir a été transformé en musée, le *Saga Museum* (voir plus haut). Sur les plates-formes circulaires, des longues-vues (gratuites), un peu encrassées, permettent de contempler toute la baie. Panorama de folie. Commentaire en différentes langues sur l'histoire de la ville. À l'extérieur, petit geyser artificiel.

🍴 Tout en haut, **restaurant pano- ramique** tournant ttes les 2h, très chic. Tlj 18h30-23h30 (jusqu'à 0h30 w-e). Trois grands chefs s'activent aux fourneaux. La **cafétéria** du 4e étage, ouv 11h30-22h, est beau- coup plus abordable (voir « Où manger ? »).

🎥 On peut également monter en haut de l'**église Hallgrímskirkja** (plan cou- leur C2), celle qui ressemble à une fusée, imitation des orgues basaltiques, d'où l'on a le meilleur point de vue sur la ville. Tlj 9h-17h. On paie 350 ISK (3,50 €) pour monter. C'est l'œuvre de Gudjon Samuelsson, qui a également réalisé l'université et le théâtre national. Financée en majeure partie par l'argent des paroissiens, elle fut commencée en 1945 et inaugurée seule- ment en 1986 ! Aucune déco intérieure. Pourtant, on apprécie la sobriété et la pureté des lignes ainsi que la luminosité étonnante. Et ce n'est rien com- paré aux orgues colossales, composées de plus de 5 200 tuyaux ! D'ailleurs, de mi-juin à mi-août, ven et sam à 12h et dim à 20h, on peut assister libre- ment aux concerts. Devant l'église, la fière statue de Leifur Eríksson, fils d'Éric le Rouge, qui a découvert le Groenland vers 980. Leifur, lui, a décou- vert le *Vínland,* c'est-à-dire l'Amérique du Nord, en l'an 1000.

🍴🍴 Sur le vieux port, en partant vers l'ouest, on peut partir à la découverte de *l'île Grotta (hors plan couleur par D1)*, accessible par un isthme à marée basse. S'y trouve un phare construit au XIXᵉ siècle ; à l'intérieur, quelques tableaux et un bar pour contempler le coucher du soleil un soir d'été...

À faire

– 🏊 *Les piscines de Reykjavík :* la natation est un sport national en Islande. À Reykjavík, on ne compte pas moins de 5 piscines alimentées par des sources chaudes. Les bassins sont généralement entourés de *hot pots* (« pots d'eau chaude ») dont la température atteint parfois 45 °C ! Nager en plein air dans la vapeur est encore plus grisant sous la pluie ou la neige... Une règle à savoir : avant d'accéder aux bassins, les filles d'un côté et les garçons de l'autre doivent se rendre tout nus à la douche le maillot à la main. On récure les endroits stratégiques selon les injonctions des panneaux (pas besoin de vous faire un dessin), puis on enfile son maillot et hop ! aux bassins. Savon fourni. L'accès aux piscines coûte 280 ISK (2,80 €) en général. *Tourist Card* acceptée. Tte l'année 6h30-22h30 en sem et 8h-22h le w-e (20h en hiver).

■ *Laugardalslaug :* Sundlaugarvegur. Bus n° 14. Notre préférée : elle dispose d'un grand bassin (50 m) pour les nageurs et de plein d'installations pour les « bulleurs ». Six *hot pots,* dont certains à remous, sauna, solarium, hammam, grand toboggan, jets d'eau. Très fréquentée.

■ *Árbæjarsundlaug :* Fylkisvegur. Bus nᵒˢ 3 ou 19. Cinq *hot pots,* dont certains à remous, sauna, solarium, hammam, toboggan.

■ *Sundhöllin Reykjavíkur :* à l'angle de Bergthórugata et de Barónstígur.

Bus nᵒˢ 14, 15 et 16. À deux pas du centre, grande bâtisse blanche sans enseigne. L'un des seuls bassins de Reykjavík qui soit couvert. Deux *hot pots* et un hammam sur le balcon. Solarium. Piscine agréable et peu fréquentée.

■ *Breidholtslaug :* Austurberg 3. Bus nᵒˢ S3, 12 et 17. Quatre *hot pots,* sauna, solarium, hammam.

■ *Vesturbæjarlaug :* Hosvallagata. Bus nᵒˢ 11 ou 15. Quatre *hot pots,* sauna, solarium.

– 🏊 *Ylströndin Nauthólsvík (la plage thermale) :* au sud de l'aéroport et du Perlan. Un peu galère pour y arriver. ☎ 511-66-30. ● www.itr.is ● Ouv 15 mai-15 sept 10h-20h. Entrée gratuite ; vestiaires et *hot pots* payants (200 ISK, soit 2 €). Plage de sable surgie de nulle part et lagon chauffé à 18-20 °C par l'eau de la centrale thermique. Il y a même des *hot pots* à 30-35 °C, une piscine ronde, un terrain de volley sur la plage et les avions de l'aéroport voisin...

🍴🍴 *Safari-baleines :* au port, sur Aegisdardur, deux compagnies se partagent l'offre : *Whale Watching & Puffin Island*, ☎ 533-26-60, départs slt en été à 9h, 13h et 17h. *Elding*, ☎ 555-35-65, mêmes horaires. On peut venir vous prendre à votre hôtel (payant). Compter un peu moins de 4 000 ISK (40 €) par pers pour une sortie en mer d'env 3h. Au large, on peut voir des dauphins, des baleines et une île avec des colonies de macareux.

➤ DANS LES ENVIRONS DE REYKJAVÍK

🍴 *L'île de Viðey :* cette petite île – à peine 1,6 km² – est à quelques encablures de la côte. Traversée au départ du port de Sundahöfn (bus n° 16), après le zoo. Du camping, descendre la rue qui part en face *(Dalbraut)* jusqu'à la mer. Ensuite, c'est à droite. Mai-sept, départs en ferry tlj 13h-17h à heure fixe et à 19h et retours 15 mn après. Env 5 mn de bateau pour 750 ISK (7,50 €) aller-retour. Résa et infos : ☎ 533-50-55. ● www.arbaejarsafn.is ●

Île habitée pour la première fois au Xe siècle. On peut y faire une bien jolie promenade et voir la 2e plus ancienne église d'Islande (1774), ainsi que la plus vieille ferme en pierre du pays (milieu XVIIIe siècle), dans laquelle se trouve maintenant un resto. Possibilité de louer des chevaux et des vélos.

➤ **Le mont Esja :** le bus n° 15 depuis Hlemmur, arrêt à Haholt, puis le bus n° 27 vous déposeront au pied de la montagne haute de 914 m que vous apercevez de l'autre côté de la baie depuis Reykjavík. Une grimpette de 2h récompensée par une magnifique vue sur la presqu'île de Reykjanes.

➤ **Balades à cheval :** *Laxnes Horse Farm,* près de Gljufrasteinn. ☎ 566-61-79. Fax : 566-67-97. ● www.laxnes.is ● On passera vous prendre à Reykjavík à 9h30. Le transfert, la location de l'équipement et la balade de 2 ou 3h reviennent à env 3 500 ISK (35 €). Propose aussi des excursions de plusieurs jours jusqu'à Thingvellir, Blue Lagoon ou la péninsule de Snæfellsnes. Vous trouverez le calendrier de ces excursions sur leur site.

➤ **Blue Lagoon (Bláa Lónid) :** baignade insolite dans une piscine naturelle. Voir, ci-dessous, « La péninsule de Reykjanes ».

LA PÉNINSULE DE REYKJANES

C'est sur cette péninsule qu'on atterrit à l'arrivée en Islande. Le Reykjanes est coupé en deux par le rift où les plaques américaine et eurasiatique se séparent. On pourrait dire que c'est l'Islande en miniature : champs de lave, falaises tombant dans la mer, nombreux oiseaux, solfatares et sources d'eau chaude sont comme concentrés sur cette bande de terre. La plaine n'est que champs de lave, si poreuse qu'aucune rivière ne peut y couler. La route semble avoir été posée sur ce chaos. Le terrain, trop accidenté et couvert de mousse, ne permet pas la moindre culture, ce qui fait que la seule activité possible est la pêche. L'odeur des villages que vous traverserez en est la preuve !
Vous verrez souvent le nom de Reykjanesbaer pour désigner la municipalité. Il s'agit en fait d'un ensemble de communes regroupant Keflavík, Njarðvík, Ytri Yumri et Hafnir. C'est pratiquement le seul coin habité de la péninsule : au sud, c'est le désert, mis à part le village de Grindavík. Une journée suffit pour faire le tour de la péninsule.
– Pour récupérer un max d'infos avant de partir, le site web ● www.reykjanes. is ● est très bien documenté.

Comment y aller ?

➤ **En bus :** 2 lignes de bus. L'une, la n° 1, depuis Hlemmur, propose plusieurs bus/j. (moins le w-e) ; elle s'arrête à Hafnarfjördur et au croisement qui mène à Grindavík. L'autre, la route 24, part à heure fixe de Reykjavík *(BSÍ)* 10h-12h, puis ttes les 2h, 14h-18h. À 11h, terminus au Blue Lagoon. Sinon, bus jusqu'à Grindavík. Dans l'autre sens, bus depuis Grindavík à 11h, 13h, 15h, 17h et 20h30.
– Bus « excursion » avec *Destination Iceland* ou *Reykjavík Excursions*, passant notamment par Grindavík et le Blue Lagoon avant de revenir sur Reykjavík. Départ le matin du *BSÍ* et retour en milieu d'ap-m. Coût de la balade : plus de 3 500 ISK (35 €), entrée du Blue Lagoon comprise ; 5 % de réduc pour les détenteurs de l'*Omnipass.* Réservez la veille (☎ 591-10-20 ; ● booking@di ce.is ●).
➤ **En stop :** très possible, car la fréquentation est abondante.

HAFNARFJÖRÐUR

21 600 hab.

Sur la route qui mène au Blue Lagoon, ce port autrefois appelé la « ville dans la lave » est connu pour son village viking (à ne pas confondre avec sa piètre reconstitution largement évitable). Devenu une extension naturelle de Reykjavík, dont elle n'est qu'à 15-20 mn de route, cette ville est désormais la 3e du pays en terme de population. Sur le port gisent d'immenses bateaux de pêche à l'allure fantomatique, rouillés par les intempéries. Par ailleurs, la ville est censée être située à la croisée de plusieurs « lignes d'énergie » particulièrement appréciées du « petit peuple » des elfes, nains et autres lutins. Ce qui fait de Hafnarfjörður la principale communauté de *« little folk »* du pays...

Arriver – Quitter

🚌 *Arrêt de bus :* au niveau du centre commercial *Fjörður* sur le port.
➤ *En bus :* soit en prenant les cars de *BSÍ Travel,* soit, tout simplement, en prenant le bus de ville S1 qui part de la capitale ttes les 30 mn.

Adresses utiles

🛈 *Office de tourisme :* dans la mairie *(Raðhus),* Strandgata 6. ☎ 585-55-00. ● www.hafnarfjordur.is ● Tlj 8h-17h en sem (tte l'année), 10h-15h le w-e (juin-août slt). Très coopératif. Carte avec les lieux où rencontrer des elfes en vente.

✉ *Poste :* Fjardargata 13-15. ☎ 555-05-55.
◼ Plusieurs pharmacies, banques et supermarchés sur le port.
◼ *Flybus :* s'adresser au *Viking Restaurant,* Strandgata 55, la veille de votre départ. ☎ 565-12-13.

Où dormir ?

⚐ *Camping :* même adresse et numéro que la *guesthouse* Hraubyrgi. Accès depuis Reykjavík avec les bus S1 (arrêt « Village viking ») puis 22. Prendre la rue qui part de l'office de tourisme, c'est tout droit. Compter 750 ISK (7,50 €) par pers. Terrain agréable et calme. On utilise les sanitaires et la cuisine de la *guesthouse.*
⌂ *Guesthouse Hraubyrgi :* Hjallabraut 51. ☎ 863-41-55. Fax : 555-

12-11. ● www.hafnarfjordurguesthouse.is ● Tte l'année. Compter 2 150 ISK (21,50 €) par pers en dortoir de 4 à 12 lits. Aussi une chambre à 2 lits séparés (5 000 ISK pour deux, soit 50 €). Cette sorte d'AJ à l'allure un peu tristounette (genre béton brut) offre toutes les commodités (cuisine, lave-linge). Bonne alternative si tout est complet dans la capitale. Pensez à réserver quand même !

À voir. À faire

Les trois petits musées de la ville partagent le même ticket : 300 ISK (3 €) ; réducs. ☎ 585-57-80.

🍴 *Pakkúsid – musée d'Hafnarfjörður :* Vesturgata 8. Tlj juin-août 13h-17h ; le reste de l'année, slt le w-e, mêmes horaires. Relate l'histoire de ce port, important comptoir de commerce sous les Anglais et pour la Ligue hanséatique.

LA PÉNINSULE DE REYKJANES

🍴 *Sívertsen House :* Vesturgata 6. Mêmes horaires que le musée, mais fermé oct-avr. La plus ancienne maison de la ville (1803).

🍴 *Sigga's House :* Kirkjuvegur 10. Slt w-e d'été, 13h-17h. Groupe de maisonnettes du début du XXᵉ siècle.

🍴 *Galerie d'art Hafnarbjorg :* Strandgata 34. ☎ 555-00-80. Tlj sf mar, 11h-17h. Entrée : 300 ISK (3 €). Gratuit ven. Expos temporaires de peinture et de photo.

➤ 🚶 Si vous n'avez jamais vu d'*elfes* ou de *fées,* rendez-vous au **parc Hellisgerdi,** tout près du centre-ville, muni de votre carte des « mondes cachés » (en vente à l'office de tourisme, ou donnée si l'on paie la visite guidée). Hafnarfjördur possède la plus grande communauté d'êtres féeriques d'Islande. Des tours guidés (en anglais) sont organisés pour vous aider dans votre quête : Erla Stefánsdóttir est la grande spécialiste en la matière et vous expliquera tout sur les lignes d'énergie et l'histoire des peuples cachés. Le tour coûte 2 500 ISK (25 €) et dure de 1h à 1h30. De mi-juin à mi-août, départs tlj à 10h et 14h ou 14h30 ; le reste de l'année, slt mar et ven à 14h30. Renseignements : ☎ 694-27-85. • www.alfar.is •

🍴 *Jardin de bonzaïs :* à 2 mn de l'office de tourisme. Entrée libre, tlj.

– *Piscines :* Hringbraut 77, en plein air, ouv jusqu'à 21h30 en sem, 18h30 sam et 17h30 dim. Herjolfsgata 10, couverte, ouv jusqu'à 21h en sem et 21h30 le w-e. Entrée : 200 ISK (2 €).

➢ 🏇 **Balades à cheval avec Íshestar :** Sörlaskeid 26. ☎ 555-70-00. Fax : 555-70-01. ● www.ishestar.is ● Propose plusieurs balades à la journée, de 4 900 à 11 200 ISK (49 à 112 €). On se charge d'aller vous chercher à votre lieu de résidence à Reykjavík. Le car touristique passant par Selfoss et le Blue Lagoon s'y arrête pdt 30 mn pour que vous puissiez approcher les chevaux islandais. Les premières balades sont à la portée de tous. Parmi la vingtaine d'excursions proposées, vous pourrez vous rendre à cheval au Blue Lagoon. C'est une façon originale de découvrir la péninsule et ses champs de lave.

➤ DANS LES ENVIRONS DE HAFNARFJÖRÐUR

🎦 **Le lac Kleifarvatn :** à 20 mn en voiture de Hafnarfjörður, à mi-chemin vers Krísuvík. Grand lac et plages de sable noir en plein désert de lave. Un des petits frères du monstre du loch Ness y aurait été aperçu... À vos jumelles ! Après le lac, sur votre droite, se trouve le champ géothermique *Seltún*. Bassins de boue en ébullition et évents de vapeur sont le résultat de la température de la terre qui atteint les 200 °C à 1 000 m de profondeur. Seltún fait partie de l'un des 4 appareils volcaniques alignés tout au long de la fissure éruptive de la péninsule de Reykjanes. Les évents de vapeur sont entourés de dépôts de soufre importants. Le soufre était exploité autrefois pour la fabrication de poudre à canon. Restez bien sur les parties aménagées, les températures atteignent les 80 voire 100 °C. Ce site, même s'il n'est pas très étendu, est étonnant car l'on passe au beau milieu de la vapeur et l'on est envahi par une forte odeur d'œuf pourri et par le son que produisent les éclaboussures de boue.

🎦 **Le lac Grænvatn :** à gauche de la piste juste après Seltún. Il tire son nom de sa couleur verte due à la présence d'algues. Il s'agit d'un ancien cratère. Un conseil : n'essayez pas de descendre au bord de l'eau, ça glisse ! Sur la droite, direction Grindavík, piste praticable en voiture normale. Pas une seule habitation mais, tout le long de la route, des champs de lave recouverts de lichens à perte de vue. On a l'impression par endroits que la terre vient de se craqueler. Si l'on veut rejoindre Selfoss, prendre à gauche ; la piste est difficile jusqu'à Hveragerdi. De là, route goudronnée jusqu'à Reykjavík. En prenant Grindavík, rapidement vous verrez une minuscule église en bois. Entrez, cela vaut le détour. Ouvrez les deux portes et admirez cet intérieur coquet. *Krísuvíkurkirkja* a été récemment restaurée après avoir servi d'habitation au cœur d'une ferme datant de 1929. L'église, de 1857, est un exemple typique des édifices religieux islandais.

LE BLUE LAGOON (BLÁA LÓNID)

🎦🎦🎦 🏇 L'un des hauts lieux touristiques du pays, très prisé aussi par les Islandais. Une baignade comme vous n'en avez jamais connu, dans une eau laiteuse à 36-39 °C, au pied d'une centrale géothermique plantée au milieu d'un désert de lave. Prévoyez plusieurs heures pour bien profiter de ce moment extraordinaire. Le rêve !

Arriver – Quitter

➢ **En voiture :** le lagon se trouve à 40 mn de la capitale. Prendre la direction de Keflavík au croisement avec la route 43, direction Grindavík.

➢ Liaisons directes depuis Reykjavík avec le **bus public** qui part du *BSÍ* ou de votre hôtel (sur demande préalable). Six bus, 10h-18h ; dernier retour depuis le lagon vers 21h15. Infos : ☎ 511-26-00. ● www.bluelagoonbus.is ● Prix : 3 000 ISK (30 €) par pers, comprenant le bus et le ticket d'entrée du lagon.

➢ Plusieurs **bus excursions,** dont le *Blue Lagoon Express,* qui vous emmène barboter au lagon le jour de votre départ en avion, juste avant de vous déposer à l'aéroport. Et cela fonctionne même pour les vols du soir. Renseignements auprès de *Reykjavík Excursions* : ☎ 562-10-11. ● www.re. is ● Compter 3 400 ISK (34 €).

Infos utiles

De mi-mai à fin août, tlj 9h-21h ; sept-mai, tlj 10h-20h. Attention, dernière entrée 45 mn avt la fermeture. Bon à savoir : le soir, il y a beaucoup moins de monde (les groupes sont partis). Côté tarifs, c'est 1 400 ISK (14 €) l'entrée adulte ; demi-tarif pour les 12-15 ans, gratuit jusqu'à 12 ans et au-delà de 67 ans. Serviettes et maillots de bain à louer pour les étourdis. Distributeur d'argent, boutique de produits thermaux (crèmes, boues et autres soins délicieux y sont moins chers qu'ailleurs) et cafétéria un peu chérote donnant sur le lagon. Petite expo gratuite sur la géothermie et les origines géologiques de l'Islande.

À voir. À faire

✹✹✹ La couleur singulière du lagon est due à la présence de silice, de calcaire et d'algues bleu-vert. L'eau chaude et très légèrement salée provient de sources à plus de 1 800 m sous terre ; après avoir alimenté la centrale et perdu de sa chaleur, elle est rejetée dans le lagon. La persistante odeur d'œuf pourri qui règne aux abords de la centrale est due à la présence de soufre dans cette eau. Excellent pour certaines maladies de peau, très mauvais en revanche pour les bijoux en argent qui s'oxydent et deviennent couleur rouille.

Une fois dans le bassin, vous pourrez vous tartiner de la crème faite à partir des minéraux du lagon, elle est gracieusement offerte. À faire lorsque les vapeurs d'eau masquent l'usine et qu'il y a peu de monde, on se baigne alors totalement dans le brouillard. Magique ! On peut aussi profiter d'un sauna humide, d'un sauna sec, ainsi que d'une chute d'eau très puissante, idéale pour les massages. À moins que vous ne préfériez un véritable massage effectué par des mains expertes (mais là, c'est en supplément !).

➢ *DANS LES ENVIRONS DU BLUE LAGOON*

✹ *Grindavík :* l'aspect de ce petit port déchu est surréaliste. Une maison par-ci, un entrepôt par-là, une atmosphère complètement déprimée et déprimante : on se sent vraiment proche de la fin de l'humanité... On y trouve le **Saltfisksetur** *(musée du Salage de la morue),* Hafnargata 12A, sur le port. ☎ 420-11-90. ● www.saltfisksetur.is ● Tlj 11h-18h. Entrée : 500 ISK (5 €). Toute l'histoire de l'industrie du salage de morue, exposée dans un vaste hangar qui résonne du bruit des mouettes (en stéréo). Photos et mannequins de cire mis en scène en train de nettoyer la poiscaille, lever les filets, saler, etc. Bref un spectacle son et odeur avec la morue comme superstar.

➢ En quittant Grindavík, vous pouvez soit retourner au Blue Lagoon tellement vous aimez ça, soit emprunter, prudemment, la piste qui vous mène aux falaises escarpées de **Reykjanestá.** C'est ici que fut construit le 1er phare d'Islande en 1878. Il se trouvait au sommet de la plus haute falaise et fut détruit par un tremblement de terre 9 ans plus tard. Du coup, il a été déplacé un peu plus loin dans un endroit plus stable... Au large, l'*île Eldey* surgit de l'eau. Elle est apparue à la suite d'une éruption volcanique sous-marine. Importante colonie de fous de Bassan.

🦐 Plus haut, en remontant le long de la côte en direction de l'aéroport, un chemin discret sur la droite mène au *« Pont entre les deux continents ».* C'est un pont bêtement symbolique, qui vaut ce qu'il vaut puisqu'il est censé séparer, d'un point de vue géologique, l'Europe et l'Amérique. Bon, on craint que les choses ne soient pas si simples que ça. Tout ce qu'on voit ici, c'est un fossé rempli de sable noir grisâtre qui coupe cet immense champ de lave, tel une cicatrice. Sur le petit pont métallique, un panneau marque la « frontière » entre les plaques eurasienne et nord-américaine.

Cette région située entre l'aéroport et le phare de Valahnjukur est très impressionnante, désolée, inhumaine, magique. À quelques détails près (la pesanteur, par exemple) on se croirait véritablement sur la lune.

KEFLAVÍK
11 000 hab.

À 2 km de l'aéroport, cette ville portuaire située à moins de 50 km de la capitale n'a pas grand intérêt. L'ambiance est même un tantinet déprimante. En plus de l'aéroport international, elle héberge la fameuse base militaire américaine qui assure la protection du pays. En effet, l'Islande est un des seuls pays au monde à ne pas avoir d'armée. Pour sa protection – dans le contexte difficile de la guerre froide – le parlement vota l'adhésion à l'OTAN et, en 1951, les troupes américaines qui stationnaient ici depuis le début des années 1940 entrèrent en possession de la base aérienne. Ce fut, et c'est encore aujourd'hui, la cause d'un vrai débat national et il y eut même des émeutes à Reykjavík. Actuellement, il ne reste qu'une poignée d'avions de chasse basés à Keflavík : il est vrai que l'Islande n'est pas ce qu'on peut appeler un pays entre deux feux...

Arriver – Quitter

➢ Pour relier Keflavík et Reykjavík, 5 *bus* quotidiens (depuis et à destination du *BSÍ*) 8h15-21h et 3 bus le w-e 14h30-21h. Env 1h de trajet.

➢ *En voiture :* facile, par la route 41.

– Le trajet de l'aéroport au centre-ville en taxi 4 places coûte dans les 1 500 ISK (15 €). ☎ 421-15-15.

Adresses utiles

🛈 *Office de tourisme :* Hafnargata 57, dans une librairie. ☎ 421-67-77. Fax : 421-31-50. Quelques infos, pas beaucoup de tuyaux. Magazines en français en consultation.

✉ *Poste :* Hafnargata 89. ☎ 421-50-00.

■ *Hôpital :* Skólavegur 8. ☎ 422-05-00.

■ Les *banques* se concentrent autour de l'office de tourisme. Lun-ven 9h15-16h. Distributeurs.

Où dormir ?

⛺ *Camping :* au *Alex Motel,* env 1,5 km au sud du centre par la route 41. ☎ 421-28-00. Fax : 421-42-85. ● www.alex.is ● Compter

750 ISK (7,50 €) par tente. Un peu déprimant, sur un bout de gazon planté au milieu de nulle part et entouré d'une ridicule clôture de bois. Ah, si ! quand même, il y a la route juste à côté ! Sanitaires et coin vaisselle rudimentaires. Bon à savoir : pour les nouveaux arrivants, il est possible de récupérer la nourriture et les affaires de camping (principalement les cartouches de gaz) laissés avant leur départ par les campeurs précédents. Accueil gentil.

🛏 **B & B Guesthouse :** Hringbraut 92. ☎ 421-89-89 ou 867-44-34 (portable). ● bbguesthouse@simnet.is ●

Facile à trouver : c'est sur le grand boulevard est-ouest ; à deux pas du centre. Sinon, on peut venir vous chercher à l'aéroport, demander. Prévoir 7 500 ISK (75 €) la double avec petit déj, qu'on prépare soi-même en se servant dans le frigo. Un hôtel pas folichon de l'extérieur mais qui sent super bon. Tenu à merveille par une proprio charmante, qui fait tout pour que l'on se sente chez soi. Déco fraîche, 2 salles de bains à partager, machines à laver, salon TV avec un grand canapé d'angle, accès Internet gratuit. Une très bonne adresse.

Où dormir dans les environs ?

À Njarðvík

Le village, rattaché à Keflavík, se compose de Innri-Njarðvík et Ytri-Njarðvík. Un petit village paisible avec une jolie église en pierre (de 1886) entourée de son petit cimetière aux tombes un peu kitsch (angelots et loupiotes en plastique).

🛏 **Fit Hostel (auberge de jeunesse) :** Fitjabraut 6A, à 7 km de l'aéroport. ☎ 421-88-89. Fax : 421-88-87. ● www.hihostels.com ● Arrêt de bus juste en face, en venant de Reykjavík (S1). Compter 1 750 ISK (17,50 €) en dortoir pour les membres et 2 100 ISK (21 €) pour les non-membres. Rajouter 500 ISK (5 €) pour une double. Une AJ qu'on aime bien, toute rénovée, un peu austère de l'extérieur, mais vraiment agréable à l'intérieur avec son *hot pot* sur le toit, ses chambres fraîches et bien décorées, son parquet et ses salles de bains sur le palier rutilantes de propreté et toutes carrelées. Internet, cuisine à dispo et accueil des plus souriants, ce qui ne gâche rien. Possibilité de partager un taxi pour l'aéroport, se renseigner à la réception.

Où manger ?

🍴 **Kaffi Duus :** Duusgata 10. ☎ 421-70-80. Situé au bout de la rue principale, au port de plaisance. Tlj 11h-22h. On y mange du bon poisson autour de 2 000 ISK (20 €), quelques plats bien tournés et des snacks à prix raisonnables. Bonne ambiance, joli cadre de bois brun et vue plongeante sur le port. Service aux petits oignons. Gâteaux maison super bons.

🍴 **Restaurant Rain :** Hafnargata 19 (la rue principale). ☎ 421-46-01. Tlj 11h-15h, 18h-22h. Pâtes et plats de poisson à partir de 2 500 ISK (25 €). Cuisine plutôt simple servie dans un cadre très romantique, avec une baie vitrée qui donne sur la mer. Night-club ven et sam soir.

🍴 **Pizza 67 :** Hafnargata 30, en plein centre. ☎ 421-40-67. Pizzas de 900 à 1 500 ISK (9 à 15 €). Cadre banal de *drive-in* à l'américaine, pas désagréable pour boire un verre (mais non-fumeurs).

À voir. À faire

🕯 ***Duushús :*** sur le port, au bout de la rue principale. ☎ 421-37-96. Tlj en été, 13h-17h30. Entrée : 450 ISK (4,50 €).

Dans un vaste hangar qui auparavant abritait une usine de salage de la morue, maquettes de plus de 60 bateaux réalisées par Grímur Karlsson, un ancien capitaine de bateau de pêche féru de modélisme. En à peu près 20 ans, il en a construit plus de 200 ! À côté, salle d'expo d'œuvres contemporaines changées toutes les 6 semaines. Au fond du hangar, tout un bric-à-brac, avec notamment un camion de pompiers de 1947.

➤ *DANS LES ENVIRONS DE KEFLAVÍK*

➤ 🚶 À la sortie de Keflavík, sur la route 41, à Njarðvík, après le supermarché *Bonus,* on peut embarquer sur un ***bateau viking,*** copie du *Gokstad,* découvert en Norvège en 1880, qui pouvait accueillir jusqu'à 70 pers à bord. À côté, groupe de ***maisons en tourbe,*** tlj 13h-17h. Intérieurs sommaires mais ingénieusement équipés.

➤ Entre Keflavík et Hafnarfjörður, emprunter la route 420. ***L'église Kálfatjarnarkirkja,*** l'une des plus grandes d'Islande, se trouve au beau milieu d'un terrain de golf. Plutôt insolite.

Un peu plus loin sur la route, panneau indiquant le début d'une petite balade de 1h env au milieu d'un champ de lave. Cette balade mène à ***Stadarborg.*** Il s'agit d'une ruine circulaire en pierre avec des murs hauts de 2 m et larges de 1,50 m. L'origine en est floue, il pourrait s'agir d'un enclos à moutons. Lieu au milieu de nulle part où il fait bon se recueillir quelques instants.

🕯🕯 ***Byggðasafn Garðskaga :*** à Garður, à la pointe nord-ouest de la péninsule, au pied du phare. ☎ 422-71-08 ou 894-21-35 (portable). Tlj 13h-17h mai-fin août ; le reste du temps, sur rendez-vous. Entrée gratuite.

Un vrai capharnaüm que nous propose là Asgeir Hjalmarsson. Ce vieil homme haut en couleur souffre de fièvre collectionneuse aiguë et bidouille un tas de choses. Il a rassemblé des milliers d'objets qui n'ont pas grand-chose à voir les uns avec les autres : outils agricoles et matos de pêche (dont un bateau à rames de 1913), TSF, œufs d'oiseaux, appareils photo, machines à coudre, à écrire, ou encore un annuaire islandais de 1917 (pas épais, évidemment) ! Il aime aussi réparer les vieux engins et vieux moteurs (plus de 60).

Où camper ?

⛺ Juste à côté du *Byggðasafn Garðskaga,* au pied du phare. Gratuit. Ça souffle furieusement, mais quel panorama ! Pour les douches, piscine à 2 km en direction de Keflavík. Prix : 220 ISK (2,20 €), en sem 7h-21h, w-e 9h-17h.

LE SUD

Le Sud héberge environ 21 000 habitants. C'est la partie la plus touristique du pays. Les premiers moments forts sont Geysir, Gullfoss et Thingvellir, ainsi que les îles Vestmann pour ceux qui ont prévu de s'y rendre. Plus à l'est, s'étirent les plaines inhabitées au pied de l'immense glacier Vatnajökull. Visions surréalistes, instants magiques... Depuis le Sud, les amoureux de la randonnée accéderont aux routes intérieures et aux parcs magiques et reculés de Landmannalaugar, Thorsmörk et Skaftafell. Si vous restez peu de temps en Islande, nous vous conseillons de le consacrer à cette région.

LE « CERCLE D'OR » *(GOLDEN CIRCLE)*

Il s'agit d'une invention du marketing touristique désignant les sites très prisés de Thingvellir, Geysir, Gullfoss et Laugarvatn. Ce sont les sites les plus visités du pays, mais à notre avis ce sont loin d'être les plus intéressants. Quoi qu'il en soit, prenez une journée pour partir à leur découverte : c'est un circuit facile et sympa, doublé d'une bonne entrée en matière pour ceux qui viennent de débarquer en Islande.

Comment « faire » le Cercle d'Or ?

Le circuit fait une boucle au nord-est de Reykjavík en desservant tous les sites qui valent le coup. La compagnie qui assure les transports sur le sud est *Austurleið-Kynnisferðir.* ☎ 562-10-11. ● www.austurleid.is ● Elle offre de nombreuses réducs sur son site internet.
➢ Plusieurs *bus « excursion »* au départ du *BSÍ* proposent le tour en une journée, avec en général un départ le matin et un retour en fin d'ap-m. Renseignements au *BSÍ* (voir les coordonnées dans le chapitre sur Reykjavík). Dans tous les cas, il faudra compter env 6 000 ISK (60 €) pour ce tour. Cela revient beaucoup moins cher de le faire par soi-même, ça c'est clair !
➢ *Bus régulier* (le n° 2) juin-août, qui part de Reykjavík vers 8h30. Problème : il ne passe pas par Thingvellir. Il passe en revanche par Hveragerdi, Selfoss, Gullfoss (où il fait une pause de 1h) et Geysir (pause de 1h aussi), puis Laugarvatn avant de revenir sur la capitale. Un bus supplémentaire le samedi à 17h (celui-là ne s'arrête pas à Gullfoss) et retour vers 21h à la capitale. Un autre bus part de Reykjavík vers 12h30 et revient peu avant 19h. Ce bus s'arrête un peu moins longtemps à Gullfoss et Geysir (30 mn et 1h) mais c'est amplement suffisant. Ce trajet est compris dans l'*Omnipass*.

THINGVELLIR
....

À partir du Xe siècle, les chefs locaux se retrouvaient dans ce champ de lave protégé par deux grandes falaises parallèles. Le site de « l'hémicycle », classé au Patrimoine mondial par l'Unesco depuis 2004, se trouve en face du petit pont qui part devant l'église. Ce fut le premier véritable parlement d'Europe, du nom de *Althing*. Une grande leçon de démocratie donnée par ces Vikings, alors que sur le continent régnaient les intrigues et complots sanglants de l'époque féodale. C'était aussi l'âge d'or des célèbres *sagas*, dont Wagner s'inspirera pour composer son cycle des *Nibelungen*.

Le parlement connut sa plus grande activité entre 930 et 1271 et vit par la suite son pouvoir réduit. Ces assemblées furent supprimées à la fin du XVIIIe siècle, lors des dominations norvégienne puis danoise. Mais c'est à Thingvellir que fut proclamée, en 1944, l'indépendance du pays. L'histoire a bonne mémoire.

Géographiquement, vous êtes ici à cheval entre le Nouveau Monde et l'Ancien puisque vous vous trouvez dans un fossé d'effondrement causé par la dérive des continents. Et il s'écarte de 5 mm par an ! Mais, contrairement à ce que l'on pourrait croire, les paysages sont assez reposants. Il s'agit d'une grande plaine verdoyante. Le lac Thingvallavatn, avec ses 83 km de long, est le deuxième lac d'Islande et le terrain de jeux préféré d'oies et de canards bien portants.

Arriver – Quitter

Pas de bus public. Le plus simple est de prendre un bus « excursion » à Reykjavík au *BSÍ*. Si vous êtes déjà à Laugarvatn (à 25 km) ou Geysir (55 km), vous pouvez tenter le stop, qui marche bien sur cette portion.

Adresse utile

🏢 *Office de tourisme :* Djónustumidstöd, à la jonction des routes, avant d'arriver sur le site. ☎ 482-26-60. ● www.thingvellir.is ● Ouv 8h30-20h juin-août. Cafétéria ouv avr-oct, ainsi que ts les w-e en hiver. Sandwichs peu appétissants et produits de première nécessité. Tte l'année, on peut aussi avoir des infos au *Visitors Center,* de l'autre côté de la faille, au-dessus de l'*Hôtel Valhöll*, (9h-17h). Il propose des écrans tactiles avec plein d'explications en français.

Où dormir ?

⚊ *Camping :* au nord du site, de chaque côté de la route 36. Compter 500 ISK (5 €) par pers. Douches gratuites. Au bord de la route.

⚊ Possibilité de camper au bord du lac, à *Vatnskot.* Sanitaires réduits à des petites huttes préfabriquées avec toilettes et robinets d'eau froide. Compter 500 ISK (5 €) également.

🏠 *Hótel Valhöll :* après le parlement et l'église, au pied d'une falaise de lave. ☎ 480-71-00. Fax : 486-17-18.

● www.hotelvalholl.is ● Tte l'année. À partir de 21 000 ISK (210 €) la chambre double en été, et 17 000 ISK (170 €) en hiver, petit déj inclus. Parfois, tarifs promotionnels plus raisonnables. Tout confort, en face du lac. Un des plus beaux hôtels d'Islande ! Alignement charmant de maisonnettes blanches composé de matières brutes (pierre, ardoise) en harmonie avec les coloris des tapis et des draps. Super accueil. Chaleureuse adresse très cosy.

À voir. À faire

➤ *Balade « historique » :* il faut absolument escalader la faille et s'y promener. Y aller après avoir garé son véhicule en contournant l'*Hôtel Valhöll* par la gauche, ou bien à pied. Vue imprenable sur le lac et ses myriades d'îles. Centre d'infos au sommet. De là, descente au bord de la rivière pour la longer en empruntant un étroit sentier jusqu'à la cascade Öxarárfoss, à l'opposé, sur la droite. Eau limpide à souhait.

➤ *Promenade en voiture :* si vous arrivez de Laugarvatn par la route 36, repartez par la route 361. On longe le lac Thingvallavatn. Très plaisant en fin de journée quand tous les cars sont partis.

➤ Partez aussi à la *découverte du parc à pied* (seul moyen d'accès). Neuf sentiers, pour rejoindre le cœur, Skógarkot. Plus amples renseignements au centre infos (voir ci-dessus), au sommet de la faille.

➤ Balade commentée tlj (en anglais) depuis l'église de Thingvellir à 10h et 15h, concernant l'histoire et la nature des environs.

LAUGARVATN

300 hab.

Petit village s'étalant le long d'un grand lac. Sur la berge, des fumerolles permettent de repérer la source d'eau chaude en face de la piscine municipale. Possibilité d'y louer des barques et des kayaks.

Arriver – Quitter

Laugarvatn se trouve à env 25 km à l'est de Thingvellir par la route 365 (la route entre Thingvellir et Geysir).
➤ *En bus :* situé sur la ligne 2 (voir plus haut, dans « Comment " faire " le Cercle d'Or ? »).

Infos utiles

– Poste, banque, supermarché à la station-service.
– La piscine est ouv tlj 10h-21h sf w-e 10h-18h. Entrée : 270 ISK (2,70 €). *Hot pots,* ponton sur le lac avec des kayaks et des barques, sauna naturel. Dommage qu'il y ait tant de mouches.

Où dormir ?

⊠ *Camping :* à la sortie de la ville, sur la gauche. Compter 600 ISK (6 €) par pers. Terrain gigantesque où il est facile de trouver un coin bien à soi. Douches payantes à l'entrée, demander au snack-bar. Ensemble agréable, avec lave-linge et sèche-linge mais sous-équipé en sanitaires. Les bords du lac sont propices à la prolifération des moucherons.

🏠 *Auberge de jeunesse :* ☎ et fax : 486-12-15 ou ☎ 899-54-09 (portable). ● www.laugarvatnhostel. is ● À la sortie de la ville sur la droite, direction Geysir. Tte l'année. En dortoir, prévoir 1 800 ISK (18 €) par pers pour les membres et 2 150 ISK (21,50 €) pour les autres, ainsi que 800 ISK (8 €) pour le petit déj. Pour les doubles, compter 4 600 ISK (46 €). S'il n'y a personne, allez frapper à la porte de la petite maison sur la gauche, où l'on vous accueillera avec le sourire. Maison située en bord de route avec des chambres pour 1 à 4 pers, sobres mais agréables. Préférez les chambres du 1er étage récemment construit. Mêmes prix, plus vastes et mobilier moderne. Cuisine commune à tous les étages, petit déj et *hot pot.* Possibilité de laver son linge. Loue aussi des studios au sous-sol, l'idéal pour les familles. Déco originale, avec cuisine, salles de bains et terrasse particulière. Le pied !

Deux *hôtels Edda* :

⌂ *ML Laugarvatn :* ☎ 444-48-10. ● www.hoteledda.is ● Sur la route de Geysir en venant de Thingvellir. Ouv de mi-juin à fin août. En sac de couchage, 2 200 ISK (22 €) dans une chambre avec lavabo. En chambre double, 7 200 ISK (72 €) sans salle de bains ; avec, même prix que dans l'autre hôtel *Edda*. Bâtiments tristounets, essayez au moins d'avoir la vue sur le lac... Internet gratuit.

⌂ *Iki :* au bord du lac. ☎ 444-48-20. ● www.hoteledda.is ● Ouv de mi-juin à fin août. Celui-ci est bien plus cher (11 300 ISK, soit 113 €, la double), car les chambres sont toutes équipées de salle de bains. Certaines ont vue sur le lac, mais sont vite prises d'assaut. Réserver.

Où manger ?

|●| *Blaa Skogar :* c'est le snack qui surplombe la route. Tlj 10h-22h30 (23h30 le w-e). Une vraie usine à cholestérol mais il n'y a guère de choix à Laugarvatn. On peut s'en tirer à partir de 500 ISK (5 €) le hamburger, à manger face à l'écran TV qui diffuse les grands films américains.

|●| *Lindin :* Laugarvatni, au bord du lac, près de la piscine. ☎ 486-12-62. Tlj juin-début sept ; le reste de l'année, slt l'ap-m le w-e pour café et pâtisseries. Salades à partir de 2 000 ISK (20 €) et plats à partir de 2 600 ISK (26 €). Menu 3 plats à partir de 2 700 ISK (27 €). La bonne surprise gastronomique du coin. Spécialisé dans le poisson en général et la truite en particulier. Cadre soigné, plats copieux, originaux et service à la hauteur. Jolie terrasse en bois donnant sur le lac. Réserver.

GEYSIR

🍴🍴🍴 👣 Eh oui ! C'est bien de là que vient le mot « geyser », l'une des manifestations volcaniques les plus étonnantes. Un geyser se compose d'un petit cratère dans lequel se déverse l'eau. La colonne d'eau exerce au fond du geyser une pression considérable. La chaleur provoque un jaillissement de cette colonne par intermittence. Puis le cratère se remplit à nouveau d'eau et le phénomène se reproduit. Attention, ça brûle !

Depuis quelques années, le plus célèbre, le « Grand Geysir », était plutôt calme ; mais depuis le tremblement de terre de juin 2000, il a repris son activité et jaillit à nouveau, très irrégulièrement, à des hauteurs de 30 à 60 m. Ne pas trop s'approcher pour éviter les retombées qui peuvent faire très mal. Le « Strokkur » crée le spectacle en propulsant toutes les 5 à 10 mn une haute colonne de vapeur et d'eau (pouvant atteindre 30 m de hauteur).

La zone géothermique s'étend sur 3 km^2 et ne se limite pas aux geysers : on y trouve également des mares de boue bouillonnante et des sources d'eau chaude. Tendez l'oreille et vous entendrez la vapeur qui tente de s'échapper des entrailles de la terre.

Le site n'est qu'un lieu de passage et se résume à la *guesthouse,* l'hôtel, la station-service et le centre consacré à Geysir. Très touristique et rien d'intéressant à faire en dehors de la balade sur l'aire géothermale qui ne vous prendra qu'une demi-heure. Quelques balades tout de même au-dessus du site, comme celle qui mène à 20 mn de là jusqu'à une petite église bordée d'un cimetière émouvant et d'un petit bois enchanté flanqué d'un totem en son centre.

Arriver – Quitter

– Pour s'y rendre, voir plus haut, « Comment "faire" le Cercle d'Or ? ».

Adresse utile

🛈 *Geysir Center :* ☎ 480-68-00. Fax : 486-87-15. ● www.geysircen ter.is ● Tlj 9h-21h. Grand bâtiment où sont réunis le point d'infos touristiques, une cafétéria, une petite épicerie, des magasins de souvenirs et un show payant (250 ISK, soit 2,50 €) consacré aux phénomènes géothermiques. Endroit peu agréable.

Où dormir ? Où manger ?

⋏ *Camping :* en face de la station-service où vous devez d'ailleurs vous adresser pour le règlement. Mais surtout des geysers ! Très sommaire, pourtant terrain pas désagréable. Compter 600 ISK (6 €) par pers. Huttes préfabriquées avec w.-c. Pas de douches mais possibilité de se baigner dans la piscine de l'hôtel ou d'en utiliser les douches.

🛏 *Guesthouse Geysir :* Haukadalur 801. ☎ et fax : 486-87-33 ou 893-87-33 (portable). ● agustath@visit. is ● Situé non loin des geysers. Tte l'année. Compter 5 800 ISK (58 €) la chambre double, 1 700 ISK (17 €) par pers avec sac de couchage en chambre de 3 ou 4 lits ou 2 000 ISK (20 €) en chambre double. Décor saumon et bleu dans les chambres, toutes avec salles de bains. Très bien entretenu. Grande salle à manger avec piste de danse. Cuisine à disposition, salle TV et golf 9 trous. Plutôt bon marché et accueil vraiment très sympathique. Résa impérative.

GULLFOSS

Chutes d'eau hautes de 32 m au débit particulièrement puissant (env 130 m³ par seconde en été, on dit ça pour les connaisseurs !), plongeant dans une fissure très étroite qui fait l'effet d'un grand canyon : voici les *gorges de Gullfoss,* longues de 2,5 km. Pas les plus belles, mais encaissées, très compactes, ces chutes viennent littéralement exploser dans le goulot des gorges. Dante et son Enfer ont certainement fait un séjour ici... Petit expo dans un pavillon sur le parking du haut, consacrée aux spécificités géologiques et écologiques locales. Quant à la chute, son nom signifie « chutes d'Or », à cause de l'arc-en-ciel qui l'enjambe les jours de beau temps. Montez l'escalier depuis le parking également pour avoir une vue d'ensemble du site. Au bord des chutes, attention tout de même... on tient à garder nos lecteurs !
Sur le chemin pour arriver au bas des chutes, on voit la stèle d'une femme. Il s'agit de Sigríður Tómasdóttir : née à la ferme Brattholt (transformée en hôtel) en 1871, elle consacra une grande partie de sa vie à la préservation du site. Notamment en luttant contre des investisseurs dont l'unique but aurait été de tirer profit de la force hydroélectrique des chutes, au détriment de leur beauté...

Arriver – Quitter

Mêmes bus que pour Geysir depuis Reykjavík. Départs à 8h30 et 12h30 de Reykjavík, arrêt à 11h20 et 15h05 à Gullfoss. Retour 1h plus tard.

Où dormir ?

🛏 *Hôtel Gullfoss :* ☎ 486-89-79. Fax : 486-89-19. • www.hotelgulfoss. is • Tte l'année. Pas moins de 13 500 ISK (135 €) la chambre double, petit déj inclus. Hôtel récent avec chambres standard, un peu petites. TV. Accueil sympathique. Salle de resto un peu tristounette avec ses grandes baies vitrées.

LES ÎLES VESTMANN

L'archipel, situé à une dizaine de kilomètres de la côte sud-ouest, est composé de 15 îles et d'une trentaine d'îlots. Ces îles ont été formées à la suite d'une succession d'éruptions sous-marines le long d'une faille de 30 km. Les deux plus grandes sont *Heimaey* (13 km²), la seule habitée, et *Surtsey* (2,5 km²), née en 1963 à la suite d'une éruption sous-marine. On vous avait bien dit que l'Islande était une toute jeune terre !

Les îles Vestmann ont un passé très riche. Leur nom vient d'un événement survenu au moment de la création de l'Islande. Après avoir assassiné le demi-frère de Ingólfur Arnarsson au IXe siècle (voir « Histoire » dans les « Généralités »), ses esclaves, d'origine irlandaise, se sont réfugiés dans ces îles. *Vestmenn* signifie « les hommes venant de l'Ouest », nom que l'on donnait aux Irlandais.

L'accès à l'île de Surtsey est réservé à une poignée de scientifiques qui étudient la faune (6 espèces d'oiseaux) et la flore (une trentaine de végétaux), le boulot ne doit pas être très prenant ! L'érosion a déjà effacé une partie de la surface de l'île et a créé des falaises abruptes comme on en voit sur toutes les îles de l'archipel.

Cela dit, la beauté des îles Vestmann vaut vraiment le détour et mérite une pause de deux, voire trois jours.

Pour les cinéphiles, c'est sur cette île que débarque l'héroïne du film (Élodie Bouchez dans le rôle) *Stormy Weather* de Solveig Anspach.

Arriver – Quitter

De Reykjavík, deux possibilités, uniquement en cas de temps au beau fixe :

En avion

Compter 30 mn de vol. Liaison interrompue en cas de mauvais temps. Deux compagnies :

■ *Icelandair :* ☎ 570-30-30. Fax : 570-30-31. • www.airiceland.is • Trois vols/j. À partir de 9 000 ISK (90 €) l'aller-retour si l'on réserve sur Internet. S'y prendre très à l'avance ou bien profiter des vols de dernière minute.
■ *Flugfélag Vestmannaeyja :* ☎ 481-32-55. Fax : 481-26-52. • www.eyjaflug.is • Système d'avions-taxis avec vols à la demande. S'il n'y a pas un minimum de 5 pers, le vol sera annulé. Bon choix pour ceux qui ont une voiture car les départs se font principalement de Bakki, à une vingtaine de kilomètres de la route 1, au sud de Hvolsvöllur. Vol possible depuis Reykjavík, bien sûr, mais aussi Selfoss, Hella ou Skógar. Depuis Bakki, seulement 5 mn de vol. Compter dans les 5 000 ISK (50 €) l'aller-retour.

En bateau

■ *Compagnie Herjólfur :* ☎ 481-28-00. Fax : 481-29-91. ● www.her jolfur.is ● De Reykjavík, prendre le bus régulier jusqu'à Thorlákshöfn. En été, le bus vous amène juste à temps pour prendre le bateau. Chaque jour, ferry à 12h et 19h30 ; sam, slt à 12h. Hors sais, 1 ou 2 ferries selon le jour de la sem, à 12h aussi.

Les 2h45 de traversée peuvent être assez mouvementées. Compter 3 600 ISK (36 €) l'aller-retour, sans le bus (trajet en bus compris dans l'*Omnipass*). L'alimentation à bord est très chère, prévoir son pique-nique. Au retour, départs à 8h15 et 16h tlj sf sam, slt le mat.

HEIMAEY

Adresses utiles

🖩 *Office de tourisme :* ☎ 481-35-55. Fax : 481-15-72. ● slorn@isholf. is ● Tlj en été 9h (13h w-e)-17h. Vous y trouverez un plan détaillé de l'île avec les balades possibles indiquées.

@ Point de *connexion internet* à la bibliothèque Rádhúströd. Lun-jeu 11h-19h (17h ven).

■ Vous trouverez tous les *commerces* dont vous aurez besoin : poste, banque, supermarché (tlj 8h-19h), station-service (ouv jusqu'à 23h30 ; eh oui, il y a malheureusement des voitures sur cette petite île) et une boutique d'artisanat.

Où dormir ?

⚊ *Camping :* Herjólfsdalur. ☎ 481-20-75. À env 1 km de l'arrivée du ferry, à l'ouest de l'île, en face du golf. Compter 700 ISK (7 €) par pers. Le gardien passe ts les soirs. Bien équipé. Sanitaires très corrects et possibilité d'utiliser gratuitement lave-linge et sèche-linge. Salle commune avec plaques chauffantes. Terrain dans un cadre idyllique, au pied de falaises verdoyantes.

🛏 Si le vent souffle trop fort pour planter votre tente, pour env 1 800 ISK (18 €) vous pourrez dormir en sac de couchage à la *Guesthouse Hreidrid,* (☎ 481-10-45 ; ● eyjamyndir@simnet.is ●), ou encore aux *guesthouses* *Erna* et *Hvlid.*

Où manger ?

|●| *Boulangerie Vilberg :* Bárusti-gúr 7. Au centre. Tlj 8h-18h. Sand-wichs, viennoiseries et laitages à prix intéressants. Possibilité de manger sur place.

|●| *Café María :* Skólavegur 1. ☎ 481-31-60. Menu de spécialités autour de 2 350 ISK (23,50 €) avec soupe et plat (par exemple du macareux). Propose également des sandwichs. Grand choix de plats : pizzas, crêpes, poisson, viande, pâtes. Sans prétention mais cadre agréable.

À voir. À faire

🌋 En 1973, sur Heimaey, un *volcan* éteint depuis plus de 6 000 ans explose dans une gigantesque éruption. À l'aube du 23 janvier 1973, une fissure s'ouvre le long du flanc oriental du cône de l'Helgafell. Une ligne ininterrompue de fontaines de lave illumine le ciel, projetant du magma incandescent à des centaines de mètres de hauteur tout le long de la fracture. En deux jours, le nouveau cône se forme. L'entrée du port a été sauvée par d'importantes aspersions d'eau de mer sur la coulée de lave. La ville fut presque entièrement ensevelie par les cendres, 70 habitations furent recouvertes par la coulée de lave, qui domine encore la ville. Il y eut un mort. Depuis, l'activité a repris dans l'île, qui compte aujourd'hui 4 500 habitants vivant de la pêche.

➤ Faire le tour du volcan par le haut du cratère. Il est dangereux de descendre à l'intérieur, car les chutes de pierres et les éboulis sont fréquents. Ça fume encore. Compter une bonne heure à partir du village. Entre le cratère et l'entrée du port, vous pourrez crapahuter dans la partie « neuve » de l'île (suite à l'éruption, l'île s'est agrandie de 20 %). Terrain instable, soyez prudent et suivez les balisages. Seul signe de vie dans ce chaos impressionnant, *Gaujulundur,* le jardin miniature aménagé sur la lave.

🐦 Allez voir, à partir de la fin mai jusqu'à mi-août, les **colonies de macareux,** estimés à 8 millions (pour ceux qui ne sauraient pas de quoi on parle, un macareux est un petit oiseau palmipède voisin du pingouin, avec un gros bec multicolore, des petites ailes et un air comique, voilà !). Ils vivent sur le rocher dominant le port : accès par des cordes et des échelles. Assez dangereux : on ne le conseille pas à tous. Si c'est pour voir les macareux de près, il y a plus simple : grimper sur la pente herbeuse qui domine le camping. On arrive à une crête vers l'ouest par un sentier facile. On en côtoie des milliers. Le soir, par dizaines, voire par centaines, de jeunes macareux, attirés par la lumière, se baladent dans les rues de la ville.
Vous apercevrez sans doute des chasseurs de macareux avec leurs grands *haveneaux* perchés dans des endroits où il vaut mieux ne pas avoir le vertige. Il est parfois possible aussi de voir des **phoques.**

🐦 Au nord-ouest de la ville, le **fort de Skansinn** a été épargné par la coulée de lave. C'est le seul fort qui ait jamais existé en Islande, et la seule armée qu'ait jamais connue l'Islande fut également créée par la même occasion. Cette initiative fut prise en 1630 après l'invasion de l'île par des pirates venus d'Algérie. Ils kidnappèrent 250 Islandais pour les revendre comme esclaves. Seulement 13 d'entre eux revinrent sur Heimaey. À côté du fort se trouvent les ruines de la piscine d'avant l'éruption.

➤ **Balades en bateau** autour de l'île avec la compagnie *Viking.* ☎ 852-76-52 (portable). Quai sur Ægisgata. Compter : 2 000 ISK (20 €) pour 1h-1h30. Le circuit varie en fonction de l'état de la mer, mais normalement il fait le tour de l'île. Commentaires en anglais très intéressants. Vous verrez les cordes que l'on utilise pour monter sur les îles aux alentours et aux parois trop escarpées pour accoster. Sur certaines de ces îles vivent des moutons ! Exploration de grottes au pied des falaises. Ornithologues, vous n'aurez sans doute jamais vu autant d'oiseaux au mètre carré. Excursion que nous vous recommandons chaudement.

– Avant le camping, **piscine** couverte très agréable. Sauna. Tlj 7h-21h sf w-e 9h-17h.

🐦 **Le musée d'Histoire naturelle :** Heiðarvegur 12. ☎ 481-19-97. Tlj de mai à mi-sept 11h-17h ; le w-e en hiver 15h-17h, sur demande. Entrée : 300 ISK (3 €). On peut y voir différentes espèces d'oiseaux (empaillés) qu'on trouve en Islande, ainsi que des poissons (vivants) regroupés dans un aquarium.

🐦 À voir aussi, **le musée Folk** : Ráðhúströð. ☎ 481-11-94. Dans le même bâtiment que la bibliothèque. Horaires et tarifs identiques au musée d'Histoire naturelle. Exposition intéressante de photos prises avant l'éruption de 1973.

Festival

– L'un des moments forts de l'année aux îles Vestmann est le *Festival de musique rock.* Tous les premiers week-ends d'août, un grand nombre d'Islandais, et surtout la jeunesse islandaise, s'acheminent vers le site du camping. Entrée payante plutôt élevée. Attendez-vous à de véritables bacchanales. Les transports sont prévus en conséquence.

LE LONG DE LA CÔTE SUD

HVERAGERÐI
2 000 hab.

La ville de Hveragerði est construite le long de la rivière Varmá et autour d'une aire géothermique. Ainsi, les serres sont idéalement situées pour exploiter la chaleur du sol. Petit Éden surnommé « la ville des fleurs », première étape après Reykjavík sur la route 1. Nous sommes si proches de la capitale que la plupart des habitants vont chaque jour y travailler.

Arriver – Quitter

🚌 Le *terminal de bus* se trouve à la station *Shell,* Austurmörk 22.
➤ Tous les *bus* passent à Hveragerði, située sur la route 1, et même si un arrêt n'est pas prévu, vous pouvez demander au chauffeur de vous y déposer. Pour les détenteurs du *Full-Circle Passport,* cette étape n'est pas comprise, la 1ʳᵉ possible étant Selfoss, 12 km plus loin.
➤ *Connexions avec Reykjavík :* plusieurs lignes, notamment les nᵒˢ 1, 2, 3 (moins rapide), ainsi que certaines lignes qui viennent de l'est et du sud du pays (mais elles ne s'arrêtent pas toutes ici). En tout, une dizaine de bus chaque jour. Compter 40 à 50 mn de trajet.
➤ *Liaisons avec Selfoss :* mêmes lignes et fréquences que pour Reykjavík, mais dans l'autre sens ! Durée du trajet : à peine 15 mn.
➤ *Liaisons avec Geysir et Gullfoss :* 2 bus/j. dans les 2 sens avec la ligne nᵒ 2, juin-août. Un service supplémentaire ven et sam.
➤ *Correspondances avec Flúdir :* 1 bus/j. (ligne nᵒ 8), juin-août. Prévoir 1h à 1h20 de trajet selon le bus choisi. Idem à l'inverse.

Adresses utiles

🏠 *Office de tourisme :* Breiðamörk 2. ☎ 483-46-01. Fax : 483-46-04. ● www.southisland.is ● En entrant dans la ville, au rond-point, à l'intérieur du centre commercial. Tlj : lun-jeu 9h-11h, 17h-20h ; ven 9h-11h, 14h-16h ; w-e 14h-16h. Internet et simulateur de tremblement de terre.
■ Les *commerces* se trouvent au bout de Breiðamörk, avant d'arriver à la Varmá. Pharmacie, banque.
■ La *poste* et les *supermarchés* sont à l'entrée de la ville, dans le centre commercial. Distributeur à l'office de tourisme.
■ *Piscine :* un peu au-dessus du camping. Tlj 7h-23h30, sf w-e 10h-18h. Entrée : 270 ISK (2,70 €). Deux bassins, un bain naturel et salle fitness.

Où dormir ?

⚊ *Camping :* près de l'école et de la piscine ; à 200 m de cette dernière, remonter l'artère centrale. ☎ 483-46-01 (office de tourisme). Prévoir 500 ISK (5 €) par pers. Dans l'unique bâtiment de ce camping, on trouve quelques douches, w.-c. et lave-linge. Rien pour la cuisine. Peu mais suffisant pour ce petit terrain guère fréquenté.

🛏 *Guesthouse Frost and Fire :* Hverhamar. ☎ 483-49-59. Fax : 483-49-14. • www.frostandfire.is • Tout au bout de Breiðamörk (la rue principale), prendre à droite, au petit panneau discret, le petit chemin qui descend vers la rivière Varmá. Repérez-vous aux fumerolles près du parking ! Tte l'année. Des chambres doubles pour 13 900 ISK (139 €). Si vous souhaitez vous payer le luxe d'une *guesthouse* en Islande, celle-ci en vaut vraiment la chandelle. Chambres avec douche privée. Belle cuisine aménagée derrière une grande baie vitrée donnant sur le torrent. *Hot pots* (juste au bord du torrent), piscine à 38 °C et sauna dans une très belle propriété. L'architecture originale et relaxante nous a enchantés. Huit chambres récentes à l'extérieur, avec salle de bains, toutes décorées d'œuvres originales d'artistes islandais du XXe siècle et dont chacune porte le nom. Dominante bleue, confort total et foultitude de détails charmants. De plus, un monsieur fort aimable sera aux petits soins avec vous. Étape idéale pour buller après une journée bien remplie. On trouve une autre *guesthouse* du même acabit, *Frost and Fire,* à Höfn (même proprio).

🛏 *Eldhestar :* à 1 km de Hveragerði, sur la route de Selfoss. ☎ 480-48-00. Fax : 480-48-01. • www.hotel eldhestar.is • Ce grand haras (plus de 200 chevaux) propose une vingtaine de chambres douillettes pour 15 900 ISK (159 €) en hte sais dans le bâtiment principal, ainsi que des places en sac de couchage pour 3 000 ISK (30 €, avec petit déj) dans de petites cabanes en bois. Un bel hôtel avec salles de bains privées, immense salle à manger, coin-salon, etc. Et le nom des chevaux de la maison à la porte de chaque chambre. Accueil excellent. Organise des excursions en canasson, de 1h à plusieurs jours.

Où manger ?

🍽 *Bakari :* Breidumörk 10. ☎ 486-48-71. Tlj 7h30 (9h w-e)-18h. Soupe du jour à 550 ISK (5,50 €). La petite boulangerie-salon de thé-café-snack où tout le monde se retrouve, jeunes et seniors, du matin au soir. Un vrai lieu de vie. Café à volonté. Terrasse.

🍽 *Kjöt & Kúnst :* Breidumörk 21. ☎ 483-50-10. Tlj. Autour de 2 000 ISK (20 €) pour un plat. Une cafét' classe, avec sa salle claire et ses jolis tableaux. On choisit ses grillades, son poisson, ses légumes et on paie au comptoir. Terrasse aux beaux jours.

– Et si vraiment tout est fermé, au centre commercial, des pizzas, des burgers, etc. Le rêve, quoi !

À voir. À faire

🚶🧍🧒 *L'aire géothermique :* Hveramörk 13. ☎ 483-50-62 ou 899-24-20 (portable). Tlj : lun-jeu 9h-11h, 17h-20h ; ven 9h-11h, 14h-16h ; w-e 14h-16h. Entrée libre. Au cœur de la ville. Vous y verrez le petit geyser Gryla et différentes manifestations géothermiques. Pour la petite histoire, le *Ruslahver,* littéralement la « source d'eau chaude poubelle », servait de dépotoir jusqu'à ce qu'en 1947 un tremblement de terre ne réveille ce petit geyser. Les habitants se sont alors vu restituer leurs déchets !

– Plus haut dans la ville, au bout de Breiðamörk et en bord de rivière, d'autres mini-geysers et fumerolles.

🏃 🚶 *La visite des serres :* il est possible, si l'on demande gentiment, de jeter un œil aux nombreuses serres où poussent des fleurs et des légumes dans toute la ville. On y cultive, entre autres, des tomates, des concombres et des poivrons. Pour ce qui est des fruits, ce sont l'*Eden* (le resto) et l'école nationale d'horticulture qui les font pousser : pommes, oranges, kiwis et bananes. Eh non ce n'est pas une légende ! Il y a près de 200 bananiers à Hveragerði. L'*Eden* possède aussi quelques beaux spécimens de caféiers.

➤ 🏇 *Balades à cheval :* contacter *Eldhestar* (voir « Où dormir ? » plus haut). ● www.hoteleldhestar.is ● Une équipe compétente et enthousiaste. Randonnée à la journée ou sur plusieurs jours autour des volcans, des sources d'eau chaude ou des elfes ! Pour tous niveaux et tous budgets.

➤ L'office de tourisme vend des cartes (600 ISK, soit 6 €) détaillant les *randonnées* à faire dans la région. Une petite marche de 3 km part au nord de la ville ; au terme de la balade, on peut se baigner dans une rivière chaude (très populaire). Plein d'autres sentiers de toutes longueurs, certains aboutissant au lac Thingvallavatn.

SELFOSS

6 000 hab.

C'est la deuxième ville au sud de Reykjavík sur la route 1 (à 57 km), après la traversée d'un plateau d'où l'on a une belle vue sur les environs. Selfoss est avant tout un carrefour et un arrêt obligé pour ceux qui veulent se rendre vers diverses destinations (voir « Quitter Selfoss »). C'est l'occasion de recharger ses batteries. Beaucoup plus pratique de s'arrêter ici plutôt qu'à Reykjavík si l'on a encore des choses à voir alentour. Avant d'entrer dans Selfoss, vous passerez sur l'un des plus grands ponts d'Islande qui enjambe les torrents de la Ölfusa.

Arriver – Quitter

À Selfoss, sur la route 1, se trouve le terminal de *bus* le plus important après Reykjavík, donc pas de difficultés pour s'y rendre.

➤ *Pour Reykjavík :* tte l'année, 6 à 7 bus/j., avec la compagnie *Austurleid.* Durée : 1h.

➤ *Pour Gullfoss, Geysir et Flúdir :* ligne 2 et 2A. Deux bus/j. tte l'année. Un service supplémentaire le sam.

➤ *Pour Thórsmörk :* ligne 9. Un bus/j. tte l'année. En été, 1 bus supplémentaire en sem. Compter 2h30 de route.

➤ *Pour Landmannalaugar :* 1 bus « excursion »/j. de début juin à mi-sept env. Prévoir 3h30 pour y aller, 2h de visite sur place et 5 à 6h pour rejoindre Skaftafell, terminus de la ligne (mais slt de mi-juin à début sept ; sinon, retour direct sur Selfoss). On peut aussi s'arrêter à Kirkjubæjarklaustur si l'on désire revenir sur Reykjavík par la côte sud. Là aussi, le *pass* n'offre qu'une réduc.

➤ *Pour Höfn :* ligne 12. Un bus/j. de début juin à mi-sept. Le trajet dure 8h.

➤ *Pour Vík :* 2 bus/j. de début juin à mi-sept avec la ligne 10. Trajet en 2h ou 3h. Le bus pour Höfn s'arrête aussi à Vík.

➤ *Pour Skaftafell :* prendre soit la ligne pour Höfn (5h de route) soit celle pour Landmannalaugar (10h de route, mais des paysages bien plus intéressants).

➤ *Pour Akureyri :* bus 610 SBA-Nordurleid. Deux bus/j. Durée : 8h.

Adresses utiles

ℹ️ *Office de tourisme :* Austurvegur 2. ☎ 480-19-80. ● www.arborg.is/bo kasafn ● Situé dans la bibliothèque, juste après le pont. Tlj l'été 10h-19h, sam 11h-14h. Fermé dim. Connexion Internet payante.

🚏 *Terminal des bus :* station *Esso,* Austurvegur 46. ☎ 482-34-00. ● www.austurleid.is ●

✉️ *Poste (póstur) :* Austurvegur 26. Lun-ven 9h-16h30.

■ *Nóatún :* Austurvegur 3-5, juste après le pont sur la gauche quand on vient de Hveragerði. Tlj 9h-21h, sf w-e 10h-21h. Bon *salad bar.* Également un *Bonus* plus loin.

■ *Banques :* vous en trouverez à côté du centre commercial *Kjarninn.* Lun-ven 9h15-16h.

■ *Piscine :* Bankavegur 60 (2e rue à droite après le rond-point, direction Vík). Tte l'année. Horaires d'été : tlj 6h45-21h15, sf w-e 10h-20h. Entrée : 310 ISK (3,10 €). *Hot pots,* toboggans, plusieurs bassins.

■ *Supermarché : Kronan,* tlj 11h-19h (20h w-e). Au rond-point avant le pont.

■ *Pharmacie :* au centre commercial *Kronan* (voir ci-dessus).

Où dormir ?

⚊ *Camping et bungalows Gesthús :* Engjavegur. ☎ 482-35-85 ou 897-75-85 (portable). Fax : 482-29-73. ● www.gesthus.is ● Prendre Austurvegur après le pont, puis à droite Reynivellir, après la poste ; aller jusqu'au bout de la rue et tourner à gauche. Compter 500 ISK (5 €) par pers. Sympa et bien équipé. Petit terrain entouré d'arbres, ou plutôt d'arbustes, avec, au centre, une mare où barbotent quelques canards. C'est aussi un jardin public (quelques balançoires pour les enfants). Dans une petite maison sont réunies la cuisine, la salle commune et les machines à laver, le tout un peu cracra. Un peu plus loin se trouvent l'accueil et un petit snack. Douches payantes. Location de bungalows coquets pour 4 pers avec cuisine et TV. Résa conseillée.

⚊ *Fosstún Íbuðahótel :* Eyravegur 26. ☎ 480-12-00. ● www.fosstun. is ● De l'office de tourisme de Selfoss, au rond-point direction Eyrarbakki, à 100 m à droite après le *Selfoss Hotel.* Prévoir 8 000 ISK (80 €) pour deux et 10 000 ISK (100 €) pour quatre. Coup de cœur pour ces chambres vastes, quasiment des studios, bien équipées avec canapé convertible, coin TV, micro-ondes. Cadre aseptisé, carrelage au sol, mais salles de bains privées. Mobilier scandinave. Propreté impeccable. Bon accueil.

Où manger ? Où boire un verre ?

🍽️ *Salad bar du centre commercial Kronan :* voir « Adresses utiles ». Pour 450 ISK (4,50 €), des barquettes débordant de légumes, de pâtes, de boulettes de viande et de taboulé. Yabon !

🍽️ 🍷 *Kaffi Krús :* Austurvegur 7. ☎ 482-16-72. Ferme à minuit en sem et 2h le w-e. Dans une maison coquettement décorée, délicieux gâteaux et sandwichs pour une somme correcte. Si le temps le permet, profitez de la terrasse entourée d'arbres qui donne sur Austurvegur. Le soir, c'est l'un des seuls endroits où boire un verre.

🍽️ *Hrói Höttur :* Austurvegur 22, à côté de la poste. ☎ 482-28-99. Petit resto sans prétention, mais beaucoup plus agréable que celui du terminal de bus. Quatre tailles de pizzas, la plus grande est parfaite pour 2 pers.

Où manger dans les environs ?

|●| *Fjöruburðið :* à Stokkseyri, 14 km au sud de Selfoss. ☎ 483-15-50. Dans une maison noire à côté du grand bâtiment rouge du port. Ouv midi et soir en été, slt le soir en hiver. Ce resto est réputé pour être le temple national de la langouste. Pas la peine de venir manger autre chose ! Pour 250 g du délicieux crustacé – on paie au poids – compter 2 750 ISK (27,50 €). La soupe (à 1 650 ISK, soit 16,50 €), avec son cortège de sauces et de pain, est un super investissement... d'autant qu'on peut se resservir ! Côté cadre, choix entre la terrasse presque en bord de mer, abritée du vent, ou la salle intimiste aux éclairages tamisés, parfaite pour un dîner feutré. Le service est impeccable et très agréable, la cuisine copieuse et extra, bref, on apprécie beaucoup.

HELLA

600 hab.

Ce gros bourg situé entre Selfoss et Hvolsvöllur est la meilleure base pour entreprendre une expédition au volcan Hekla – que l'on aperçoit pas loin – ou au Landmannalaugar. Tranquillement posée au bord de la rivière Ytri-Ranga, Hella est réputée pour sa fête du Cheval.

Arriver – Quitter

🚌 *Terminal de bus :* station-service *Olis.*
➢ *Pour Thorsmörk :* 1 ou 2 bus/j. avec la ligne 9, de début juin à mi-sept.
➢ *Pour Landmannalaugar :* le fameux bus « aventure » relie ce superbe coin 2 à 3 fois/j. Env 2h15 de route. Pour se rendre au volcan Hekla, voir plus loin le chapitre qui lui est consacré. Deux retours/j., mat et fin d'ap-m.
➢ *Pour Eldgjá :* la ligne 11 vous emmène 1 fois/j. jusque-là (et vous ramène !). Slt 15 juil-20 août. Terminus Skaftafell.

Adresses utiles

🛈 *Office de tourisme :* dans la station-service *Olis.* ☎ 487-51-65. ● www.rangarthingytra.is ● Tlj 8h-18h30, sf sam 10h-14h. Fermé dim et en hiver. Accès Internet.
■ *Distributeur de billets* et *super-* *marché* à côté de l'office de tourisme.
■ *Piscine* tlj 7h-21h (10h-19h w-e). Horaires restreints en hiver. Sauna, solarium, *hot pots*...

Où dormir ? Où manger ?

⛺ |●| *Camping Arhus :* sur la route qui part en face de la station-service *Olis.* ☎ 487-55-77. Fax : 487-54-77. ● www.arhus.is ● Réception au café *Arhus.* Pour camper, compter 600 ISK (6 €). Accepte les sacs de couchage (1 850 ISK, soit 18,50 €). *Cottages* pour 4 pers à partir de 5 250 ISK (52,50 €) avec sanitaires à l'extérieur et 8 100 ISK (81 €) avec douche et w.-c. à l'intérieur. Camping très agréable et bien équipé : grande cuisine collective, sanitaires bien tenus. Au resto, dans un cadre peu intéressant, à part la terrasse en bord de rivière, on trouve des *burgers, fish and chips,* etc.

🛏 *Guesthouse Brenna :* Thrudvangur 37. ☎ 487-55-32 ou 864-55-31 (portable). Fax 872-19-32. ● toppferd@mmedia.is ● En venant de Hvolsvöllur, au grand carrefour avec la station-service, prendre la rue perpendiculaire à droite et longer la rivière. En duvet, compter 1 900 ISK (19 €) par pers. Une adresse remarquable par sa simpli-cité, sa joliesse, le naturel de l'accueil et tous ces petits détails qui font la différence... Il s'agit d'une maison-nette rose bonbon posée au bord de la rivière, à 500 m du centre. Très propre. Deux cuisines, petit salon tout en longueur. Les douches com-munes sont dans un bâtiment voisin. La proprio habite dans la maison d'à côté, noyée sous les fleurs. Un petit bonheur pour pas cher.

Fête

– *Fête du Cheval :* le 1er w-e de juil, ts les 2 ans. Prochaine édition en 2008. Compétition d'élevage et courses.

LE VOLCAN HEKLA

C'est le volcan le plus connu d'Islande. Culminant à 1 491 m, il reste très actif : la première éruption enregistrée date de 1104, la dernière de 2000 (elle a duré 11 jours). Au total vingt autres éruptions, causant à chaque fois de grands dégâts. Au Moyen Âge, on croyait ferme que c'était la porte de l'Enfer ! Avant d'entreprendre la grimpette (plutôt facile) de ce volcan, renseignez-vous quand même sur les conditions météo auprès de l'office de tourisme de Hella. Sinon, allez-y accompagné avec *Toppferdir*. Renseignements à la *Guesthouse Brenna* à Hella.
Paysages chaotiques, champs de lave à perte de vue. Un livre d'or, dans une boîte sur une table au milieu de nulle part, vous attend au pied du volcan. C'est un de nos sites préférés !

Comment y aller ?

➢ *En voiture :* la route 26 est asphaltée. Une voiture normale est donc suffisante pour rejoindre le croisement avec la piste F225. Là, par contre, un 4x4 est plus indiqué. Si vous n'en avez pas, parcourez à pied la dizaine de kilomètres restant jusqu'au parking, au pied du volcan. Ensuite, hardi petit ! La grimpette est assez facile mais longue : compter 3-4h jusqu'au sommet.
➢ *En bus :* eh oui, c'est possible ! Il faut prendre la ligne 11 qui se rend à Landmannalaugar et descendre à Leirubakki ou, si le chauffeur accepte de vous y déposer, à la jonction avec la piste pour Hekla. Puis il faut finir à pied, comme nous le disons plus haut. Le bus arrive à Leirubakki vers 10h45 et repasse dans l'autre sens vers 16h15.

Où dormir ? Où manger dans les environs ?

La ville la plus pratique pour se baser avant d'aller à Hekla est Hella. Sinon, il existe une *guesthouse* (avec une station-service) plus proche du volcan.

🛏 |●| *Guesthouse Leirubakki :* située une petit vingtaine de kilomè-tres avant le volcan, sur la route 26. ☎ 487-87-00 ou 893-50-46 (porta-ble). ● www.leirubakki.is ● Au choix : hébergement dans la grande demeure en sac de couchage pour 2 200 ISK (22 €) par pers. Ou bien

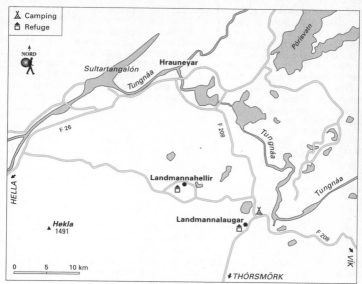

LA RÉGION DE LANDMANNALAUGAR

dans l'annexe très bien aménagée et pimpante, pour 15 300 ISK (153 €) en chambre double avec sanitaires privés. Petit déj en sus (900 ISK, soit 9 €). Possibilité de camper pour 700 ISK (7 €). Les proprios sont très accueillants. Restauration (crêpes délicieuses), location de chevaux et centre d'info sur les volcans.

➤ *DANS LES ENVIRONS DU VOLCAN HEKLA*

The Hekla Center Leirubakki : sur le site de la *Guesthouse Leiru-bakki.* ● www.leirubakki.is ● Entrée : 500 ISK (5 €). Encore en construction lors de notre passage, derrière ce mur de lave, ce centre d'info essaiera de répondre à vos questions sur le volcanisme. Films, simulateur, resto.

LANDMANNALAUGAR

N'ayons pas peur des mots, Landmannalaugar est le site volcanique le plus grandiose d'Islande. On peut y faire de nombreuses et magnifiques balades alentour ou repartir avec le bus, 1h plus tard, le temps d'un bon bain dans les sources d'eau chaude.
Un minibus-épicerie passe tous les jours en haute saison.

Arriver – Quitter

En bus

➤ *De Reykjavík :* un bus « excursion »/j. (ligne n° 11) de mi-juin à début sept en direction de Skaftafell via Landmannalaugar. Le réserver sur Internet, pour être sûr d'avoir une place, sans oublier d'imprimer son *voucher*. On peut le prendre à Selfoss ou Hella. Dernier arrêt avant de quitter la route 1 : Leirubakki, où se trouve la *guesthouse* la plus proche du parc naturel. Mais on peut atteindre Landmannalaugar en bus jusqu'au terminus. La totalité du trajet, de Reykjavík à Skaftafell (11h de route), revient à 8 100 ISK (81 €) ; depuis Hella, compter 6 500 ISK (65 €). Le bus s'arrête 2h à Landmannalaugar puis 1h à Eldgjá. On peut faire le trajet dans la journée mais aussi, bien sûr, s'arrêter pour la nuit et prendre le bus du lendemain. Piste très difficile. Bien s'accrocher aux sièges, ne pas craindre de se faire bousculer ou même d'avoir mal au cœur. Émotions fortes garanties. Le trajet se fait aussi dans l'autre sens.

➤ **De Mývatn :** 1 bus *Austurleid* lun, mer et ven juil-fin août. Compter 7 200 ISK (72 €) et 10h de route ; 30 % de réduc si vous avez l'*Omnipass* et 10 % si vous avez le *Full-Circle Pass.* Passe par les chutes de Goðafoss. Dans l'autre sens, 1 bus dim, mar et jeu.

En voiture

➤ En venant de Hella par la F26, la piste est accessible aux voitures normales. En revanche, la piste F208, bien que roulante, est théoriquement réservée aux 4x4. Ceci dit, certains empruntent cette route avec une voiture. C'est possible. On se gare juste avant les deux derniers gués, que l'on peut ensuite traverser à pied grâce à deux ponts. Renseignez-vous à l'office de tourisme de Hella avant d'entreprendre ce trajet. Et n'oubliez pas que l'assurance vous interdit d'emprunter les pistes commençant par un « F » avec un véhicule à deux roues motrices. Quant à la piste entre Landmannalaugar et Eldgjá, elle est vraiment réservée aux 4x4 : il vous faudrait faire demi-tour pour rejoindre Hella et la route 1. Autre chose : surtout ne pas oublier de faire le plein et de prendre un jerrican au cas où, car on ne trouve aucune station-service dans le coin.

➤ En venant de l'est, prendre la F208, env 20 km après Kirkjubæjarklaustur. Piste facile jusqu'à Eldgjá, plus compliquée ensuite.

Où dormir ?

Camping sauvage interdit.

⚕ 🏠 On peut dormir dans le **refuge du Landmannalaugar** ou, en cas d'affluence, camper devant (w.-c., eau). Géré par l'association de randonneurs *Ferðafélag Íslands.* ☎ 568-25-33 ou (en été) 854-11-92 (portable). ● www.fi.is ● Tte l'année. Souvent complet en été. Compter 2 200 ISK (22 €) par pers en dortoir et 800 ISK (8 €) pour le droit de camper. Réduc pour les membres de la FÍ. Cuisine équipée (mais il faut payer un supplément pour pouvoir l'utiliser !), bains chauffants, douches payantes. On vous y remet un dépliant très bien fait sur le secteur et une carte détaillée. Sympa, mais cher (comme à Hveravellir et tous les autres sites difficiles d'accès). Plus d'inondation à craindre : une digue sépare le terrain de la rivière. Magnifiques balades à faire dans les environs : champs de lave, lacs, fumerolles, montagnes aux cent couleurs, etc. À 50 m du refuge, sources naturelles d'eau chaude à 40 °C. Le camping propose aussi des excursions à cheval dans la réserve, absolument superbes.

🏠 Autres refuges sur les parcours de rando. Ils sont indiqués sur les plans.

|●| Le vieux bus du refuge converti en **snack-épicerie** fonctionne en été.

Une superbe randonnée

➢ **Le trek Landmannalaugar-Thórsmörk :** voilà une randonnée de toute beauté. Trois jours (certains le font en quatre, selon vos possibilités !) de marche environ à travers les paysages volcaniques de Landmannalaugar, les glaciers et leurs névés, les déserts de cendre, les champs de lave, les arbres difformes de Thórsmörk... Un concentré d'Islande sur 55 km ! Magnifique ! Bien sûr, ça se mérite : beau temps aléatoire et terrain très accidenté. **BIEN S'ASSURER DES CONDITIONS CLIMATIQUES AVANT D'ATTAQUER LE TREK.** C'est écrit assez gros ? Les couleurs jaunes, vertes, marrons, les reliefs volcaniques, les renards, les saumons et les moutons seront vos compagnons de randonnée !

On effectue plus souvent le trajet dans le sens Landmannalaugar-Thórsmörk, car ça descend un peu et puis on peut se ravitailler plus facilement à l'arrivée. Compter en moyenne 5h de marche par jour.

Le chemin est bien balisé, mais munissez-vous quand même de la carte au 1/100 000 *Thórsmörk-Landmannalaugar* (vous pouvez l'acheter en France, chez *Voyageurs du Monde* (voir « Comment y aller ? » au début du guide), au même prix qu'à Reykjavík ou, plus simplement, dans les offices de tourisme et les stations-service de la région. En complément, vous pouvez vous procurer les petites cartes de la région (plus précises) auprès des gardiens. Ce n'est pas superflu en cas de brouillard, car les marqueurs en bois sont parfois éloignés de plus de 100 m les uns des autres (quand ils ne sont pas en plus recouverts par la neige).

Info utile et équipement

– Les guides de montagne organisent aussi des treks accompagnés si vous le souhaitez, en 5 j. Renseignements : ☎ (à Reykjavík) : 587-99-99. Fax : 587-99-96. ● www.mountainguide.is ● Assez cher.

– On peut acheter des victuailles et des cartouches de gaz à Ladmannalaugar avant le départ.

– N'oubliez pas de bons vêtements imperméables type Gore-Tex ; plusieurs couches (tee-shirts, polaire, etc.) sont nécessaires.

– Des chaussures de marche déjà faites à vos pieds, un bonnet et des gants *windstopper*. Ça souffle fort parfois !

– Des bâtons (de ski, ça suffira) et des sandales en plastique (pas des tongs) pour le passage des gués.

– Des boules Quiès en refuge sont utiles pour cause de voisinage ronflant !

– Si vous optez pour le camping, un sac de couchage très résistant au froid (les températures descendent souvent en dessous de 0 °C).

– Une paire de jumelles peut être utile, ne fût-ce que pour choisir les bons chemins !

– Pas besoin de matos pour la cuisine si vous dormez en huttes, elles sont bien équipées.

Où dormir ?

Sur le trajet, il y a plusieurs refuges, propres et bien équipés, mais sans micro-ondes. Le plus souvent, les douches sont payantes, les toilettes à l'extérieur (pas facile, la nuit !). On peut y dormir avec un duvet (env 2 200 ISK, soit 22 €), mais il vaut mieux emporter sa tente à partir de la mi-juillet du fait de l'affluence et des résas. Le camping sauvage est interdit ; on peut camper devant les refuges, pour 600 ISK (6 €) par pers et par nuit. Pour infos et résas, contacter *Ferðafélag Íslands*. ☎ 568-25-33. ● www.fi.is ●

Suggestion de parcours

On peut découper ce parcours en 4 tronçons avec, à chaque étape, un refuge. Le parcours proposé ne l'est qu'à titre indicatif. Chacun fera son propre trek, en s'arrêtant ici ou là. On voit pas mal de trekkeurs filer direct, alors qu'il y a plein de sentiers surprenants à découvrir en route (que vous découvrirez sur les cartes locales des environs). Le plus souvent, le trek se décline comme suit : de Landmannalaugar à Hrafntinnusker (refuge *FÍ*), de là à Reykjafjöll (refuge *FÍ*) ou Alftavatn (refuge *FÍ*). Après Alftavatn, bien faire attention de passer à gauche du mont Hallfell pour ne pas avoir à couper n'importe où, au petit bonheur la chance. D'ailleurs, il est déconseillé de sortir des sentiers : c'est parfois périlleux et on se rend vraiment compte que cela pourrait fragiliser la végétation déjà si pauvre. Ne pas oublier de prendre de petites sandalettes pour passer les gués et éviter le supplice des pierres en plus de la torture de l'eau (3 °C !). Puis Emstrur (refuge *FÍ*). Balade géniale dans les gorges de Markatflojogur. Le Grand Canyon en vert ! Enfin, arrivée à Thórsmörk (refuge *Utivist* ● www.utivist.is ● ou *Iceland Excursions*).

Emporter toujours de l'eau (car celle des rivières est boueuse) et un surplus de provisions, en cas de halte obligée pour cause de mauvais temps. D'ailleurs, ne vous aventurez pas trop loin des refuges dans ces cas-là.

Et pour les plus courageux...

Certains poussent le plaisir jusqu'à Skogar, à pied toujours. On arrive derrière les chutes d'eau... Si ça reste magique, c'est quand même pas de la tarte. Pour randonneurs plus que confirmés. Voir plus loin « Thórsmörk ».

– Ceux qui ne pourront pas faire l'expédition se feront un petit plaisir quand même avec leur moyen de locomotion, en prenant la route 26 puis F225. Stop possible à Afangil pour voir le site de Skjólkvíar. La dernière éruption a eu lieu en 2000 !

HVOLSVÖLLUR   680 hab.

Petite ville sans intérêt située sur la route 1, mais étape possible lorsqu'on revient de Gullfoss et Geysir. En revanche, pas terrible sur le plan de l'hébergement.

Arriver – Quitter

Les bus partent de la station-service *Esso*, sur Austurvegur.

➢ *Liaisons avec Selfoss et Reykjavík :* 4 à 6 bus/j. en été avec la ligne 10.

➢ *Pour Thórsmörk :* 1 à 2 bus/j. avec la ligne 9, début juin-début sept.

➢ *Pour Vík :* lignes 10 et 11, 1 à 2 bus/j. Dans les 2 sens, comme d'hab'.

➢ *Pour Höfn :* 1 bus/j. de début juin à mi-sept. Trajet en 5h.

➢ *Pour Eldgjá :* la ligne 11 entre dans les terres sauvages du sud du pays, en contournant le glacier Mýrdalsjökull par le nord, empruntant la F261 puis la F210. Un bus/j. 15 juil-20 août et 4h de trajet. Retour dans la foulée. Une jolie expédition.

Adresses utiles

🛈 *Office de tourisme :* Hlíðarvegur. ☎ 487-87-81. Fax : 487-87-82. ● njala@njala.is ● Tournez au niveau de la station *Esso,* passez le croisement, puis ce sera sur votre droite.

L'office de tourisme est situé dans le musée de la *Saga.* Tlj 9h (10h w-e)-18h. Accès Internet.

✉ *Poste :* devant la station *Esso.* Tlj 9h-16h30.

■ Un ***supermarché*** avec micro-ondes et 2 ***banques*** sont situés à côté de la poste.
■ ***Piscine,*** à l'écart du centre, pas loin de l'*Hôtel Hvolsvöllur,* tlj 7h-21h sf w-e 10h-19h. Entrée : 250 ISK (2,50 €). *Hot pot.*

Où dormir ?

⊠ |●| ***Camping :*** quand on vient de Selfoss, première à droite, juste avant la station *Esso.* ☎ 487-80-43. Compter 500 ISK (5 €) par pers. Terrain propre, divisé par des rangées d'arbustes. Pas très fréquenté. Pas de douche, sanitaires à peu près propres. Pas de cuisine, mais grande cafétéria à côté de la station *Esso.*
🏠 ***Guesthouse Asgardur :*** continuer tout droit après l'office de tourisme sur la route 261, route sur la gauche, puis à droite de l'église, en face d'une grande maison jaune (indiqué). ☎ 487-57-50. Fax : 487-57-52. ● www.asgardur.is ● Compter 2 550 ISK (25,50 €) en sac de couchage et 9 900 ISK (99 €) pour deux en lit fait. Petit déj en sus. 9 *cottages* de 2 chambres chacun, avec douche, w.-c. et cuisine. Il y a même des chevaux. Très sympa.
🏠 ***Hôtel Hvolsvöllur :*** Hliđarvegi 5-7. ☎ 487-80-50. Fax : 487-80-58. ● www.hotelhvolsvollur.is ● Tte l'année. Compter 2 500 ISK (25 €) en sac de couchage, de 7 700 à 14 630 ISK (77 à 146,30 €) pour une double selon que la salle de bains est privée (nos préférées) ou à partager. Sauna, solarium et jacuzzi.

Où manger ?

|●| ***Station-service Esso :*** Austurvegur, en plein centre. Buffet à 1 520 ISK (15,20 €) avec soupe, pain, plat du jour, *salad bar,* soda et café ! La belle affaire. Pas mauvaise du tout, cette adresse très fréquentée. Un des meilleurs rapports qualité/prix du coin. Fait aussi snack.

À voir

🎋 ***Le musée Sögusetrid :*** dans le même bâtiment que l'office de tourisme. En été, mêmes horaires que ce dernier. Entrée : 500 ISK (5 €). Relate la *saga de Njals,* la plus célèbre de toutes, écrite aux alentours de 1280 par un inconnu. C'est l'histoire de Gunnar de Hliðarendi, preux chevalier, et de son ami Njals de Bergthorshvoll, sage renommé. Mieux vaut acheter le bouquin à la librairie du musée, triste à souhait.

➤ DANS LES ENVIRONS DE HVOLSVÖLLUR

🎋 ***Seljalandsfoss :*** à une vingtaine de kilomètres de Hvolsvöllur, au bord de la route 1 en direction de Skógar, route 249, sur la gauche au début de la route. Encore une chute, haute de 40 m, mais c'est la seule derrière laquelle vous pourrez disparaître. Empruntez le petit sentier qui en fait le tour. Attention, terrain glissant. C'est magique !

Où camper près des chutes ?

⊠ ***Camping Hamragardar :*** à 500 m à droite après les chutes. ☎ 487-89-20 ou 867-85-79 (portable). Compter 500 ISK (5 €) par pers. Douches payantes. Pas encore de salle pour cuisiner (ça viendra !). Propreté limite, mais quelle vue !

THÓRSMÖRK

Thórsmörk, « le bois de Thor », est un site superbe (la vallée préférée des Islandais), à environ 140 km au sud-est de la capitale et au pied du glacier Mýrdalsjökull, 4e du pays en superficie. On ne peut y accéder qu'en été, principalement à cause du niveau élevé des rivières et donc des passages de gués difficiles.

Superbe balade à pied jusqu'au glacier. De l'arrêt de bus, partir sur la gauche du petit magasin et traverser le cours d'eau (il y a un pont qu'on atteint par un petit chemin qui part sur la droite, à flanc de montagne). En tout, à peu près 1h de marche.

Autre idée de balade : un sentier balisé plus long part en direction de Skógar. Il faut bien compter 12h de marche (attention, ça grimpe fort) pour ces 20 km. Deux refuges se trouvent à mi-chemin, mais difficile d'avoir les clés. Bien se renseigner avant le départ. Ce sentier passe entre les glaciers du Mýrdalsjökull et de l'Eyjafjallajökull. Assez périlleux quand même. Mieux vaut emporter une carte détaillée et prendre des conseils afin de ne pas se perdre. Cette randonnée peut être un bon prolongement de la randonnée Landmannalaugar-Thórsmörk, indiquée plus haut, mais elle propose des difficultés un cran au-dessus quand même. Elle permet en une journée de récupérer la route 1 et le service de bus du tour de l'île. Les paysages sont vraiment splendides.

Arriver – Quitter

➤ Certains organismes de Reykjavík y organisent des w-e. Demander les adresses à l'office de tourisme. On paie le transport et l'hébergement. Apporter ses provisions et son sac de couchage.

En bus

On prend le n° 9 à Reykjavík, Selfoss, Hella ou Hvolsvöllur, moyennant un supplément pour ceux qui ont le *Full-Circle Passport* ou l'*Omnibus Passport*. À titre d'exemple, compter autour de 3 700 ISK (37 €) depuis Reykjavík et 1 990 ISK (19,90 €) depuis Hvolsvöllur.

Le bus met 3h30 depuis la capitale pour se rendre sur place, reste là-bas pendant 3h30 (largement assez) et repart dans la foulée. Il y a 1 bus/j., le mat (1er juin-début sept) et 1 bus supplémentaire, en fin d'ap-m, lun-ven (15 juin-15 août). Ce 2e bus vous contraint à passer la nuit sur place (refuges ou camping), pour revenir à la civilisation par le 1er bus du mat ou par celui de l'ap-m.

En voiture

En voiture normale, impossible d'y aller (à la limite, en Land Rover ; dans ce cas, prendre la 249, puis la F249, mais seulement, et nous pesons nos mots, pour des conducteurs habitués à ce genre d'obstacles), car on traverse des cours d'eau. Accès possible par la 261, piste caillouteuse mais praticable à condition de tester la hauteur de chaque gué avant de s'y engager. Une astuce : les samedi et dimanche, les Islandais y vont en week-end, on peut toujours les attendre : eux savent s'ils passent les gués. Compter une vingtaine de gués, tous plus ou moins profonds. Éviter absolument le dernier au pied du glacier, qui s'apparente d'ailleurs plus à un torrent (profond de surcroît) ! Il est en effet préférable, à partir d'ici, de continuer à pied, en prenant le petit pont à gauche de la piste, pour admirer le site.

Où dormir ?

⚐ ⌂ En cas de mauvais temps, il vaut mieux passer la nuit dans un *refuge,* gardé et chauffé. Celui de *Thórsmörk* est géré par *Ferðafélag Íslands.* ☎ 568-25-33. ● www.fi.is ● Compter env 2 200 ISK (22 €) par pers pour la nuit. Pour camper, compter 600 ISK (6 €). Il en existe un autre, le *refuge*

de Fimmvörðúhals, entre le Mýrdalsjökull et l'Eyjafjallajökull (☎ 562-10-00. ● www.utivist.is ●) et un dernier à *Húsadalur,* la station de bus. Réserver paraît judicieux car le site est d'autant plus fréquenté que la saison touristique est brève. Les refuges affichent alors souvent complet.

SKÓGAR

Immense plage de sable noir battue par les vents et parsemée de gros blocs de lave avec, en arrière-plan, la silhouette massive du Mýrdalsjökull, mais Skógar est à plusieurs kilomètres du rivage. À côté du village (30 habitants au bas mot !), la Skógafoss, magnifique chute d'eau de 60 m de haut alimentée par le glacier.
Attention, aucun commerce. Pas d'essence non plus (première pompe à 5 km vers Hvolsvöllur). Il faut donc se ravitailler avant.

Arriver – Quitter

➢ *De Reykjavík (via Selfoss, Hella et Hvolsvöllur) :* 3 bus/j. 1er juin-15 sept.
➢ *Depuis et vers Höfn :* 1 seul bus/j., le n° 12, 1er juin-15 sept également. Idem en sens inverse. Demander l'arrêt hors sais.
➢ *Pour Vík :* 3 bus/j. 1er juin-15 sept.

Où dormir ? Où manger ?

⚐ *Camping :* pratiquement en face de la chute. ☎ 487-88-43. Prévoir 500 ISK (5 €) par pers. Petite cabane avec toilettes et éviers. Pas de douche. Mais le bruissement de la chute pour s'endormir...

⌂ *AJ de Skógar :* au pied des chutes. ☎ 487-88-01 ou 899-59-55 (portable). Fax : 487-89-55. ● skogar@ hostel.is ● Prévoir 4 900 ISK (49 €) pour 2 membres et 5 600 ISK (56 €) pour les non-membres. Nuits en dortoir également. Pas l'AJ la plus gaie du pays. Pas de fantaisie, mais pratique, avec sanitaires communs corrects mais en sous-nombre et cuisine à disposition. *That's all folks !*

⌂ |●| *Hôtel Edda :* ☎ 444-48-30. ● www.hoteledda.is ● Ouv début juin-fin août. Compter 7 200 ISK (72 €) la chambre double sans salle de bains, sans petit déj. Sacs de couchage

acceptés : prévoir 1 150 ISK (11,50 €) en sac de couchage dans un grand gymnase. Deux grandes bâtisses grises des années 1950. Un peu triste. Le soir, copieux et bon buffet pour 3 200 ISK (32 €). Idem pour le petit déj. Piscine et bains chauffants extérieurs, payants.

⌂ *Ferme Drangshlíd :* à 1,5 km à l'ouest de la chute, sur la route 1, à droite quand on vient de Skógar. ☎ 487-88-68. Fax : 487-88-69. ● www.drangshlid.com ● Tte l'année, slt sur résa en hiver. Compter 11 900 ISK (119 €) la double avec salle de bains. Ils ont quand même gardé des chambres pour les sacs de couchage : compter alors 3 000 ISK (30 €) par pers. Des chambres pas bien grandes mais mignonnes et confortables. Petit déj copieux. Service souriant.

Où dormir ? Où manger dans les environs ?

🛖 |●| *Country Hótel Anna :* à Mold-nupur, route 246, entre Skógar et Hvolsvöllur. ☎ 487-89-50 ou 899-59-55 (portable). Fax : 487-89-55. ● www.simnet.is/moldnupur ● Compter 15 100 ISK (151 €) en saison et 9 500 ISK (95 €) en hiver. Dîner entre 2 300 et 2 600 ISK (23 à 26 €). Enfin une vraie adresse de charme. Cette ferme est tenue par la même famille depuis plus d'un siècle. Dans les 5 chambres, véritable mobilier de style glané dans des ventes aux enchères hollandaises sur Internet ! Un assemblage génial et inédit en Islande... Chambres tout confort, avec de superbes salles de bains, minibar, TV satellite. C'est aussi une excellente table, où le patron vous servira avec fierté le tendre agneau de sa ferme. Salon confortable, une campagne charmante alentour, au pied du glacier. C'est vraiment le coin idéal pour passer un séjour intime et reposant. Vu le petit nombre de chambres et la qualité de l'endroit, une résa s'impose.

À voir

🎒🏃 *Folk Museum (Musée folklorique) :* à l'est du village, à côté de l'*Hótel Edda*. ☎ 487-88-45. ● www.skogasafn.is ● Tlj : juin-août 9h-18h30, mai-sept 10h-17h, le reste de l'année 11h-16h. Entrée : 700 ISK (7 €). S'il n'y a qu'un musée « populaire » à visiter, c'est celui-là. Tant pour la collection, de premier ordre, que pour l'accueil et les explications données, ce musée fondé en 1949 est très intéressant. Le vieux conservateur, Thordur, est une star locale ! Ses jeunes acolytes, comme Hans, ont la passion du folklore chevillée au corps. Bibliothèque de grande valeur. La pièce maîtresse est une bible qui fut la première imprimée en Islande (1584). Salle maritime remplie de vestiges de naufrages, où trône un bateau de pêche de 1855, en chêne. Selles de femmes pour chevaucher en amazone, statuette rare d'un dieu païen (Xᵉ siècle) et, pour finir, une vaste collection d'ustensiles. Notez les mitaines à deux pouces : en mer pour une longue période, les pêcheurs n'avaient qu'à retourner leur mitaine usée et à l'utiliser de l'autre côté. Quelques bouteilles de vin sauvées de naufrages, divers objets aux pouvoirs maléfiques... Vieille machine à laver-essoreuse en bois utilisée jusque récemment, estomac de baleine réutilisé comme flotteur, patins à glace en os ; bref, plein d'objets étonnants que vous ne verrez nulle part ailleurs. À ne pas manquer. À la boutique, petit livre sur les légendes islandaises en français. Et la fameuse légende des elfes enfin dévoilée !
– Dehors, on peut visiter quelques fermes reconstituées ainsi que la plus vieille maison de bois du comté. Le bois provient d'un bateau français échoué sur cette plage en 1878, dont on peut apprécier d'autres vestiges au Musée folklorique.

🎒🏃 *Le musée des Transports et des Télécommunications :* mêmes horaires et même ticket que le Musée folklorique. Tous les moyens de transport, du cheval à l'auto. Beaux spécimens de voitures des années 1920 et 1930. Impressionnants engins : chenilles, chasse-neige de la fin des années 1920, tracteurs, etc.

➤ *DANS LES ENVIRONS DE SKÓGAR*

🎒🏃 *Skógafoss :* au nord de Skógar. Avis aux âmes courageuses, le trésor du colon Drasi est toujours derrière le rideau de la chute ! Lorsqu'il n'y a pas encore de bus pour Thórsmörk ou Landmannalaugar, on peut partir de cette spectaculaire cascade de 60 m pour s'y rendre. Le sentier est à droite de la chute. Montée assez raide et chemin pierreux, mais récompense au sommet entre les glaciers Mýrdalsjökull et Eyjafjallajökull. S'arrêter au refuge si l'on veut profiter pleinement du site. Sinon, compter 8h pour atteindre la vallée de Thórsmörk (27 km).

➢ *Balades en skidoo sur le Mýrdalsjökull :* ☎ 487-15-00. Fax : 487-14-96. Une façon originale et spectaculaire de découvrir le glacier que sur ces petits scooters des neiges ! On vous fournira bottes et combinaison chaudes, et vous serez acheminé sur le glacier. Renseignements dans la tente rouge au pied des chutes de *Skógafoss* avec les *Moutain guides* (guides de montagnes). Très compétent et pro.

🌂🌂 *Le Sólheimajökull :* à une dizaine de kilomètres à l'est de Skógar, on accède sur la gauche à une piste de pierre et de sable noir ; 4x4 préférable mais on peut tenter le coup en voiture normale. Langue de glace qui plonge dans un lac. Fascinant. En chemin, une légère odeur de soufre vient par moments chatouiller les narines. Après quelques minutes, au bout de la piste, face à cette masse noire surmontée de glace, on entend soit le clapotis de l'eau produit par la fonte des neiges, soit les craquements de la glace, selon la saison...

🌂 Plus loin, par la route 1, quelques kilomètres avant d'arriver à Vík, bifurquer vers *Reynishverfi* sur la route 215. Site grandiose au soleil couchant. Paysage très vert, quelques maisons et une jolie église entourée de son cimetière attendent que vous les preniez en photo. Au bout de la piste, grande plage de sable noir. Sur la gauche, grande grotte entourée d'orgues basaltiques. Les falaises noires sont tachetées de blanc, pas un recoin qui ne soit occupé par les macareux qui y ont installé leurs nids. L'endroit est moins connu que Dyrhólaey, mais on a préféré celui-ci. Camping sauvage possible, sanitaires et point d'eau au parking.

VÍK

330 hab.

Très belle arrivée sur ce petit village, où les falaises découpées se jettent dans la mer. On descend rapidement entre une falaise et une montagne, avant d'apercevoir la petite église, perchée sur sa colline, qui semble veiller sur le hameau. Si vous avez beau temps, estimez-vous heureux car c'est l'endroit le plus pluvieux d'Islande ! Étape que nous jugeons indispensable, le cadre étant magnifique.

Arriver – Quitter

Attention, pas de station-service avant Kirkjubæjarklaustur, à 70 km dans un sens, et Hvolsvöllur, à 50 km, dans l'autre.
➢ *De Reykjavík (via Skógar) :* 3 bus/j. 1er juin-15 sept, moins hors sais.
➢ *De Höfn :* 1 bus/j. 1er juin-15 sept.

Adresses utiles

🛈 @ *Office de tourisme :* Víkurbraut 28. ☎ 487-13-95. ● www.vik.is ● Tourner à droite en venant de Skógar au niveau du pont. Tlj 10h-13h30, 14h30-17h. Cette grande maison accueillante rassemble l'office de tourisme, un petit musée, un point de connexion Internet d'un côté et un resto de l'autre (voir plus loin). Prenez la carte où sont indiquées les balades à faire dans les environs.

■ Les *commerces* dont vous aurez besoin sont situés dans la même rue que l'office de tourisme et sur Austurvegur, en face du camping.

Banque avec distributeur, poste, station-service. Supermarché, tlj 9h-19h, w-e 10h-16h.

Où dormir ? Où manger ?

X ≜ *Camping :* à la sortie est de la ville, en face de la station-service. ☎ 487-14-66. Compter 600 ISK (6 €) par pers. Au pied de falaises verdoyantes. Les sanitaires sont juste corrects et il n'y a que 2 douches. Salle commune avec cuisine aménagée et grandes tables. Laverie. Également des petits bungalows en bois pour 6 pers, à 5 000 ISK (50 €) la première nuit.

≜ *Youth Hostel :* Nordurvík. ☎ 487-11-06 ou 867-23-89 (portable). Fax : 487-13-03. ● nordur-vik@ simnet.is ● Première à gauche quand vous entrez dans Vík, contourner un grand bâtiment blanc par la droite. Ouv mai-sept. Il n'y a personne à la réception entre 14h-17h et 19h-21h30 mais on peut appeler gratuitement avec le téléphone qui est à l'intérieur. Prix : 1 800 ISK (18 €) pour les membres

et 2 200 ISK (22 €) pour les autres, avec un petit déj à 800 ISK (8 €). Plus de 30 places dans cette maison récente aux meubles de couleurs pimpantes. Cuisine bien équipée et lave-linge à votre disposition. Véranda sympa avec TV. Location de vélos.

I●I *Halldórskaffi :* dans l'office de tourisme. ☎ 487-12-02. Tlj 11h-22h. Compter 1 200 ISK (12 €) pour une pizza. Sandwichs et salades pas trop chers, ainsi que 2 ou 3 plats chauds autour de 2 000 ISK (20 €). Bonnes soupes du jour, burgers maison bien juteux. Joli cadre. À l'origine, cette belle bâtisse tout en bois était un commerce sur les îles Vestmann. C'est en 1895 qu'elle fut déplacée à Vík où elle garda le même usage. Salle non-fumeurs jusqu'à une certaine heure le soir, terrasse sur le trottoir.

Où dormir dans les environs ?

X *Camping de Thakgil :* à 20 km de Vík en direction de Höfn ; une fois arrivés à 5 km à l'est du village, prendre la route 214. ☎ 487-12-46 ou 893-48-89 (portable). ● www.thak gil.is ● Prix : 600 ISK (6 €). Très

beau site, mais très difficile d'accès. Prévoir d'y aller en 4x4. Paysages grandioses où les roches succèdent au bras de mer. Pincez-moi, je rêve ! Douches et tout.

À voir. À faire

↗ *Exposition :* dans l'enceinte de l'office de tourisme. Ouv 10h-17h. Entrée : 500 ISK (5 €). La plage de Vík est-elle maudite ? En tout cas, 112 bateaux ont échoué sur ce rivage en 84 ans, dont une partie seulement ont pu être remis à flot... Et plusieurs centaines sont probablement encore enfouis dans le sable. À défaut d'explication, cette petite expo peu spectaculaire tente de donner des éléments historiques sur ce sujet.

➢ Une *balade* simple et charmante : grimper jusqu'à l'église construite au XXe siècle, puis, un peu plus haut, jusqu'au cimetière. Des photos pour l'éternité !

➢ Une *balade* moins simple mais encore plus charmante : emprunter le chemin interdit aux voitures, mais réservé aux 4x4, à droite juste avant d'entrer dans Vík quand vous venez de Skógar. Aller-retour, compter 1h30. Ça grimpe, mais si vous voulez approcher un macareux c'est un effort nécessaire. Suivre le chemin jusqu'au bord de la falaise. Là, soyez prudent, ça souffle. Les fameux oiseaux nichent en haut de la falaise dans des petits terriers. Le panorama est grandiose : Dyrhólaey à votre droite, Vík et le Myrdalssanður à votre gauche.

➢ Pour aller à la *plage* à pied, il existe un chemin qui commence à proximité de la station-service.

Achats

LE SUD DE L'ÎLE

🌐 Pour les fans de *pulls* : une adresse bien établie, à côté de la station-service. ☎ 487-12-50. ● www.kurpjon.is ● Tlj en été 8h (9h w-e)-22h. C'est le lieu de fabrique de la marque *Vík Wool* et si vous montez à l'étage du magasin, vous verrez les tricoteuses au travail. Les tarifs y sont un peu moins élevés qu'à Reykjavík.

➢ DANS LES ENVIRONS DE VÍK

🗼 **Dyrhólaey :** une quinzaine de kilomètres à l'ouest de Vík, au bout de la route 218. Site fermé du 1er mai à fin juin, pendant la période de ponte. C'est le point le plus méridional de l'Islande. Presqu'île dont les imposantes falaises constituent une réserve naturelle pour les oiseaux marins. Si vous vous baladez le long de la plage de sable noir, attention, les vagues sont traîtres. Les falaises rappellent étrangement celles d'Étretat. Les macareux y passent juste pour pêcher. Ils ont élu domicile dans la falaise qui vous sépare de Vík, immédiatement à gauche une fois arrivé sur le parking. Magique !
– Excursions possibles avec *Dyrhólaey Tours*. ☎ 487-85-00 ou 893-68-00 (portable). Fax : 487-85-45. ● www.dyrholaey.com ●

🗼 Peu après Vík, la route traverse le *Mýrdalssanður,* un impressionnant désert de sable et de blocs de lave, tantôt nu, tantôt recouvert de mousse. Sur la route, nombreux points d'arrêt offrant des panoramas saisissants.

ELDGJÁ

Eldgjá, le « ravin à Feu », est une fissure volcanique longue de 30 km. Pour les courageux, longer la rivière, côté rive droite, dans le pierrier. Encore une demi-heure de marche et on atteint à *Ofærufoss,* une double cascade superbe. On pouvait admirer, il y a encore quelques années, un pont naturel de basalte surplombant la chute (voir les vieilles cartes postales en vente).

Comment y aller ?

➢ **En bus :** le bus « excursion » n° 11 part tous les matins de Reykjavík, de mi-juin à début sept. On peut le prendre aussi à Selfoss et Hella. Il s'arrête au Landmannalaugar puis 1h à Eldgjá et termine son trajet à Skaftafell. Dans l'autre sens, départ de Skaftafell le matin ; 2h30 de route jusqu'à Eldgjá. Supplément à payer pour ceux qui ont les forfaits bus.
➢ **En voiture :** à env 50 km de Vík et 20 km de Kirkjubæjarklaustur, prendre la piste F208 direction Landmannalaugar. Normalement réservée aux 4x4,

mais praticable pour les voitures normales (renseignez-vous sur l'état de la piste à l'office de tourisme d'une des deux villes précédentes). Env 40 km de route magnifique.

KIRKJUBÆJARKLAUSTUR
150 hab.

Étape (imprononçable, on dit aussi Klaustur, ça va plus vite) au milieu d'un désert de lave et de plages de cendre noire. On dit qu'avant l'arrivée des Vikings le village était habité par des moines irlandais. Un couvent bénédictin y fut installé en 1186. L'endroit possède une longue histoire religieuse, donc.

Arriver – Quitter

En bus

🚌 *Terminal des bus :* station-service *Esso.*
➢ *De Reykjavík :* 2 bus/j. de début juin à mi-sept. L'un passe par Selfoss, Hella et Vík (en tout, moins de 7h de route), l'autre fait l'excursion vers le Landmannalaugar (plus de 10h de route).
➢ *Liaisons avec Skaftafell :* 2 bus/j. de début juin à mi-sept, 1 bus dans l'autre sens.
➢ *De Höfn :* 1 bus/j. 1er juin-15 sept. Un peu plus de 4h de trajet.
➢ *Pour Höfn ou Reykjavík :* 1 bus/j. 1er juin-15 sept. 3h pour Höfn et un peu moins de 5h pour la capitale (c'est plus que dans l'autre sens).
➢ *Pour Reykjavík via Landmannalaugar :* 1 bus/j. de mi-juin à la 1re sem de sept.

En voiture

Pour ceux qui sont en voiture, pas de station-service avant Vík dans un sens, Skaftafell dans l'autre. Prenez vos précautions ! La route 1 entre Kirkjubæjarklaustur et Skaftafell est superbe. Aucune habitation sur des kilomètres et des kilomètres sur cette immense plaine de sable noir appelée Skeidarársandur et où se dispersent les eaux du glacier.

Adresses utiles

🛈 *Office de tourisme :* ☎ 487-46-20. Fax : 487-46-42. ● info@klaustur. is ● Dans la station-service. Tlj 8h30-11h30 et 16h30-19h30. Carte de la région avec les randonnées. Accès Internet.
■ *Supermarché :* tlj 9h-20h, micro-ondes à disposition.

■ *Banque (distributeur), poste* et également *location de matériel pour pêcher* dans le lac au-dessus du village.
■ *Piscine :* à côté de l'*Iceland Hôtel,* tlj 10h-19h. Entrée : 300 ISK (3 €). Moitié-prix pour les douches. *Hot pot.*

Où dormir à Kirkjubæjarklaustur et dans les environs ?

⚑ *Camping Kirkjubær II :* dans le village, sur la droite avant l'office de tourisme. ☎ et fax : 487-46-12.

Compter 600 ISK (6 €) par pers, douches comprises. Grande classe. Terrain immense. Sanitaires impeccables, grande salle commune ; lave-linge. Le cadre est moins beau que celui du *Kleifar* mais il est mieux équipé. Jeux pour enfants.

⅄ *Camping Kleifar :* ☎ 487-46-75. À 1 km du village en direction de Höfn ; tourner à gauche après la station-service. Compter 500 ISK (5 €) par pers. Situé dans un très beau cadre, au pied d'un torrent et d'une belle cascade. Très petit terrain. Équipements sommaires, aucun abri, pas de douche. Il faut aller à la piscine dont l'entrée n'est pas comprise dans le prix du camping ! Sur la piste qui mène au camping, sur la gauche, un grillage entoure le pré dans lequel se trouve le Kirkjugólf. Il s'agit d'une coulée de basalte arasée par les glaciers formant ainsi un pavement. Pour les amateurs de géologie.

⅄ *Hörgsland :* sur la route 1, à 5 km de Kirkjubæjarklaustur. ☎ 487-66-55 ou 894-92-49 (portable). ● www.horgsland.is ● Prévoir 6 900 ISK (69 €) pour deux. Sur un terrain vallonné, une colonie de 13 chalets pouvant accueillir jusqu'à 6 pers. Vue sur les champs et la mer. Tout équipé : cuisine, petit salon, salle de bains. *Hot tub* en supplément. Petite terrasse pour le petit déj. Accueil jovial.

🏠 |●| *Ferme-auberge Efri-Vik :* à la sortie de Klaustur, route 204, à 5 km. ☎ 487-46-94. ● www.efrivik. is ● Prévoir 8 000 ISK (80 €) pour deux. Une jolie maison pour vous accueillir et des petits cottages pour 5 pers avec TV, cuisine et salle de bains. *Hot pot* et sauna à disposition. Calme. Golf, pêche. Fait aussi resto sur résa.

LE SUD DE L'ÎLE

Où manger ?

|●| *Systrakaffi :* à côté de la poste et du supermarché. ☎ 487-48-48. Tlj 11h-22h. Dans ce *café des Sœurs*, quelques nourritures bien terrestres : sandwichs et *burgers* de 1 000 à 1 400 ISK (10 à 14 €), poisson à partir de 1 600 ISK (16 €). Le seul endroit agréable où manger un morceau.

Très jolie salle boisée derrière des baies vitrées. Convient aussi bien pour un café et une part de gâteau. Terrasse chauffée et fleurie.
– En dépannage, on trouve un micro-ondes au supermarché (voir ci-dessus) pour réchauffer quelques petits plats.

À faire

➢ Belle *randonnée* de 1h30 autour du village. Facile, demander l'itinéraire à l'office de tourisme. On passe par les chutes de Systrafoss et plein d'autres sites très jolis, pour revenir au niveau du terrain de football, en bord de route 203.

➢ Ne pas hésiter à suivre le petit sentier qui monte en haut d'une grande cascade au bout du village. On découvre alors un lac tout à fait inattendu.

➢ DANS LES ENVIRONS DE KIRKJUBÆJARKLAUSTUR

LE LAKAGÍGAR

🎎🎎🎎 Ce chapelet de cratères, long de 25 km, explosa et provoqua, en 1783, le plus grand déversement de lave de l'histoire, qui dura pendant presque un an. On dénombra 9 000 morts, c'est-à-dire 20 % de la population. Après environ 20 km, faites le minuscule détour qui vous permet d'admirer les somptueuses chutes d'eau de *Fagrifoss*, sur la droite. Progressivement, on découvre une route de cendre jalonnée de 130 cratères et sillonnée par des cours d'eau. Arrivée à un parking, d'où partent plusieurs sentiers de randonnée. Prévoir assez de temps pour se faire un petit bout de chemin à pied. Vous tomberez aussi sur une véritable oasis au cœur des 600 km² de coulée de lave. Puis des pistes de sable noir sinuent dans des paysages tour à tour doux et écorchés. Un cratère par-ci, un lac par-là... Surgit alors un désert de noirceur sans fin où poussent malgré tout quelques courageuses fleurettes. Sauvage, fascinant, inexploré. On a du mal à croire que l'on est encore sur Terre !

Comment y aller ?

La piste, plutôt cahotante, fait une boucle au départ de Kirkjubæjarklaustur. Prévoir la journée complète : au moins 3h30 pour y aller, pareil pour revenir. Précisons qu'il y a à peine 50 km à faire ! Sur place, un adage dit qu'« on n'est véritablement un homme qu'après avoir bouclé cette piste ». Qu'en diront les conductrices !
➤ *En bus :* prendre la ligne 16, dédiée spécialement au site de Laki, au départ de Kirkjubæjarklaustur. Fonctionne du 1er juil au 31 août. Le bus s'arrête 3h30 au Lakagígar et vous évitera bien des embêtements. Prix du ticket : 7 300 ISK (73 €) depuis Skaftafell.
➤ *En voiture :* de Kirkjubæjarklaustur, prendre la direction de Vík par la route 1 puis la F206. La piste est réservée aux 4x4. Vous comprendrez pourquoi en voyant arriver les premiers gués... Si vous ne vous sentez pas à l'aise dans le passage des rivières, ou si vous comptez partir tôt dans la saison (avt la mi-juil), demandez conseil à l'office de tourisme avant de vous lancer sur cette route longue et difficile. Faire impérativement le plein avant de partir. Après 1h30 de route un panneau du Conseil islandais pour la protection de la nature indique le site ; on découvre alors un vaste cercle orné de sculptures de lave. En continuant la piste, un point de vue offre un superbe panorama sur le Vatnajökull.

SKAFTAFELL ET LE VATNAJÖKULL

Magnifique parc national situé au pied du plus grand glacier islandais, le Vatnajökull. De la taille de la Corse, c'est le plus grand glacier européen : 8 400 km² et, par endroits, 1 km d'épaisseur de glace ! Autant vous dire que l'endroit est assez grandiose. Certaines années, les langues du glacier progressent à l'œil nu. Peut-être assisterez-vous aussi à un phénomène étonnant et rare : des éruptions volcaniques ont lieu régulièrement sous le glacier. Les cratères percent des cheminées à travers 600 m de calotte glaciaire. Un nuage de vapeur et de cendre s'en échappe et jaillit à plusieurs kilomètres d'altitude. Mazette ! quel spectacle ! Du moins en temps normal. Début octobre 1996, s'est produite l'éruption la plus dévastatrice depuis 1938. La dernière éruption en date s'est passée en décembre 1998 : on pouvait l'apercevoir depuis la capitale à 200 km de là. Le volcan responsable de ces fréquentes éruptions est le Grímsvötn, le plus actif d'Islande. On lui connaît une quarantaine d'éruptions recensées.
Il faut savoir que le Vatnajökull se trouve entre deux volcans, juste à la verticale d'une montée de magma (c'est ce qu'on appelle un point chaud). En septembre 1996, un tremblement de terre a secoué l'un des volcans provoquant une fissure qui a traversé le glacier. Au contact du magma, la glace a fondu, creusant un long tunnel d'eau tiède et soufrée qui s'est écoulée vers la côte. Ce qui a fini par occasionner une crue au débit 20 fois plus puissant que le Rhône à son maximum. Résultat : les ponts ont été

emportés et la route 1 partiellement coupée. Ces flots de boue sont appelés *jökulhlaup*. Ce phénomène n'a heureusement pas eu lieu en 1998. Pour mieux profiter du parc, procurez-vous un plan des pistes et balades au centre d'informations de Skaftafell.

Comment y aller ?

En bus

➢ *De Reykjavík :* 1 bus/j. de mi-juin à la 1re sem de sept via Landmannalaugar. Un autre, qui se rend à Höfn, passe par la côte tlj également, 1er juin-15 sept.
➢ *De Kirkjubæjarklaustur :* les 2 bus précédents y passent, ainsi que les bus « excursion » allant au Lakagígar et à Jöklasel, fonctionnant en juil-août.
➢ *De Höfn :* 1 bus/j. 1er juin-15 sept.

En avion

■ *Jórvik HF :* ☎ 899-25-32 (portable). ● www.jorvik.is ● Vols depuis Reykjavík et excursions depuis Skaftafell, avec entre 30 mn et 2h de survol de la région. Minimum de 2 passagers.

Adresses utiles

LE SUD DE L'ÎLE

🛈 *Centre d'information :* ☎ et fax : 478-16-27. ● www.ust.is ● À la réception du camping. Tlj 8h-21h. Point de rendez-vous avec les guides. Carte des randonnées en vente. C'est ici qu'il faut demander le permis de camper (gratuit) si vous souhaitez passer une ou plusieurs nuits dans le parc. On y trouve aussi une petite épicerie (pas grand-chose dans les rayons), des sandwichs, des pellicules photo (très chères) et un accès Internet. Mais pas de distributeur de billets.
■ *Piscine :* tlj 13h-21h. Entrée : 300 ISK (3 €).

Pour des treks sur le glacier

■ *Mountain Guides :* Vagnhöfda 7B, à Reykjavík, ou renseignements auprès du centre d'info (voir ci-dessus). ☎ 587-99-99 ou 894-29-59 (portable). Fax : 587-99-96. ● www.mountainguide.is ● Association de guides spécialisés sur la région. De la simple balade de 2-3h, crampons aux pieds, à la rando costaude de 10-15h avec marche sur les névés, jusqu'au Hvannadalshnukur, le point culminant du pays (2 119 m). Dans tous les cas, matériel fourni.

Où dormir ? Où manger ?

Attention : dans le coin, en été, tout est archi-complet, mieux vaut réserver ! Autre chose : mieux vaut aussi apporter des provisions, car les seuls points de ravitaillement entre Höfn et Kirkjubæjarklaustur, ce sont la minuscule épicerie du centre d'information et la station *Shell* en face de l'*Hôtel Skaftafell* !

⚕ *Camping :* ☎ 478-16-27. Compter 600 ISK (6 €) par pers. Très fréquenté ! Douches chaudes communes et payantes (100 ISK, soit 1 €). Pas de salle commune, ni d'endroit où cuisiner ni s'abriter, excepté le point d'information. Mais vaste et assez propre.
⚕ *Camping et cottages Flosi :* à gauche après l'*Hôtel Skaftafell*.

☎ 478-17-65. ● www.simnet.is/flos ihf ● Pour 1 tente, compter 600 ISK (6 €). Douches gratuites. Grande salle, cuisine, machine à laver, piscine (payante). Loue aussi des cottages assez simples : 8 400 ISK (84 €) pour quatre ou 2 100 ISK (21 €) en sac de couchage. Petite épicerie pour dépanner.

🛏 |●| *Hótel Skaftafell :* Freysnesi. ☎ 478-19-45. Fax : 478-18-46. ● www.hotelskaftafell.is ● Situé à quelques kilomètres à l'est. Tte l'année, sf à Noël. Chambre double avec salle de bains, petit déj inclus, autour de 14 600 ISK (146 €). Compter 2 600 ISK (26 €) en sac de couchage. Moins cher en hiver. En pleine nature, au pied du glacier. Plusieurs bâtiments proposent différentes catégories d'hébergements, du plus luxueux à de jolies petites chambres pour sacs de couchage, où l'on peut cuisiner. Sinon, resto, mais diablement cher, et le dîner n'est servi que jusqu'à 20h30 ! L'ensemble est impeccable même si l'architecture bâclée gâche pas mal le paysage.

À voir. À faire

🔭 Dans le centre d'information, *petite exposition* (identique à celle de Höfn) sur l'histoire et le fonctionnement du glacier. Film de 30 mn sur les éruptions du Grimsvötn, disponible en français. Intéressant.

🔭🔭 En partant à droite de l'OT, nombreuses balades, pas toujours bien balisées, mais un plan des environs est vendu à l'accueil du camping. À 1,5 km de celui-ci, la facile *Hundafoss* (à peine 1h de marche aller-retour), des chutes où se lavaient les chiens autrefois *(hunda)*. Le must, c'est la jolie *cascade de Svartifoss* et ses étonnantes orgues basaltiques très géométriques (accès slt à pied ; compter 2h aller-retour). On peut aussi pousser l'effort vers le sommet du *Kristinatindar* qui culmine à 1 126 m (compter 7h aller-retour). De là, fantastique vue plongeante sur les glaciers de chaque côté. Plein d'autres balades : renseignez-vous au centre.

🔭🔭🔭 🚶 En partant à gauche de l'OT, la balade de *Thjóhamragil,* une de nos préférées. Partons taquiner du glacier ! Au milieu des campanules, des champignons et des zoziaux qui chantent, on observe en route le recul progressif du glacier de 1904 à nos jours. Un seul mot : effrayant ! Une illustration concrète du réchauffement de la planète ! Possibilité d'aller sur le glacier, renseignements auprès du centre d'info.

🔭🔭 *Le Svínafellsjökull :* à 2 km à l'est, une piste longue de 2 km (praticable en voiture normale) aboutit au pied du glacier. Après le dernier virage, s'étend la langue de glacier Svínafellsjökull. Vraiment impressionnant.

🔭 *Sel (« bergerie ») :* à 2 km du camping, monter sur la droite et prendre le chemin vers la gauche. C'est indiqué par un petit panneau. Bergerie de 1912, abandonnée depuis 1946. Une fois n'est pas coutume, elle se visite gratuitement et reste ouverte en permanence. Noter que la bergerie se trouve juste en dessous de la chambre à coucher : c'est l'ancêtre du chauffage par le sol !

LE CAP INGÓLFSHÖFDI

Le cap Ingólfshöfdi doit son nom à un navigateur norvégien Ingólfur Arnarson qui, y débarquant, décida de vivre en Islande. Il lança à la mer deux « totems » à l'effigie des dieux nordiques qui devaient, en dérivant, lui indiquer l'endroit où s'installer. C'est ainsi que, en l'an 874, naquit Reykjavík.
Pas d'arrêt programmé avec les bus.

Où dormir ? Où manger ?

⌂ |●| *Guesthouse Frost og Funi :* au pied des falaises. ☎ 478-22-60. Fax : 478-22-61. ● www.frostogfuni. is ● Ouv fin mai-fin sept. Chambre double à 12 500 ISK (125 €) avec salle de bains, 11 400 ISK (114 €) sans. Petit déj compris. Également des *cottages* d'été. Pour les sacs de couchage, tintin ! Menu du soir très onéreux, avec plats imposés : soupe + poisson pour 2 500 ISK (25 €), soupe + viande pour 2 700 ISK (27 €), dessert non compris ! Bel hôtel, malheureusement réservé aux budgets aisés. Déco contemporaine avec notamment Mondrian, Matisse et Schiele aux murs, et des dessus de lit assortis aux peintures. Le panorama s'étend à perte de vue jusqu'à la mer et l'accueil est excellent.

⌂ |●| *Ferme de Littla Hof :* à deux pas de la ferme de Hof. ☎ 478-16-70. Fax : 478-16-96. Tte l'année. Compter 3 700 ISK (37 €) le lit fait et 2 400 ISK (24 €) avec son sac de couchage. Dîner à partir de 2 200 ISK (22 €). Chambres très propres, bien qu'un peu sombres au sous-sol. Salles de bains communes. À 100 m, 2 petites maisons, équipées de cuisines, sont réservées pour les personnes qui ont des sacs de couchage. La proprio ne parle quasiment pas l'anglais. Peut dépanner.

À voir. À faire

🦌 Avant d'arriver au cap, petit village de *Hof,* avec sa jolie église au toit herbeux et recelant de beaux objets liturgiques. Cimetière romantique à souhait entouré d'arbres et piqueté de croix blanches. On est à 4 km de Fagurhólsmdri, lieu d'embarquement pour l'expédition en tracteur au cap.

➤ 🚶 *Promenade en tracteur et remorque !* Aucun doute possible, difficile de trouver une manière plus insolite pour découvrir la réserve naturelle de cette belle péninsule ! L'occasion de voir le grand labbe (*skumur* en islandais) défendre sa progéniture lorsque l'on s'en approche un peu trop. Plein, plein de macareux. Il va sans dire que, sans ce moyen de transport, on n'aurait jamais pu accéder à la plupart des lieux visités pendant la promenade. Le faire en juin ou juillet avant le départ des oiseaux pour d'autres cieux. Le départ a lieu chaque jour à 11h au sud de l'aérodrome de Fagurhólsmyri ; à 400 m de la station *Esso* un panneau vous montre le chemin. Durée moyenne : 3h. Renseignements : ☎ 894-08-94 (portable). ● www. hofsnes.com/tours/ingolfshofdi.htm ● Compter 1 500 ISK (15 €) pour ce tour d'env 3h.
– Pas de station-service avant Höfn, c'est-à-dire plus de 100 km.

JÖKULSÁRLÓN

Entre Skaftafell et Höfn. Arrêt obligatoire : c'est l'une des merveilles du monde ! Il s'agit d'un lac, profond de 200 m (!), formé par l'arrivée d'une des langues glaciaires du Vatnajökull. Paysage polaire avec des icebergs aux reflets noirs et bleus. À voir de préférence en fin de journée, avec une lumière rasante. Superbe. De l'autre côté de la route, plage de sable noir sur laquelle des blocs de glace sont échoués. On peut quelquefois y apercevoir des phoques. Il faut se balader le long de la rive est du lagon jusqu'au pied du glacier. Attention en arrivant sur le glacier, de ne pas s'enfoncer dans les moraines, véritables sables mouvants.

Cet endroit, si... polaire et en même temps si facile d'accès, a été à maintes reprises utilisé comme décor naturel dans des publicités et dans plusieurs films, notamment les James Bond *Dangereusement vôtre*, *Meurs un autre jour* et *Tomb Raider* avec la belle Lara Croft.

Un regret à attribuer à la rançon du succès : le nombre impressionnant de cars qui s'arrêtent dans ce si petit endroit, très vite surpeuplé par rapport à sa capacité d'« assimilation humaine »...

CAMPING SAUVAGE INTERDIT.

Arriver – Quitter

➤ *De Reykjavík, Vík, Skaftafell ou Höfn :* 1 bus/j. (ligne 12) 1er juin-15 sept. Env 8h de route depuis la capitale, 3h depuis Vík et 1h depuis Höfn. Pas d'arrêt fixe, mais c'est tellement populaire que tout le monde s'arrête. Demander tout de même au chauffeur, par prudence ! Sinon, depuis Skaftafell, possibilité également de prendre la ligne 15. Départ tôt le matin, retour à Skaftafell dans l'après-midi.

Où dormir dans les environs ?

🛏 *AJ de Vagnsstaðir :* à 50 km de Höfn et 25 km de Jökulsárlón, un peu à l'écart de la route 1. ☎ 478-10-48. Fax : 478-21-67. • www.hostel.is • Ouv de mi-juin à début sept. Compter 1 800 ISK (18 €) pour les membres des AJ et 2 200 ISK (22 €) pour les autres. Dans une maison paumée, on trouve des dortoirs de 2 à 6 pers, une cuisine, un petit salon télé et une salle à manger avec véranda donnant sur la campagne. Pour dépanner.

Où manger ?

🍽 *Jökulsárlón Café :* au bord du lac. ☎ 478-22-22. Tlj juin-août 9h-19h, et 10h-17h mai et sept. Café-boutique à souvenirs avec cartes postales et peluches de macareux. La soupe de poisson et de crevettes est délicieuse ; on se sert soi-même dans une grande marmite. Chocolat chaud, petits gâteaux, sandwichs, l'endroit ferait l'affaire pour une pause si ça n'était pas tant la cohue. Accueil à la chaîne. Belle terrasse bercée par le cri des sternes.

Où manger dans les environs ?

🍽 *Cafét' du musée Thórbergssetur :* à Hali, à l'ouest. ☎ 867-29-00 (portable). Ouv 9h-21h. Si le musée, consacré à un écrivain local, n'est pas vraiment emballant, sa cafét' propose quelques plats légers et tartines parfaits pour le déjeuner. Appréciez l'architecture, on dirait des rangées de livres côte à côte. Pas mal pour un musée dédié à un écrivain !

À faire

➤ 🚶 Petite *croisière* de 40 mn entre les icebergs ; renseignements auprès des personnes en veste jaune fluo. De gros engins montés sur roues roulent jusqu'au lac et y entrent pour une balade entre les icebergs jusqu'au pied du glacier. L'accompagnateur attrapera un bout de glace d'une pureté inégalable qu'il vous fera soupeser et goûter. On vous apprendra que le lac gagne

100 m sur le glacier tous les ans, que la couleur bleue est celle des icebergs pas encore oxydés, que l'eau du lac est à 50 % salée et à 50 % pure... Impressionnants points de vue. N'oubliez pas l'imper. C'est tout de même dommage que l'on reste aussi loin de ces icebergs aux formes majestueuses et que cette balade soit si touristique ! Prix assez excessifs : compter 2 200 ISK (22 €) par pers. Et franchement, on ne voit rien de plus que du bord du lac...

– On peut aussi aller se faire assaillir par des *sternes arctiques,* pour peu que ce soit la période de nidification. Il suffit d'aller sur la plage. Un grand moment d'émotion, style *Les Oiseaux* d'Hitchcock.

🐦🐦 Peu avant Jökulsárlón, en venant de Skaftafell, une piste part vers le *Fjallsárlón.* À voir absolument. Mieux vaut être en 4x4, mais on peut toujours avancer un peu avec une voiture normale et continuer à pied dès que ça se corse. Il s'agit d'un autre lac formé par la fonte d'une coulée de glace. Beaucoup moins bleu et paradisiaque que celui de Jökulsárlón, mais par contre il y a beaucoup moins de monde. Magique et sauvage pour ceux qui veulent méditer et se retrouver seul face au grand mystère de la Terre...

HÖFN (OU HORNAFJÖRÐUR)

1 800 hab.

Prononcer « Heup'n ». Port de pêche assez important avec, au fond, vue sur le glacier Vatnajökull si le temps le permet.
Après tous les villages précédents, on a l'impression d'arriver dans une grande ville... Visite vraiment dispensable, si ce n'est que les personnes voyageant en bus devront obligatoirement s'arrêter ici.

Arriver – Quitter

En bus

➢ *De Reykjavík :* 1 bus/j. 1er juin-15 sept. Un trajet de 8h au total ; 2h depuis Skaftafell. Idem en sens inverse.
➢ *D'Egilsstaðir :* 1 bus/j. 1er juin-31 août. Un peu moins de 4h de route.

En avion

■ Contacter *Islandsflug :* ☎ 478-12-50 ou 570-80-30. ● www.islandsflug. is ● Un ou deux vols/j. (sf mar et sam), été comme hiver.

Adresses utiles

🛈 *Office de tourisme :* Hafnarbraut 25. ☎ 478-26-65. Fax : 470-80-50. ● www.east.is ● Tlj mai-sept 9h-18h, oct-avr 13h-16h. Point de connexion Internet (payant), bourse aux livres. Expo sur les glaciers.

■ Tous les *commerces* sont réunis au bout de Hafnarbraut : poste, pharmacie, banques, supermarché.
■ *Piscine :* entrée : 300 ISK (3 €). Tlj juin-sept 7h-20h30, sf w-e 9h-18h. Trois *hot tubs.*

Où dormir ?

⌂ *Camping :* à l'entrée ouest de la ville, à côté du terminal des bus. | ☎ 478-16-06. Fax : 478-16-07. ● camping@simnet.is ● Ouv 15 mai-

15 sept. Compter 650 ISK (6,50 €) par pers. Également des *cottages* de bois, très basiques, sans cuisine à 6 500 ISK (65 €) pour deux, 2 000 ISK (20 €) en sac de couchage. Lavabos et w.-c., douches chaudes payantes, lave-linge et sèche-linge. Point de connexion internet. Plaques chauffantes gratuites. Planter sa tente légèrement sur la colline car, en contrebas, le terrain est assez spongieux. Et c'est un euphémisme ! Fait aussi point d'info. Service *Flybus*. Accueil vraiment pas aimable.

🏠 *Youth Hostel :* Hafnarbraut 8. ☎ 478-17-36 ou 864-21-59 (portable). Fax : 478-19-65. ● www.hostel. is ● Tte l'année. Pour les membres, 1 800 ISK (18 €) et pour les non-membres, 2 200 ISK (22 €). Dans une petite maison blanche au toit bleu le long de la rue principale, dans le centre. Auberge très bien équipée : cuisine, salle à manger, petite machine à laver payante, garages à vélos. Chambres pas très gaies avec lits superposés pour 2 à 6 pers. Une seule double avec sanitaires à l'intérieur. Accueil vraiment chaleureux. Résa impérative car très fréquenté. Piscine chauffée pas loin.

🏠 *Guesthouse Hvammur :* Ránarslód 2. ☎ 478-15-03. Fax : 478-15-91. ● hvammur3@simnet.is ● Tte l'année. Compter 8 800 ISK (88 €) la chambre double en été, petit déj inclus. S'il reste de la place, sacs de couchage acceptés pour env 2 800 ISK (28 €) par pers, sans petit déj. Dans une jolie maison juste sur le port, 13 chambres avec TV et lavabo. Douches et cuisine communes. Le tout impeccable, très clair et tenu par des gens charmants. Une autre adresse du même proprio se trouve dans un quartier résidentiel, à l'entrée de la ville sur Hvannabraut, en face du camping. Un peu plus de chambres, pas de cuisine, mais mêmes prix et accueil tout aussi agréable.

Où manger ?

|●| *Kaffi Hornid :* Hafnarbraut 42. ☎ 478-26-00. Dans un chalet tout en bois, sur la route principale, inratable. Tlj jusqu'à 23h30, ven-sam jusqu'à 3h. On y mange des pâtes au homard sauce au cognac ou de super hamburgers, tout cela pour un prix raisonnable. Plats autour de 2 000 ISK (20 €). De plus, un charmant petit salon permet de se détendre devant un bon chocolat chaud ou une bière. Service un peu lent mais sympa.

|●| *Osinn :* resto de l'*Hôtel Höfn,* Vikurbraut 20, sur le port. ☎ 478-22-00. Pour revigorer le moral des troupes, plats roboratifs (pâtes, pizzas, etc.) autour de 1 500 ISK (15 €). Quelques poissons et viandes autour de 2 500 ISK (25 €). Une petite salle sans charme particulier, mais service souriant.

Où dormir ? Où manger dans les environs ?

🏠 |●| *Árnanes V :* 1 km avant l'hôtel *Edda* de Nes. ☎ 478-15-50. Fax : 478-18-19. ● www.arnanes.is ● Tte l'année. En été, chambres à partir de 10 800 ISK (108 €) sans salle de bains privée et 13 900 ISK (139 €) avec, petit déj inclus. Superbe ferme tout en bois. La propriétaire et son mari sont adorables. Seize chambres de 1 à 3 lits réparties dans 5 bungalows charmants. Un des bâtiments, à l'allure d'un chalet, offre 4 jolies chambres à l'étage, dont une avec balcon donnant sur le glacier, superbe. Le petit resto, situé dans une maisonnette, est décoré par les œuvres de la maîtresse de maison Helga Erlendsdóttir (il est transformé en atelier de peinture l'hiver). Service au dîner seulement. Et quand madame peint, monsieur propose des balades à cheval. Malgré des prix plutôt élevés, c'est une excellente adresse, mais à réserver longtemps à l'avance !

≜ *Ferme-auberge Skalafell :* prendre direction Skalafell (logique !) ou Kirkjubæjarklaustur depuis Höfn. ☎ 478-10-41 ou 849-54-54 (portable). ● www.farmholidays.is ● Prévoir 11 300 ISK (113 €) dans des cottages coquets pour deux, tout équipé, bien décorés. Chambres petites et très simples dans la maison, à 9 300 ISK (93 €) sans sanitai-

res (évitez celles près des toilettes, la porte grince !). Bon confort. Dîner à réserver. Le chef en cuisine a de sérieux atouts dans ses marmites ! Compter 2 700 ISK (27 €) pour 3 plats. Une bonne adresse, où l'on est accueilli par des bois de rênes et le squelette d'un crâne de baleine. En plus, vous serez aux premières loges pour gravir le glacier !

À voir

LE SUD DE L'ÎLE

🐾🐾 ⭢ *L'exposition sur le glacier :* à l'office de tourisme. Mêmes horaires. Entrée : 600 ISK (6 €). Une expo bien conçue, un peu chère. On y voit des équipements de montagne qui datent de l'époque des pionniers. Carte des glaciers illuminée, histoire des premières expéditions sur le Vatnajökull et plein d'infos intéressantes sur son fonctionnement. Très complet. Vidéo montrant des éruptions dantesques. On peut pénétrer à l'intérieur d'un glacier virtuel ! Brrrr...

🐾 ⭢ *Le Musée folklorique :* Hafnarbraut. ☎ 478-18-33. Dans l'une des premières maisons à l'entrée du village sur la gauche, avant le bureau d'information, là où sont garés des véhicules anciens. Lors de notre dernier passage on annonçait son déménagement, se renseigner donc. Ouv en saison 13h-18h. Entrée gratuite (oui, vous avez bien lu !).
De multiples objets retracent la vie des siècles derniers et des petits ateliers sont recomposés par profession. À noter, un diplôme français émanant du ministère de la Marine et des Colonies datant de 1873, remis à Eivlfus Sigurdson pour avoir sauvé 31 marins français en difficulté sur leur goélette ! Jusqu'au début du XXe siècle, de nombreux marins français venaient pêcher en Islande, principalement sur la côte est.

🐾 ⭢ *Le Musée maritime (Pakkhus) :* sur le port. ☎ 478-15-40. Mêmes horaires que le Musée folklorique, mais ferme à 22h en été. Gratuit aussi. Expose les objets habituels. Belle boutique de souvenirs avec pulls en laine, objets en verre, etc. Risque de déménager. Prévenez-nous !

À faire

➢ Belle ***balade*** balisée au départ du grand monument aux 3 mâts blancs que l'on aperçoit près de la mer de l'autre côté du port. Début juil, les sternes arctiques y sont plutôt agressives car elles protègent leur nid. Un conseil : claquez des doigts, agitez les bras au ciel ou tenez un bâton (difficile à trouver en Islande !) ou un chapeau au-dessus de votre tête. Cela devrait les dissuader de vous picorer le sommet du crâne. Mais peut-être pas de vous bombarder de fientes... Continuer jusqu'à Óslandsvegur au niveau du *drive-in* (Hafnarbúrdin ; lieu de rendez-vous des locaux) qui se trouve sur le port, puis tourner à droite vers le sud du village.

➢ En partant de Höfn, plusieurs ***excursions*** sont organisées ***sur le glacier.*** Deux départs/j. (9h30 et 14h) depuis – accrochez-vous – Smyrlabjargaavirkjun (atchoum !), sur la route F985. Mais attention, c'est plutôt l'usine et très cher : à partir de 8 800 ISK (88 €) pour la balade simple de 3h30 et 9 800 ISK (98 €) avec le skidoo (1h sur le glacier). S'adresser à l'office de tourisme ou directement à *Vatnajökull Tours* : Hafnarbraut 15. ☎ 478-10-00. Fax : 478-21-67. ● www.glacierjeeps.is ●

Ceux qui sont en voiture peuvent prendre le bus à Smyrlabjörg (2 bus « excursion »/j., l'un vient de Höfn et l'autre de Kirkjubæjarklaustur), d'où il ne reste plus que 40 mn de trajet. La piste F985 est impraticable en voiture normale. Après le skidoo, on vous invite à prendre place à la cafétéria, mais ne vous faites pas avoir, le repas est payant. On peut apporter son pique-nique, cependant il faut le manger dehors !

Fête

– *Fête du Homard et de la Langouste :* le 1er w-e de juil. Höfn est le principal port du pays pour la pêche à la langouste. Musique, danse et dégustation de crustacés. Et en prime, une odeur insistante de morue. Attention, *guesthouses* et AJ sont complètes. De plus, les jeunes viennent de recevoir leur première paie, alors... ils se défoulent !

STAFAFELL

À 30 km à l'est de Höfn. L'auberge de jeunesse sert de point de départ pour de belles balades dans les collines alentour. Ne pas rater, de l'autre côté du chemin qui jouxte l'AJ, l'une des plus vieilles églises d'Islande (1866). Construite en bois, elle est entourée d'un petit cimetière fermé par un enclos, dans lequel les pierres tombales s'efforcent de rester droites dans l'herbe. La quiétude du lieu contraste avec les paysages alentour. Une carte postale émouvante. À part l'AJ et l'église, il n'y a rien, et c'est tant mieux car l'endroit est charmant ainsi.

Arriver – Quitter

➤ *De et pour Höfn ou Egilsstaðir :* 1 bus/j. 1er juin-31 août. 12-31 mai et 1er-17 sept : 1 bus lun, mer et ven. Pas d'arrêt prévu, mais il suffit de demander au chauffeur de vous déposer.

Où dormir ?

⚕ *Camping :* à quelques centaines de mètres de l'AJ, même proprio. Compter 500 ISK (5 €) par pers, douche comprise. Possibilité de louer des bungalows avec douches et TV. Pour l'avoir en entier (8 pers), compter 6 000 ISK (60 €). Mais possibilité de ne louer que 2 places, pour le prix de l'AJ !

🏠 *Auberge de jeunesse privée Bergsvein :* ☎ 478-17-17. Fax : 478-17-85. ● www.eldhorn.is/stafa fell ● L'AJ est située en retrait de la route, à gauche du petit chemin, derrière les arbres. Ouv avr-oct. Compter 2 000 ISK (20 €) par pers. Une soixantaine de places réparties dans 4 maisons, dont l'école, petite maison verte au toit rouge. Intérieur restauré et bien agencé. Chambres pour 2 à 8 pers. Cuisine et lave-linge. Pas mal de passage.

➤ **DANS LES ENVIRONS DE STAFAFELL**

➤ Point de départ pour des balades, à pied, derrière l'AJ, dont une de 5h très prisée jusqu'à *Hvannagil,* dans les collines environnantes. Carte des randonnées disponible à l'AJ.

🎥🎥 *Le parc de Lonsöraefi :* un bus 4x4 part de l'AJ ; après 1h30 à 2h de route, on marche une petite heure et on revient dans l'après-midi. Slt de mi-juin à début sept. Compter 5 000 ISK (50 €) par pers. On peut aussi choisir de passer la nuit sur place, au refuge ou en camping. En effet, cette région belle à couper le souffle fera le bonheur des randonneurs à la recherche d'expéditions peu connues en Islande. D'un jour à plus d'une semaine, plein de possibilités. Renseignez-vous auprès de l'AJ. Nombreuses informations et photos sur le site ● www.eldhorn.is/stafafell ●

– À 15 km de là, à Hvalnes et Vestra Horn, possibilité de voir des phoques et des orques le long de la baie de *Lónsvík.* Mais rien de garanti, bien sûr.

LE CENTRE

LA RÉGION DE KJÖLUR

C'est de Gullfoss que part la F35, l'une des deux routes qui coupent l'île de part en part. Cette piste est l'une des plus belles d'Islande et permet d'admirer les glaciers, lacs et autres champs de lave qu'elle traverse. Elle est accessible en bus grâce au forfait bus *Highland passport*. Ainsi, le lac Hvítárvatn (et le glacier Langjökull qui s'y jette) offre au regard un panorama magnifique et, plus au nord, la région du lac Blöndulón est impressionnante. Mais avant tout, dans le Kjölur, vous devez vous arrêter dans un site d'exception : Hveravellir.

HVERAVELLIR

Hveravellir se trouve à un peu plus de 200 km de Reykjavík et à 110 km de Blönduós, en fin de piste.

Arriver – Quitter

➤ **En bus :** c'est la compagnie *SBA-Norðurleið* qui assure la liaison entre Akureyri et Reykjavík. Ce bus n° 610 dessert Selfoss, Geysir et Hveravellir, avec des haltes de 30 mn histoire de profiter un peu des curiosités du coin. Départ chaque j. fin juin-fin août depuis le *BSÍ* de Reykjavík à 8h, idem depuis Akureyri. Prévoir un peu plus de 9h de trajet. Attention, le ticket est payant quel que soit le *pass* que vous avez. Compter plus de 8 600 ISK (86 €), ce qui n'est vraiment pas donné. Aucune réduc si vous n'allez pas plus loin que Kjölur, autrement, 30 % avec l'*Omnipass* et 10 % avec le *Full-Circle Pass*. On peut évidemment passer la nuit dans un refuge (par exemple à Hveravellir) et reprendre le bus le lendemain. Si vous n'avez pas l'intention de vous rendre dans les fjords du Nord-Ouest ou dans la péninsule de Snæfellsnes, il est plus astucieux de couper par la F35, car la portion de la route 1 entre Reykjavík et Akureyri n'offre pas grand intérêt.
➤ **En voiture :** il est désormais possible de prendre cette piste avec un véhicule normal (en été slt) depuis la construction du pont sur la Hvítá. Mais il faut savoir qu'un véhicule de location à deux roues motrices n'est en général pas assuré sur les pistes de ce type (commençant par un « F »).

Où dormir ?

⋀ *Campings de Hveravellir et Hvítárnes :* gérés par les refuges. Compter 700 ISK (7 €) par pers. Ce prix comprend l'accès au refuge. À Hveravellir, terrain très agréable et un bassin spécialement aménagé où se déverse l'eau des sources chaudes. Ah ! un bon bain, à minuit, à la fin juin, avec en point de mire les couleurs du soleil couchant sur les pentes enneigées des glaciers... on voudrait ne jamais en sortir ! Toilettes et robinet d'eau dans les 2 campings. Supérette. Pas de salle commune.

≜ *Refuges à Hveravellir, Djófdalir et Hvítárnes* qui sont gérés par la *Ferdarfélag Íslands*. Renseignements : ☎ 568-25-33 ou ● www.fi.is ● Les refuges de Hveravellir et Hvítárnes sont les mieux équipés. Toilettes, eau courante, cuisines (non accessibles à ceux qui campent), mini-cafétéria, barbecue. Un gardien vous accueillera et vous renseignera. À Djófdalir, rien de tout ça. Compter moins de 2 000 ISK (20 €) par pers. Réduc pour les membres.

À voir. À faire dans le coin

À 620 m d'altitude, Hveravellir réunit tout ce qui fait l'attrait de l'Islande : la solitude désertique des champs de lave et des plaines de sable, la majesté des glaciers, l'activité surchauffée des solfatares, fumerolles et autres bains de boue et sources d'eau chaude.

➢ Tout autour du site, de ***nombreuses balades*** à faire, présentées dans un dépliant que vous offre le gardien si vous y restez au moins une nuit. Notre préférée, la balade allant à Djófafell, sur la F735. Compter env 3h de marche à travers les déserts de lave. À l'arrivée, une vue panoramique sur le glacier avec, au premier plan, de superbes plaines verdoyantes. Extraordinaire ! Possibilité de dormir sur place dans le refuge de Djófdalir.

🥾 Au sud de Hveravellir se trouve ***Beinhóll,*** nom qui signifie « la colline aux os ». Il y a plus de 200 ans que 4 hommes et leur troupeau de 200 moutons ont été pris dans une tempête et ont tous péri. Superstitieux, abstenez-vous de changer de place les os qui jonchent le sol, cela pourrait vous porter malheur.

➢ Également une randonnée belle et variée, qui longe les glaciers et vous conduira au refuge de ***Hvítárnes,*** en face du lac Hvítárvatn (compter 4h de marche en moyenne durant 3 j.). Pour le retour à Hveravellir, vous pourrez toujours prendre le bus qui fait la liaison Reykjavík-Akureyri, ou faire du stop, si vous avez une très grande patience, sur la piste qui passe juste à côté. À ceux qui veulent remonter la piste à vélo : prévoyez surtout un supplément de provisions et d'eau, des coupe-vent et de bonnes roues. Pour les spécialistes du tout-terrain par tous temps. Au nord, la piste rejoint la route 1 à 25 km à l'est de Blönduós et à 24 km à l'ouest de Varmahlíd.

DE HVERAVELLIR À KERLINGARFJÖLL

Au sud de Hveravellir par la F35, puis la F347. Cette piste peut être praticable pour les voitures normales, mais cela dépend de la profondeur des deux gués à passer. En tout cas, rappelez-vous toujours que les bas de caisse ne sont jamais assurés...

Le bus ne dessert pas Kerlingarfjöll, mais il est possible de demander au chauffeur de s'arrêter à l'intersection de la F347, située à 10 km environ de Kerlingarfjöll. Deux gués, profonds de 10 à 35 cm, risquent cependant de mettre vos pieds à l'épreuve. Autre solution, contacter le gardien du site de Kerlingarfjöll (téléphone plus bas) et demander à ce que l'on vienne vous chercher. Assez cher. Dernier téléphone public à Geysir.

🥾🥾 Cette jolie route de montagne nous conduit aux sources chaudes de ***Hverasverdi,*** signalées par un panneau *« Hot spring area »,* à 5-6 km du camping. Sans doute l'un des plus beaux sites d'Islande (et l'un des moins touristiques !), où les fumerolles viennent recouvrir les montagnes brûlées et déformées qui dominent la région du Kjölur. De nombreux sentiers permettent de parcourir cet endroit irréel. À ne rater sous aucun prétexte !

En quittant le site, la route continue sur 500 m, avec, au bout, un point de vue imprenable sur le glacier de Hofsjökull.

Où dormir ? Où manger ?

⋏ ᝐ |●| *Camping et refuges :* à Kerlingarfjöll. ☎ 854-42-23 (portable). ● www.kerlingarfjoll.is ● Le camping est très bien situé, au cœur d'une station de ski estivale. Prévoir 750 ISK (7,50 €) par pers. Terrain correct. Grand chalet de 28 places où vous pouvez dormir pour env 3 000 ISK (30 €) en sac de couchage ; un peu moins cher au 3e étage. Autrement, possibilité de louer de plus petits chalets de 6 à 12 places équipés de cuisines et de toilettes pour 2 500 ISK (25 €) par pers. À la disposition de tous, douches et *hot pots* compris dans le prix du camping ; et également des chevaux. Salle commune où vous pouvez cuisiner, accès payant (200 ISK, soit 2 €). Vente de sandwichs et de hamburgers sur le site.

À faire

Le *camping de Kerlingarfjöll* (adresse ci-dessus) est le point de départ de nombreuses activités (se renseigner au camping).
– Aux mois de juin et de juillet, il est possible de *skier,* mais, depuis quelques années, il ne neige pas suffisamment. Location du matériel au camping.
– Le propriétaire, en grand connaisseur, vous proposera aussi des excursions de *spéléologie* (le prévenir à l'avance) où l'on explore les impressionnantes grottes du glacier ; claustrophobes, s'abstenir !

L'EST

Paysages de vallées et de montagnes sauvages en bord de mer. L'Est est peu peuplé (12 000 hab.), et les rares habitants vivent dans des villages disséminés au fond des fjords longs et majestueux. La petite capitale, Egilsstaðir, n'est vraiment pas intéressante : concentrez-vous sur des fjords de rêve comme Seyðisfjörður ou Fáskrúðsfjörður.
Les transports locaux (indispensables pour parcourir la route des fjords) sont assurés par Austfjarðaleið : ☎ 477-17-13. ● www.austfjardaleid.is ●

DJÚPIVOGUR
400 hab.

Un adorable village construit en demi-cercle autour du petit port. Même si vous n'êtes que de passage, c'est une escale charmante.

Arriver – Quitter

🚌 **Terminal des bus :** devant l'hôtel *Framtíð*.
➤ **De et vers Höfn et Egilsstaðir :** juin-août, 1 bus/j. 15-31 mai et 1er-30 sept, 1 bus lun, mer et ven. Situé *grosso modo* à 1h30 de Höfn et 2h30 d'Egilsstaðir.

Adresses utiles

🛈 **Office de tourisme :** Langabúd. ☎ 478-82-20. Ouv en été 10h-18h. *Langabúd* est un ancien comptoir de commerce datant de l'époque où les Danois avaient le monopole sur le commerce en Islande. Ce long entrepôt aux murs rouges renferme un café (tlj 10h-23h30, sf dim 10h-18h), un magasin d'artisanat local et 3 musées. Ce bâtiment d'architecture imposante constitue une étape agréable pour se ravitailler en informations.
■ **Piscine :** derrière l'hôtel *Framtíð*. Tlj 7h-20h30, sf w-e 10h-18h. Entrée : 300 ISK (3 €). Salle fitness, 3 *hot pots*.

Où dormir ?

⚴ **Camping :** s'adresser à l'hôtel *Framtíð,* en face du port, entre l'hôtel et la station-service. Prévoir 700 ISK (7 €) par pers. Cadre sympathique, assez plat. Toilettes, eau. Douches payantes. Pas de salle commune. Très propre. BBQ.
🏠 **Hôtel Framtíð :** situé devant le port, dans le bas du village. ☎ 478-88-87. ● framtid@simnet.is ● Tte l'année. Des chambres avec ou sans salle de bains, à partir de 8 200 ISK (82 €) et 2 850 ISK (28,50 €) par pers si on vient avec son sac de couchage. Chambres pas très folichonnes. Heureusement qu'on a accès au sauna.

Où dormir dans les environs ?

⚴🏠 **Auberge de jeunesse :** à Berunes (le bus Egilsstaðir-Höfn dessert ce village). ☎ 478-89-88 ou 869-72-27 (portable). Fax : 478-89-02.

● www.simnet.is/berunes ● Située 42 km après Djúpivogur, juste de l'autre côté du fjord ! Ouv mai-oct. Compter 1 850 ISK (18,50 €) pour les membres et 2 200 ISK (22 €) pour les autres. Également des *cottages* tout équipés et accolés à la ferme entre 7 500 ISK (75 €) sans cuisine et 9 000 ISK (90 €) tt confort. Il s'agit d'une ferme de plus de 100 ans avec sa petite église et son cimetière, le tout au pied d'une montagne et face à un fjord. L'AJ est adorable avec ses petites pièces tout en bois et très personnalisées. Essayez de dormir dans une chambre au 1er étage, mansardée et particulièrement intime. Excellent accueil. À côté, carré de camping : 600 ISK (6 €) par pers. Petit déj pas donné (900 ISK, soit 9 €) mais incontournable, ne serait-ce que pour les fameux pancakes du proprio. À disposition de tout le monde, une cuisine suréquipée avec une cuisinière d'époque et une salle commune où il fait bon se lover après une longue journée. Possibilité d'acheter des produits frais à la ferme. Bref, une étape très agréable.

Où manger ?

I●I Une des possibilités consiste à aller dévorer un *burger* au **snack** à côté entre l'hôtel *Framtíd* et le camping. Vue sur le port !

À voir. À faire

🎨 Trois **musées** dans la baraque de l'office de tourisme. Tlj 10h-18h. Entrée : 500 ISK (5 €) pour les trois. L'un consacré au sculpteur Ríkardur Jónsson – le plus émouvant –, un autre à Eysteinn Jónsson, un politicien, et un musée folklorique à l'étage (vieille vaisselle, vieille caisse enregistreuse, vieilles valises... bof).

➢ **Excursion sur l'île de Papey :** départ du port du village. Durée 4h, dont 3h sur l'île. Départ à 13h. Renseignements : ☎ 478-81-19. Fax : 478-81-83. ● papey@djupivogur.is ● Compter 3 500 ISK (35 €). On peut y voir, en plus de tas de jolis zozios, la plus vieille et plus petite église de bois subsistant dans le pays : elle date de 1807.

STÖÐVARFJÖRÐUR
270 hab.

Charmant village endormi situé le long d'un petit fjord. Difficile néanmoins d'en dire plus.
– Station-service, banque et poste.
– Un seul bus quotidien (lun-ven) : il part d'Egilsstaðir et descend par la route des fjords jusqu'à Breiðdalsvík. 1h de trajet.

Où dormir ?

⛺ Site de **camping** gratuit à la sortie est du village. ☎ 475-05-15. Juste un lavabo. Au pied de la montagne.
🏠 **Kirkjubær :** ☎ 475-17-13. ● birgiral@simnet.is ● Compter 2 000 ISK (20 €) avec sac de couchage. Peut-être l'hébergement le plus surprenant d'Islande : on dort dans une église traditionnelle mignonne comme tout. Le délire est poussé loin, puisqu'on y a aménagé une douche, un coin-cuisine et même un salon TV à gauche de l'autel ! Les matelas sont en mezzanine.

Où dormir ? Où manger dans les environs ?

🛏 |●| *Café Margret :* sur la route 1, à Breidalsvík, au sud de Stödvarfjörður. ☎ 475-66-25. ● cafe. mar@mi.is ● Compter 8 900 ISK (89 €) la double. Un coup de cœur pour ce chalet qui ne déparerait pas dans les alpages suisses. Dans les chambres croquignolettes, meubles anciens au bois sombre (on adore les lits bateau d'un autre âge). Notre préférée est la n° 4. Toutes avec salles de bain rutilantes et TV satellite. Au rez-de-chaussée, salon de thé-resto de poupée. Soupes maison, snacks et plats élaborés. Une belle surprise !

À voir

🏃🏃 *Steinasafn :* tlj 9h-18h. Compter 400 ISK (4 €) la visite. Ce « musée minéralogique » est en fait une collection de pierres amassée par Petra, une dame âgée qui a passé une grande partie de sa vie à arpenter les montagnes alentour et à rassembler ses trouvailles dans son jardin et chez elle. Très fleuri et assez reposant, en dehors des heures de visite des groupes !

FÁSKRÚÐSFJÖRÐUR
570 hab.

Juste trois rues parallèles à des hauteurs différentes et des petits ruisseaux qui dévalent vers le fjord... Ce village ressemblerait à bien d'autres sans son histoire tout à fait particulière : il a été fondé par des pêcheurs français qui y résidèrent jusqu'au début du XXe siècle ! En conséquence, les noms des rues sont écrits en deux langues : l'islandais et le français. À part ça, pas grand-chose à y faire.
On trouve les indispensables épicerie, station-service, banque, poste et piscine.

Arriver – Quitter

🚌 *Terminal des bus :* station-service Shell, à l'entrée de la ville.
➢ *En bus :* 1 bus/j. (slt en sem) dans les 2 sens, celui qui fait Egilsstaðir-Breiðdalsvík. Compter 40 mn de trajet jusqu'à la capitale régionale.
➢ *En voiture :* accessible depuis Egilsstaðir par la route 92. Presque 100 km de trajet.

Où dormir ? Où manger ?

⚕ *Camping :* sur votre gauche avt l'entrée du village. À côté d'un petit cours d'eau. Gratuit. Terrain tout petit, à côté d'un étang. Sanitaires. Si vous voulez prendre une douche, rendez-vous à la piscine à l'autre bout du village (entrée : 280 ISK, soit 2,80 €).
|●| Venez donc prendre une part de tarte, quiche lorraine ou gâteau au *café du musée des Français en Islande.* Accueil sympa et cadre mignon, avec une terrasse et des nappes à carreaux bleus et blancs.

À voir

🏃 *Dans le village,* l'hôpital, la maison du consul (aujourd'hui la mairie), la chapelle et une maison construite avec le bois d'une goélette échouée ont été bâtis par des pêcheurs français. La grande époque des pêcheurs de goélettes en Islande a duré du milieu du XIXe siècle jusqu'à la Première Guerre mondiale. Relisez pour l'occasion *Pêcheur d'Islande* de Pierre Loti (voir « Livres de Route » dans « Généralités »).

🏃 *Le musée des Français en Islande :* bâtiment bleu signalé par un drapeau français. ☎ 475-15-25. • www.fransmenn.net • Tlj juin-août 10h-17h. Entrée : 420 ISK (4,20 €).
Dans une toute petite salle, musée assez émouvant consacré aux pêcheurs français venus travailler sur les côtes islandaises. Des photos, un documentaire, quelques objets. On reste un peu sur notre faim. Salon de thé.

🏃 À la sortie sud-est du village, remarquer le panneau qui signale le *cimetière français.* En contrebas, au bord de l'eau, un monument sur lequel on peut lire « Ici reposent 49 pêcheurs français », ainsi que le nom des marins et de leurs bateaux et un poème « en français dans le texte ». Fin de la séquence patriotique.

REYÐARFJÖRÐUR
630 hab.

Le village se trouve tout au fond du fjord du même nom, le plus long de toute la côte est (plus de 30 km). Il a fait la une des journaux : l'ALCOA, société productrice d'aluminium, y a construit une nouvelle usine, impressionnante, contre laquelle de nombreuses organisations écologiques ont lutté. Inauguration en 2008. En attendant, les hôtels sont pleins.
Trois stations-service se partagent les services dont vous aurez besoin. Poste et banque.

Arriver – Quitter

🚌 *Terminal de bus :* station-service Olis.
➢ *En bus :* fin mai-début sept, les bus faisant le trajet entre Egilsstaðir et Neskaupstaður s'arrêtent ici. Ainsi, 5 bus/j. passent lun-ven et 2 de plus le sam. Pas de bus le dim. Le reste de l'année, 5 bus/j. en sem, 1 le sam et 1 le dim. *Omnipass* accepté. Trajet de 30 mn pour Egilsstaðir.

Où dormir ?

⋏ *Camping :* le terrain se trouve à l'entrée du village. ☎ 895-16-39 (por- | table). Gratuit. Nouveaux blocs sanitaires avec douches chaudes gratuites.

À voir

🏃 *Icelandic Wartime Museum :* en surplomb du village, tout en haut de la colline ; c'est fléché depuis la route principale. ☎ 470-90-95. • www.fjarda byggd.is • Tlj en été, 13h-18h. Entrée : 400 ISK (4 €).
On repère le musée à ses hangars tout rouges : en temps de guerre, ils servaient d'hôpital. Pas moins de 4 000 soldats étaient stationnés ici, origi-

naires notamment des États-Unis, du Canada et de Norvège. Sur un village de 300 habitants à l'époque, ça devait se bousculer ! Salle consacrée à Thorstein Jónsson, un héros local puisqu'il était le seul Islandais engagé dans la *Royal Air Force.* Nombreux uniformes et équipements. Ne vaut pas trop la dépense tout de même.

EGILSSTAÐIR
1 600 hab.

Le cadre assez verdoyant change un peu des paysages désertiques. Cette ville, à peine plus grande qu'un village et d'aspect très décousu, est située sur la route 1. C'est le point de chute idéal pour des excursions vers les fjords et vers Hallormsstaður. On y trouve banques, poste, piscine, stations-service, plusieurs supermarchés, pharmacie et hôpital. Egilsstaður se trouve au bord d'un lac (le Lagarfljot) dont on dit qu'il serait habité par un cousin de Nessie, le monstre du loch Ness. Une balade totalement dépaysante en perspective.

Arriver – Quitter

En bus

Terminal de bus : bus *TRex,* à l'office de tourisme. Sinon bus *Austfjarðaleid,* à la station-service.

➤ **De Höfn :** juin-août, 1 bus/j. ; 15-31 mai et en sept, 1 bus lun, mer et ven. Un peu moins de 4h de route.

➤ **Liaisons avec Akureyri et Mývatn :** avec la compagnie *TRex,* ligne 62. Juin-août, 1 bus/j. le mat ; en mai, 1 bus lun, mer, ven et dim. Depuis Akureyri, 4h de route et 2h depuis Reynihlid (Mývatn). Idem dans l'autre sens : juin-août, 1 bus/j. le mat ; en mai, 1 bus mar, jeu, ven et dim.

En avion

✈ L'aéroport est situé à 3 km au nord d'Egilsstaðir. ☎ 570-30-30. • www.air iceland.is •
Fin mars-fin oct, plusieurs vols quotidiens ; 3 ou 4 vols/j. en été.

Adresses utiles

🛈 **Office de tourisme :** ☎ 471-23-20. Fax : 471-18-63. • www.east.is •
À l'accueil du camping. Tlj : en été, 8h-22h sf sam 12h-16h et dim 14h-20h ; début mai et de mi-août à mi-sept, 9h-18h.

@ **Points de connexion Internet :** Laufskógar 1, dans le bâtiment qui fait musée et bibliothèque. À gauche après le centre commercial, puis à droite. Tlj 14h-19h. À l'office de tourisme également. Pour les clients, Internet gratuit chez *Tea & Kaffi.*

■ **Distributeurs :** à la *KB Banki,* à côté de la poste et du *Café Nielsen,* (☎ 470-18-00) ou à la *Landsbankinn* (☎ 410-41-75).

■ **Pharmacie :** en allant vers le *Café Nielsen.* ☎ 471-12-73.

■ **Piscine :** en face de l'*Hôtel Edda.*

Où dormir ?

⚐ **Camping :** au grand carrefour, près de la station *Esso,* au bord de la route 1. Mêmes coordonnées que l'office de tourisme. Compter

750 ISK (7,50 €) par pers. Bien équipé, sanitaires relativement propres. Pas de salle commune, mais possibilité de se faire un barbecue. Infos touristiques, douches gratuites. Emplacements assez exigus mais arborés.

⚑ Également possibilité de camper à la sortie nord de la ville, au camping *Skipalækur*, à *Fellabær*, juste après le pont au bord du lac. Renseignements : ☎ 471-13-24. Compter 600 ISK (6 €) par pers. Plus de calme et plus de place. On peut y louer de petites huttes aux toits bleus avec kitchenette : 8 000 ISK (80 €) pour deux.

🛏 |●| *Fosshotel Valaskjálf :* tout en haut de la ville, dans un coin assez vilain. ☎ 470-50-50. Fax : 470-50-59. ● www.fosshotel.is ● Tte l'année.

À partir de 9 900 ISK (99 €) la double sans salle de bains en hte saison, ou 19 000 ISK (190 €) avec sanitaires privés, petit déj compris. Réducs faciles à négocier. Hôtel d'une tristesse pesante. Chambres pas mal, assez grandes, mais elles sont loin de valoir de tels prix. Fait aussi resto.

🛏 *Guesthouse Egilsstaðir :* du carrefour central, prendre la route qui part entre les deux supermarchés, à l'opposé du centre-ville. ☎ 471-11-14. Fax : 471-12-66. ● www.egilssta dir.com ● Tte l'année. Chambre double avec salle de bains pour 13 900 ISK (139 €), petit déj inclus. Jolie maison blanche au bord du lac, enfouie dans la verdure. Chambres bas de plafond, mais très confortables, avec salle de bains. Atmosphère cosy. Bon accueil.

Où dormir dans les environs ?

🛏 *Hôtel Edda :* à Eiðar. ☎ 444-48-70. ● www.hoteledda.is ● À 15 km par la route 94 au nord d'Egilsstaðir. Ouv de mi-juin à fin août. Compter 7 200 ISK (72 €) la double sans salle de bains. De 1 700 à 2 200 ISK (17 à 22 €) avec un sac de couchage. À proximité du lac Lagarfljót. Bâtiment assez tristounet.

🛏 *Auberge de jeunesse :* à Húsey. ☎ 471-30-10 ou 854-85-54 (portable). Fax : 471-30-09. ● www.husey. de ● À 56 km au nord d'Egilsstaðir et à 29 km de piste de la route 1 (par la route 925 puis la 926). Trajet assez long : réservez avant afin de

ne pas avoir de mauvaise surprise ! Ouv avr-oct. En dortoir, 1 650 ISK (16,50 €) pour les membres, 2 000 ISK (20 €) pour les non-membres. En lit double, compter 2 750 ISK (27,50 €). On aime beaucoup cette petite AJ paumée d'à peine 20 lits et agencée de manière conviviale. Située sur le delta de deux rivières, elle permet de faire de nombreuses balades le long de la mer. On aperçoit souvent des phoques se faire dorer le gras. Le propriétaire, un jeune fermier super sympa, fait visiter sa ferme et peut vous emmener à la pêche.

Où manger ? Où boire un verre ?

|●| *Supermarchés* Bonus, Sam-kaup et KHB dans le centre.

|●| 🍸 *Tea & Kaffi :* Midvangur 2-4. ☎ 471-22-19. Face au centre commercial et à Landsbankinn. Au fond d'une boutique de... thé et de café, quelques tables de bistrot, un vieux sofa, des tableaux d'art contemporain. Un lieu plein de quiétude, un peu bohème. Le frigo regorge de produits frais, de légumes et de fruits. Au menu, plats du jour à

moins de 1 000 ISK (10 €). Tartes, tourtes, quiches, lasagnes, servies généreusement. Soupe du jour pas mauvaise du tout. Comme les desserts ! Sert aussi jus de fruits frais, café, thé, etc. Internet gratuit à disposition.

|●| *Café Nielsen :* Tjarnarbraut 1. ☎ 471-26-26. Monter la rue principale, c'est sur votre gauche après la poste. Tlj l'été. Plats à partir de 1 100 ISK (11 €). Cette très jolie mai-

son (la plus ancienne du village), entourée d'une terrasse protégée par des arbres, mérite que l'on s'éternise un peu. Vous pourrez enfin goûter à des spécialités islandaises (renne, macareux) très bien servies, sans vous ruiner. Également resto rapide, et délicieux gâteaux.

À voir

🎥 *Safnahús (Le musée culturel des Fjords de l'Est) :* ☎ 471-14-12. Tlj en été 11h-17h, sf mer 21h ; le reste de l'année, lun-ven 13h-17h. Entrée : 400 ISK (4 €). Pas mal de pièces qui valent le coup d'œil. La reconstitution d'une tombe d'un riche fils de Viking, enterré avec sa coutume avec son cheval et ses armes, histoire de prolonger le plaisir du combat jusqu'au Valhalla... Une ferme de tourbe reconstituée elle aussi, utilisée jusqu'en 1969. Les animaux étaient parqués en sous-sol pour que leur chaleur (et leur odeur !) monte et réchauffe la chambre. Toute une section assez émouvante sur la famille, de la naissance à la mort, des enfants aux grands-parents... Objets religieux. Bague viking (très rare) datée du milieu du XIIe siècle.

➤ *DANS LES ENVIRONS D'EGILSSTAÐIR*

🥾 *Borgarfjörður :* accessible par la route 94. Ce petit fjord est, de l'avis des spécialistes, le meilleur endroit en Islande (mis à part le hameau de Höfn à l'est du fjord) pour l'observation des macareux, des mouettes tridactyles et des pétrels fulmar. À noter également, à Bakkagerði, une cabane d'observation des oiseaux a été équipée de jumelles et d'un bouquin-guide à disposition. Meilleure saison d'observation : mai-juin.

➤ *La route Egilsstaðir – Grímsstaðir :* la route 1 s'enfonce à l'intérieur de l'île, comme un *no man's land* qui paraît sans fin. Impressionnant ! Succession de vastes paysages sauvages, alternance de vert et de noir puis, à partir de Möðrudalur, zone désertique entourée de montagnes noires recouvertes de neige éternelle. À Grímsstaðir, il y a un petit *camping*. Faites le plein en quittant Egilsstaðir, plus de station-service avant 168 km (à Mývatn) et encore plus pour Ásbyrgi. Rien, mais vraiment rien entre Egilsstaðir et Mývatn.

HALLORMSSTAÐUR

Sur la rive est du lac Lagarfljót, 30 km de long, à une vingtaine de kilomètres au sud d'Egilsstaðir, se trouve ce hameau perdu dans ce que l'on appelle LA forêt d'Islande. À ne pas manquer, c'est une autre facette totalement inconnue de l'Islande.

Décimée par les cataclysmes et une exploitation à outrance, la forêt islandaise est devenue une espèce en voie de disparition. Difficile d'imaginer qu'autrefois l'île était boisée. En 1903, on a commencé à replanter et aujourd'hui une cinquantaine d'espèces d'arbres sont représentées dans cette réserve d'une surface de 1 854 hectares. La plupart sont des espèces endogènes (natives). Les arbres les plus hauts font environ 13 m et peuvent avoir 150 ans. Le projet de reboisement se poursuit et commence à porter ses fruits.

Infos utiles

➤ En voiture, prendre la route 931 à 11 km au sud d'Egilsstaðir.
– Pas de service de bus.

– Pensez à vous approvisionner avant de vous aventurer dans la forêt d'Islande. Il n'y a que la station-service en cas de besoin. Resto du *Fosshótel* hors de prix et cafétéria de la maison de Gunnar Gunnarsson accessible à ceux qui ont payé l'entrée du musée.

Où dormir ?

⟋ *Camping :* à Atlavík, 2 km après Hallormsstaður. ☎ 471-17-74 ou 849-14-61 (portable du gardien). Fax : 471-21-72. Compter 550 ISK (5,50 €) par pers, récoltés par le gardien qui fait le tour des tentes. Superbe cadre : les pieds dans l'eau, face au lac et sous les arbres. Bien entretenu. Malheureusement, il est bizarrement équipé : il n'y a pas de douches ! Toilettes et éviers slt. Douches au camping *Mörk,* à 1 km en retournant vers Egilsstaður, après la station-service à gauche. Très fréquenté.

🛏 *Grái Hundurinn (« le chien gris ») :* sur la gauche avant le *Fosshótel.* ☎ 471-21-28 ou 862-05-43 (portable). ● www.graihundurinn.is ● Prévoir 8 700 ISK (87 €) pour deux, sans sanitaires. Dans une belle demeure nichée au fond des bois,

une poignée de chambres, dont une seule avec salle de bains privée. Peu lumineuses, elles n'en sont pas moins élégantes : parquet sombre, miroirs cerclés de cuir, mobilier cosy. Un cachet fou. Ne sert pas de petit déj. Rien pour cuisiner non plus, hélas.

🛏 *Fosshótel :* Hallormsstaður. ☎ 471-17-05. ● www.fosshotel.is ● Chambres pour deux sans salle de bains à 9 900 ISK (99 €), 14 700 ISK (147 €) avec. Demander les chambres impaires pour avoir la vue sur le lac. Chambres standard pas vilaines du tout et même de bon confort. TV, douches, resto. Assez calme. Possibilité de prendre le petit ferry pour gagner le camping d'Atlavík pour faire une croisière rapide sur le lac. Bon accueil.

➤ *DANS LES ENVIRONS DE HALLORMSSTAÐUR*

🍴 *La maison de Gunnar Gunnarsson :* à *Skriðuklaustur,* 15 km après Hallormsstaður. ☎ 471-29-90. ● www.skriduklaustur.is ● Tlj de mi-juin à fin août 10h-18h (22h mer et sam). En hiver, ouvert à la demande. Entrée : 500 ISK (5 €).
Centre culturel dans l'immense demeure de l'écrivain Gunnar Gunnarsson (1889-1975) construite en 1939. Architecture unique en son genre : pierres de lave et toit couvert d'herbe. Musée sur l'œuvre de l'auteur et expositions temporaires. L'écrivain, qui est le deuxième plus vendu en Allemagne – après Goethe, quand même ! – et qui écrivait en danois, vécut ici pendant 9 ans.
|●| Cafétéria, ouverte aux mêmes horaires. Soupes, plats de poisson autour de 2 000 ISK (20 €) et viandes plus chères. Sinon, snacks. Menus complets mer et sam.

➤ *Hengifoss et Lítlanesfoss :* balade de 1h30 aller-retour. À 10 km de Skriðuklaustur, escalier au départ du parking de Lítlanesfoss, puis ça grimpe... La première chute, Lítlanesfoss, est entourée de colonnes de basalte. S'il fait beau temps, vous aurez la chance d'y voir un arc-en-ciel. Avant d'arriver à Hengifoss, quelques passages un peu plus difficiles. Il vous faudra sauter par-dessus deux cours d'eau et marcher sur un chemin étroit et pentu. Mais le jeu en vaut la chandelle. La chute de Hengifoss, haute de 120 m, fait le bruit d'un Boeing au décollage. Le cirque que la chute a creusé est un spectacle sublime : succession de strates de couleurs rouge, orange et noir.
– À 3-4 km de Hengifoss, *église* avec très belle porte sculptée.

SEYÐISFJÖRÐUR

800 hab.

Petit port de pêche aux maisons de toutes les couleurs, niché au fond d'un joli fjord, 27 km à l'est d'Egilsstaðir. Pour y aller, on passe un col d'où l'on a une très belle vue sur la région et les chutes de Gulufoss, dans un surprenant U de pierres. Clic-clac ! C'est le port d'arrivée du ferry en provenance des îles Féroé, ce qui anime beaucoup la ville le mercredi soir. On aime aussi beaucoup ses galeries d'art, sa gastronomie séduisante et sa superbe AJ.

Arriver – Quitter

➢ **D'Egilsstaðir :** 1er juin-1re sem de sept, 2 bus/j. lun-ven et 1 bus supplémentaire mer et jeu. 1er juin-1re sem d'août, 1 bus en plus sam et dim. En hiver, très peu de bus.

Adresses utiles

L'EST DE L'ÎLE

ℹ️ Office de tourisme : dans un long bâtiment bleu, sur le quai à droite du port. ☎ 472-15-51. Fax : 472-13-15. ● www.sfk.is ● Tlj 8h-12h et 13h-17h sf mer jusqu'à 20h et sam 13h-15h.

■ **Banques** à côté de l'embarcadère, **poste, piscine** couverte et les éternels **snacks** des stations-service. Supermarché *Strax* à l'entrée de la ville.

Où dormir ? Où manger ?

🏕️ **Camping :** dans le centre-ville, à gauche de la petite église bleue. ☎ 861-30-97 (portable). Compter 600 ISK (6 €). Le gérant passe matin et soir pour collecter l'argent. Petit terrain agréable, très peu fréquenté. Sanitaires propres. Douches payantes. Lave-linge. Localisation bien pratique pour prendre le bateau à 12h pour les îles Féroé.

🛏️ **Auberge de jeunesse Hafaldan :** à la sortie nord de la ville, audessus du port. ☎ 472-14-10 ou 891-70-10 (portable). Fax : 472-16-10. ● thorag@simnet.is ● Ouv maifin sept. Compter 1 650 ISK (16,50 €) pour les membres et 2 100 ISK (21 €) pour les autres. Doubles également, entre 4 500 et 5 400 ISK (45 à 54 €). Notre coup de cœur dans la ville et la région ! Bâtiment rose de 24 places au bord de l'eau, très propre, à l'intérieur agréablement décoré. Peaux de phoque et raquettes sur les murs du couloir rappellent les rigueurs de l'hiver en Islande. Chambres pour 4 pers, assez propres, mais avec des matelas très fins. Dans le jardin, ambiance nomade dans une yourte avec 9 matelas (mêmes prix que les dortoirs). Cuisine et lavelinge à disposition. Salon TV très chaleureux aux allures indiennes avec vue sur le port. Atmosphère conviviale. Dispose d'une annexe en centre-ville.

🛏️ ⏺️ **Hôtel-restaurant Aldan :** Nordurgata 2. ☎ 472-12-77. ● www.hotelaldan.com ● À midi, on s'en tire pour 2 000 ISK (20 €), le soir plus cher : de 3 500 à 5 900 ISK (35 à 59 €)... par pers. Chambres doubles entre 14 800 et 16 800 ISK (148 à 168 €), tt confort, fraîches, très lumineuses, aux lits douillets, histoire de bien terminer la journée. De plus, resto gastronomique islandais. Pour fêter un événement particulier, casser ici sa tirelire en vaut la peine ! Originalité des saveurs nordiques flirtant avec les épices méditerranéennes. Grande salle sobre en lambris blanchis et petite alcôve avec vue sur le port (nos places préférées).

|●| *Skaftfell Cultural Centre,* qui dispose d'un petit café super agréable. Se trouve sur Austurvegur 42, derrière la station-service. ☎ 472-16-32. C'est le seul endroit qui bouge ici : on y tient des expos arty et expérimental, l'endroit fait bar, cybercafé... Les plats coûtent entre 900 et 1 500 ISK (9 à 15 €) au déjeuner comme au dîner.

À voir

🎥🎥 *Tækniminjasafn (Le Musée technique) :* sur Hafnargata, tout au bout du village, à droite de la jetée. ☎ 472-15-96. ● www.tekmus.is ● Tlj 11h-17h. Entrée : 500 ISK (5 €).

Ce hangar était au départ une fabrique de moteurs de bateaux fondée en 1907 par un ingénieur du coin, Johann Hansson. Pour alimenter cette usine, la première du genre en Islande, il avait dû construire un barrage – carrément ! – et tout un système de courroies et de poulies, qui grâce à l'actuel conservateur est encore en état de marche ! Comme la fonderie, à côté, qui n'a cessé son activité qu'en 1993. Plus loin dans la même rue, une autre partie du musée concerne les télécommunications. Le bâtiment était une demeure de marchand et fut transformé par la suite en centrale des PTT. Il faut savoir que, vu son statut de porte d'entrée de l'île au début du siècle dernier, Seydisfjördur a été le premier village d'Islande connecté au réseau de télégraphe, en 1906. Et, en 1913, le premier village à bénéficier d'une distribution régulière et massive d'électricité. Là encore, tout fonctionne : le standard, où l'on croit voir encore les fantômes des opératrices, les télégraphes et des radios faites maison par un passionné. À voir encore : un vieux studio photo avec plaques de gravure, des équipements médicaux, etc. Bref, un musée très instructif où l'on peut découvrir les premiers pas du progrès technologique dans ce pays si sauvage qu'est l'Islande.

🎥 Le village regorge de *maisons* datant de la fin XIXe et du début du XXe siècle. Demander à l'office de tourisme la brochure qui détaille les quelque 60 constructions les plus intéressantes, classées par styles : demeures néo-classiques, chalets, bâtiments portuaires... Un plan permet de faire cette jolie balade architecturale.

➤ *DANS LES ENVIRONS DE SEYDISFJÖRDUR*

➤ *À la découverte de Skalanes :* à l'embouchure du fjord, un petit coin de paradis encore très sauvage. Pour y accéder, 13 km en voiture ou en bateau en réservant au ☎ 690-69-66 ou 861-70-08 (portable) ou ● www.skalanes.com ●, parking et 4 km de marche à pied jusqu'au centre d'info. Des balades organisées autour de falaises, au milieu d'une faune riche en oiseaux, poissons et autres canards. Parfois même, des phoques viennent saluer les promeneurs ! Possibilité d'hébergement. Penser à emmener son repas.

Concerts

– Dans l'église bleue sur le port, concerts en été à 20h30 le mercredi. Payant. Musique classique ou groupes islandais.

LE VOLCAN D'ASKJA

Le complexe volcanique de l'Askja est constitué de trois caldeiras emboîtées, dont la superficie totale est de 45 km² !

Comment y aller ?

➢ *En voiture :* à 129 km au sud-est de Mývatn par la route 1, puis la F88, ou d'Egilsstaðir par la route 1, puis la 923 et enfin la F910. En partant de Mývatn ou d'Egilsstaðir, pensez à faire le plein avant de partir, car il n'y a aucune station-service sur la route. Route impraticable pour une voiture normale. On parcourt pendant des heures et des heures un décor lunaire qui servit de lieu d'entraînement aux astronautes de la Nasa avant de marcher là-haut, là-haut sur la Lune ! Arrivé au camping de Herduðbreiðarlindir, prendre la direction d'Öskjuvatn pendant 30 km, jusqu'au point de départ de la randonnée.

➢ *En bus :* aucun bus ne dessert ce site. Il est nécessaire pour les routards sans voiture d'avoir recours à un opérateur spécialisé :

■ *Destination Iceland :* 1 départ/j. de l'*Hôtel Reynihlíð*, à Mývatn, tlj de mi-juin à mi-août. Le tour proposé dure la journée (12h ; départ à 8h). D'autres tours de 3 j., comprenant la région de Kverkfjöll et Vatnajökull.

Départs en juil-août le lun, d'Akureyri, Husavík et Mývatn. ☎ 585-43-00. ● www.dice.is ● Transport et guide pris en charge, mais on doit apporter sa propre nourriture.

Où dormir ?

⚊ 🏠 Nous vous conseillons de dormir au *camping de Herduðbreiðarlindir,* situé à env 30 km au nord d'Askja. Géré par *Ferðafélag Íslands.* ☎ 568-25-33. Fax : 568-25-35. ● www.fi.is ● Résa impérative. Compter 600 ISK (6 €) pour camper et 1 600 ISK (16 €) en sac de couchage. Réducs pour les membres des *FÍ.* Au cœur d'une étendue désertique, un camping verdoyant, traversé de petits ruisseaux, attend le routard avide de contras-

tes. Sanitaires propres et douches payantes. Un *refuge* plus spacieux qu'à Brædrafell, avec cuisine commune.

⚊ 🏠 À *Brædrafell,* un petit *camping* sur un terrain très rocailleux. S'adresser également à *Ferðafélag Íslands.* Conditions assez rudes : sanitaires sales, pas de douche, tout cela dans une ambiance sinistre. Un *refuge* avec cuisine et des matelas à disposition.

À voir. À faire

➢ Compter environ 1h de crapahutage dans un cadre cauchemardesque sur une neige noircie par la cendre. On ne distingue le site qu'au dernier moment, ce qui rend le périple encore plus angoissant et imprévu. Ce n'est qu'après petite côte, au moment où l'on s'y attend le moins, que le panorama apparaît, sublime. Le bleu du *lac d'Öskjovatn* (le plus profond du pays : 217 m) se superpose à la couleur laiteuse et sulfureuse du *cratère Víti* (« Enfer » en français, formé en 1875). Le tout au cœur d'étranges chaînes de montagnes. Ensuite, on part explorer. On peut faire le tour du cratère par un sentier étroit et assez dangereux ou bien tout simplement enfiler son maillot de bain après une descente (un peu sportive) dans le cratère. Un véritable délice. L'odeur du soufre y est supportable, mais attention aux bijoux en argent. Si vous y plongez la tête, vous pourrez entendre la respiration sourde du volcan. Le lac est, quant à lui, d'une grande beauté. Les reflets presque parfaits du glacier y sont particulièrement saisissants. Bref, vous l'aurez bien compris, c'est un de nos endroits préférés.

LE NORD

Dans cette lointaine contrée du nord (36 000 hab.), ne manquez surtout pas le lac Mývatn. Cette région du parc national de Jökulsárgljúfur a été baptisée le « Diamond Circle » par les as du marketing, après le « Golden Ring » à l'ouest. Toujours plus fort ! Mais notre région fétiche reste la péninsule de Vatnsnes, encore sauvage (pour combien de temps ?) avec ses phoques et ses sternes arctiques. Si après tant d'espaces vierges vous souhaitez regagner la civilisation, rendez-vous à Akureyri, la deuxième ville d'Islande, cité vivante aux habitants chaleureux et francs.

Avis à ceux qui trouvent qu'il ne fait pas bien chaud en Islande, il fait généralement meilleur au nord qu'au sud l'été.

LE PARC NATIONAL DE JÖKULSÁRGLJÚFUR

Le fleuve glaciaire Jökulsá á Fjöllum, dévalant du nord du Vatnajökull en direction de l'océan, est le deuxième plus grand d'Islande, avec ses 206 km de long. Il a formé en cours de route un superbe canyon, le dénommé Jökulsárgljúfur, qui s'étend sur 25 km et env 500 m de large. Entre les gorges abruptes de ce canyon vrombissent trois grandes cascades : Selfoss, Dettifoss (la plus connue) et Hafragilsfoss. Cette merveille façonnée par la nature a été classée parc national en 1973. L'entrée est gratuite.

Arriver – Quitter

En bus

➢ **De Mývatn** (Hótel Reynihlid) : 2 bus « excursion »/j. juin-août. En mai et sept, 1 bus/j. Connexion possible avec l'autre bus qui va à Ásbyrgi puis à Akureyri via Húsavík. L'Omnipass n'est pas valable sur ce trajet. Compter 1h30 de route.

➢ **D'Akureyri via Húsavík** : 1 bus « excursion »/j. de mi-juin à fin août. Passe par la route côtière : on longe l'océan Arctique ! Connexion possible avec le bus qui va à Mývatn. Omnipass refusé. Presque 5h de route depuis Akureyri et 3h30 depuis Húsavík.

En voiture

➢ Depuis la route 1, prendre la 864 à une quarantaine de kilomètres de Mývatn. Si vous êtes en 4x4, possibilité de prendre la F862, qui raccourcit le trajet. Mais, à notre humble avis, c'est sur le versant est des gorges (donc par la 864) que l'on a la plus belle vue sur les différentes chutes. En venant de Húsavík, on peut longer la côte par la route 85, très plaisante, et descendre sur le parc par la 864.

DETTIFOSS

🏃🏃🏃 À 28 km au nord de Grímsstadir sur la route 864 et 25 km au sud de la route 85. Au cœur des gorges de la Jökulsá se trouve la plus puissante chute d'eau d'Europe (44 m de haut et 100 m de large). Totalement isolée en plein désert. Pour ceux qui disposent d'un véhicule, sinon essayer le stop. Ça vaut le coup. La piste qui y mène traverse un désert gris meublé de roches polies par le vent. Route difficile, quasi lunaire. Par mauvais temps, le paysage prend une dimension tragique. La terre après une explosion atomique ? Impressionnant. Après avoir laissé sa voiture au parking, il faut marcher 10 mn jusqu'à la chute. Le petit chemin qui la surplombe permet de s'en approcher et d'en prendre plein les yeux et les oreilles. Vous pouvez continuer la balade en amont pour admirer Selfoss, petite enclave formée de multiples chutes, moins impressionnantes mais superbes, à 1 km au sud. Compter env 20 mn de marche. À moins de 2 km en aval coule une autre chute : Hafragilsfoss (27 m de haut). On peut s'y rendre à pied depuis Dettifoss ou admirer le point de vue depuis la route. Possibilité aussi d'y accéder depuis la route d'Ásbyrgi.

ÁSBYRGI

🥾🥾 Canyon boisé de bouleaux, idéal pour une petite balade ou même pour y passer la nuit. Deux théories tentent d'expliquer la formation de ce phénomène géologique bizarre. Si l'on fait appel à la mythologie, il s'agirait d'un empreinte laissée par Sleipnir, le cheval d'Odin qui comme chacun sait courait à la fois sur terre, mer et air, grâce à ses huit pattes (le cheval, pas Odin bien sûr...). Tiens, une devinette tirée de la mythologie scandinave : qu'est-ce qui a dix pieds et trois yeux ? Odin monté sur Sleipnir (précisons qu'Odin était borgne !).
Sinon, plus scientifiquement, il s'agirait d'une éruption du Grimsvötn qui aurait provoqué une coulée d'eau monstrueuse : ne pouvant passer par le lit de la rivière Jökulsá á Fjöllum, elle aurait jailli ici et formé le canyon.
Le parc national est ouvert toute l'année, mais le poste des *Rangers* ferme en hiver. Procurez-vous un plan sur place afin de faire quelques balades sur le site.

Arriver – Quitter

Le site se trouve sur la route 85 en direction de Húsavík, à 30 km au nord de Dettifoss.

En bus

➢ *De Husavík :* 1 bus/j.
➢ *De Mývatn :* prendre la ligne qui va à Dettifoss puis changer pour celle qui fait Dettifoss-Akureyri.

En voiture

➢ Si vous venez du sud par la 864, tournez à gauche en arrivant sur la route 85. Par la F862, ce sera sur votre droite.

Adresses utiles

🛈 *Office de tourisme :* au poste des *Rangers,* à 500 m de la station-service et à côté de l'entrée du camping. ☎ 465-21-95. Tlj 8h-22h en été. Plan du parc en relief et brochure, payante (100 ISK, soit 1 €), disponible en français, avec chemins de randonnées et infos générales sur la région, la faune et le flore.

■ *Station-service :* au bord de la route 85, à 500 m du camping. Tlj 9h-22h. Rassemble tous les services : poste, petite épicerie, restauration rapide. Vente de cartes de randonnée.

Où dormir ?

⚐ *Camping d'Ásbyrgi :* ☎ 465-21-95. Ouv. de fin mai à mi-sept. Prévoir 600 ISK (6 €) par pers. Terrain spacieux et bien agencé. Véritables emplacements séparés par des arbres, ça change des terrains vagues ! Très bien équipé : lave-linge et séchoir, sanitaires impeccables, douches payantes, salle commune. Location de vélos.

– *Camping interdit* dans l'empreinte du cheval d'Odin et partout ailleurs dans le parc national, *sauf à Vesturdalur.* ☎ 465-21-95 (à Ásbyrgi). Prix identiques à ceux d'Ásbyrgi. Cette étape permet de rallier Ásbyrgi à Dettifoss en 2 j. de marche sur le côté ouest des gorges. Sanitaires rustiques et pas de douche. Point info.

À faire

➤ *Randonnées :* la plus facile consiste à partir de derrière le camping. Grimpette jusque la roche déchiquetée d'Eyjan, en prenant à gauche de l'office de tourisme des *Rangers,* puis montée vers le sommet. Et retour vers Ásbyrgi. Un petit tour pour approcher le canyon et puis demi-tour. De multiples autres possibilités, notamment pour les pros bien équipés. Demander la carte (payante) des randos à faire aux *Rangers.*

HÚSAVÍK

2 500 hab.

D'Ásbyrgi à Húsavík (la « baie des Maisons »), superbe route surplombant la mer avec en toile de fond une chaîne de montagnes enneigées. Les paysages très verts contrastent avec la région aride de Dettifoss. On longe de très belles falaises et au large on aperçoit les îles de Mánáreyjar, Lundey et Flatey. À faire de préférence en fin de journée : les effets de contre-jour sont magnifiques. Húsavík est surtout réputée pour être la capitale de l'observation de baleines en Europe. Ici, le tourisme de la baleine bat son plein. Historiquement, ce port n'a jamais pratiqué la pêche à la baleine.

Arriver – Quitter

🚌 *Arrêt des bus TRex :* station *Esso,* face à l'office de tourisme.
🚌 *Arrêt des bus SBA :* au *Gaumli Baukur* sur le port.
➤ *Liaisons avec Mývatn :* 2 bus/j. de mi-juin à fin août. Slt 45 mn de route. *Omnipass* accepté. 2 à 3 bus/j. dans l'autre sens.
➤ *Correspondances avec Akureyri :* jusqu'à 7 bus/j. de fin juin à fin août. Un peu moins le reste de l'année, mais quand même bien desservi par 3 lignes. Compter 1h10 de trajet. *Omnipass* accepté. Même fréquence dans l'autre sens.

Adresses utiles

🛈 *Office de tourisme :* dans le supermarché *Kasko,* rue principale. ☎ 464-43-00. ● www.markthing.com ● Tlj en été 10h-18h30, ven 10h-19h, sam 10h-18h et dim 12h-18h. Quelques docs.

■ *Supermarché :* mêmes horaires que l'office de tourisme.
■ *Poste* et *banque :* dans Garðarsbraut. Distributeur.
■ *Pharmacie (Lyfja) :* près du *Safnahusid.* ☎ 464-12-12.

@ Accès *Internet* à la bibliothèque, en face de la station *Shell,* lun-ven 10h-19h.

■ *Piscine :* Laugarbrekka 2. Tlj 6h45-21h sf w-e 10h-18h. Horaires réduits en hiver.

Où dormir ?

⚐ *Camping :* au nord de la ville, après la station *Shell,* en contrebas d'un vallon, à côté d'un terrain de foot. ☎ 464-22-99. Compter 750 ISK (7,50 €) par pers la 1re nuit, sachant que les suivantes sont gratuites. Pas très propre et pas terrible au niveau équipements, mais ambiance *Auberge espagnole* garantie. Dans une ridicule cabane, on trouve à la fois l'unique douche du camping, le lave-linge et la cuisine.

🛏 *B & B chez Emihild Olsen :* Baldursbrekka 17, au nord de la ville, dans une rue perpendiculaire à la route principale. ☎ 464-16-18 ou 863-41-99 (portable). Compter 1 800 ISK (18 €) avec un duvet et 3 200 ISK (32 €) en lit fait sans petit

déj. Quatre chambres chez des gens adorables. Nains de jardin sur le pas de la porte et meublé un peu kitsch. Bons lits mais cuisine sous-équipée. Dans la même rue, on trouve d'autres hébergements chez l'habitant si celui-ci est complet.

🛏 *G u e s t h o u s e   A r b ó l :* Ásgardsvegur 2. ☎ 464-22-20. Fax : 464-14-63. ● www.simnet.is/ar bol ● À côté de la poste. Tte l'année. Accueil 8h-13h et 17h-23h. En hte sais, il faut compter 9 600 ISK (96 €) la chambre double, petit déj inclus. Dans une belle maison construite en 1903, 8 chambres agréables, dont 2 lambrissées, sous le toit. Sacs de couchage non acceptés. Pas de cuisine. Accueil souriant et pro.

Où dormir dans les environs ?

🛏 *Motel & Guesthouse Stadaroll :* à Laxarvirkjun, 30 km au sud de Húsavík, sur la route 85, en direction de Laugar. Puis route 854, vers Grenjadarstadur. À côté de l'église. ☎ 464-37-07. Fax : 464-37-17. ● www.panoramen.ch/island ● Moins de 8 000 ISK (80 €) la double. Une *gueshouse* au calme absolu.

Accepte les sacs de couchage. Cinq cottages également (nos préférés) tt confort avec kitchenette, rien que pour vous, au bout d'un champ. Bois et lambris brut du sol au plafond, simple et sympa. Accueil jovial, (presque) en français. Fait aussi camping. Petit déj copieux. Possibilité de repas (réserver).

Où manger ? Où boire un verre ?

|●| *Restaurant Salka :* face à l'office de tourisme. ☎ 464-25-51. Tlj 11h-23h. Plats autour de 2 000 ISK (20 €), sinon il y a des *burgers* et snacks habituels à partir de 800 ISK (8 €). Les pizzas grande taille valent pour deux : économique ! Grande salle assez sympa. Bières à la pression. Service souriant.

|●| *Gaumli Baukur :* sur le port. ☎ 464-24-42. Tlj jusqu'à 23h, sf sam 3h. Charmant chalet donnant sur la

jetée. Plats de poisson ou soupe du jour autour de 2 000 ISK (20 €). Portions peu copieuses. Et on a un peu l'impression de gêner... Très bien pour siroter un verre ou goûter un *swiss moka* (chocolat et café au lait) en attendant le bateau...

|●| *Skuld Café :* sur le port. Tlj 9h-22h sf w-e 9h-19h. ☎ 860-29-01. Pour sa terrasse étagée face à la mer ou pour grignoter un snack à l'intérieur.

À voir. À faire

🐾🐾 *L'église :* construite en 1907, c'est l'une des plus belles d'Islande. Tlj 9h-12h et 13h-17h.

🐾🐾🐾 🏃 *Whale Center :* sur le port. ☎ 464-25-20. ● www.icewhale.is ● Tlj en été 9h-19h et 9h-17h mai et sept. Appeler le reste de l'année. Entrée : 700 ISK (7 €). Infos en français à demander à l'accueil.
Malgré la reprise de la chasse à la *minke whale* (la plus petite de la famille des cétacés), l'heure est plutôt à la conservation de l'espèce, et ce musée vous apprendra tout ce que vous voulez savoir sur les baleines, orques, dauphins et sur la vie marine en général. Ainsi, on apprend qu'une baleine bleue pèse l'équivalent de 1 700 hommes ; que, pour s'accoupler, maman et papa baleine font appel à un troisième comparse pour faciliter l'union – c'est ce qu'on appelle tenir la chandelle ! – ; qu'un bébé baleine boit 240 l de lait/j. ; et qu'on peut connaître l'âge des baleines en fonction des anneaux formés au niveau de leurs dents... Très instructif ! Ludique même. Salle en hommage à Keiko, l'orque-star du film *Sauvez Willy,* originaire d'Islande, décédé en 2003 d'une pneumonie dans le fjord norvégien où il avait migré après avoir été relâché. On vous passe les scènes de chasse difficiles et les peu ragoûtants morceaux de baleine et fœtus conservés dans du formol. Plein de squelettes. Et des vrais en plus !

🐾🐾 *Phallological Museum :* Hedinsbraut 3A. ☎ 561-66-63. ● www.phallus. is ● Sur la route principale. Ouv de mi-mai à mi-sept, 10h-18h. Entrée : 500 ISK (5 €).
Il y a des passionnés de tout. Eh bien là, vous entrez dans le musée d'un passionné de... phallus ! Un type a collectionné pendant 30 ans les phallus de différents mammifères, les a étudiés et mis en bocal : du plus gros, appartenant au cachalot, au plus petit, attribué au hamster, un vrai voyage pénien présenté de manière assez originale, puisque les rayons sont agrémentés d'objets humoristiques et de sculptures priapiques, sans oublier les fantaisistes « pénis d'elfe » (cherchez bien !) ou du Père Noël... Beaucoup plus sérieux, Sigurdur Hjartarson – c'est le créateur du musée – attend la donation de pénis humains. Quatre « propriétaires » ont déjà signé pour donner leur membre après leur mort (voir les papiers officiels au mur). C'est le dernier animal qui manque à sa collection... Alors, si vous voulez faire un don d'organe gaulois...

🐾🐾 *Safnahúsið :* Storgarði 17, la rue qui part de l'église et monte vers la colline. ☎ 464-18-60. ● www.husmus.is ● Tlj juin-août 10h-18h ; le reste de l'année, en sem slt, 9h-17h. Entrée : 400 ISK (4 €).
Sur différents étages, animaux empaillés, notamment le plus gros ours polaire tué en Islande, à l'époque où l'on en avait encore le droit ! Il pesait 370 kg et fut tué à Grimsey en 1969. Également des spécimens très curieux de poissons vivant à très grande profondeur. Partie folklorique assez tristounette : différentes reconstitutions d'époque telles que des églises, des bureaux, et exposition de tableaux islandais. La partie maritime est plus intéressante : on y apprend beaucoup sur l'histoire de ces fermiers nordiques qui durent s'improviser marins. Bref, un musée touche-à-tout. Bibliothèque avec accès payant à Internet.

🐾🐾🐾 🏃 *Observation des baleines* (whale watching) : mai-sept. Deux compagnies organisent ces excursions jusqu'à 8 fois/j. en été, dans d'anciens bateaux de pêche aménagés : *Gentle Giants* (☎ 464-15-00 ; dans les 3 700 ISK, soit 37 €, la sortie de 2h) et *Whale Watching North Sailing* (☎ 464-23-50 ; un peu plus cher : 3 800 ISK, soit 38 €, pour 3h) et 2 sorties/j. sur un beau voilier (4 900 ISK, soit 49 €, avec pause « puffins » – les macareux –). Bureaux situés sur le port : on y achète les billets directement.

Le risque de ne rien apercevoir est vraiment minime puisqu'on aperçoit en moyenne 3 ou 4 petites baleines et quelques dauphins. Mais les grosses baleines sont plus rares. Il est préférable de se poster à l'avant du bateau pour ne pas être trop ballotté. Couvrez-vous très chaudement, et si l'on vous donne un cachet contre le mal de mer, ne faites pas la fine bouche... Chocolat chaud et beignets offerts au retour.

LA RÉGION DU LAC MÝVATN

L'un des endroits les plus visités d'Islande en raison de la richesse de son avifaune et de ses diverses particularités géologiques. Une nature presque à l'état pur, où surgissent de toutes parts des petits chefs-d'œuvre : tiens, un volcan endormi, ah ! un lac et ses bois, oh ! des marmites de boue qui glougloutent à côté de la lave encore fumante... Mais ne serait-ce pas un lagon dormant, là-bas dans le noir ? Cette région tient du miracle géologique, minéral et naturel dans un espace très limité. Cela mérite le plus profond des respects ! Et puis Mývatn est considéré comme le plus important lieu de rassemblement de **canards** en Europe. À vos jumelles ! Peut-être aussi pour les moucherons qui ont donné leur nom au lac. Ils ne piquent pas mais sont sacrément agaçants. Sachez que, généralement, quand ils se déplacent en « nuage », ce n'est que la danse de séduction des mâles autour des femelles... sacrée chorégraphie ! Évitez les vêtements blancs, qui les attirent. La partie la plus intéressante se trouve à l'est du lac, entre Reykjahlíð et Skútustaðir.

Arriver – Quitter

En bus

➢ **Liaisons avec Akureyri et Egilsstaðir :** 2 lignes *TRex*, l'une spécialement pour Mývatn et celle qui va à Egilsstaðir. En été, jusqu'à 5 bus/j. dont 1 par Húsavík. En mai et sept, 2 bus lun, mer et ven. *Passes* acceptés. Env 1h20 pour Skútustaðir et 2h pour Reykjahlíð mais tout dépend du bus choisi. Dans l'autre sens, 1 bus/j. juin-août. De mi-mai à fin sept, 1 bus mar, jeu, ven et dim. *Passes* acceptés. Env 2h45 de route pour Reykjahlíð et 3h pour Skútustaðir. Idem dans l'autre sens.

➢ **Correspondances pour Húsavík :** 2 bus/j. avec *SBA-Nordurleid* de mi-juin à fin août. Un autre bus fin mai-fin août, qui fait Akureyri-Mývatn par Húsavík. *Omnipass* accepté. Pareil pour le bus retour.

➢ **Mývatn/Landmannalaugar :** 1 bus « excursion » tout-terrain avec *Austurleid-Kynnisferdir* mar, jeu et dim juil-fin août, qui met plus de 10h pour traverser le pays par le centre. Compter 7 200 ISK (72 €) l'aller simple. Réducs pour ceux qui ont un *pass*. Cela permet de passer par le désert du *Sprenguisandur*, historique traversée nord-sud. Pour quitter Mývatn dans l'autre sens, 1 bus « excursion » lun, mer et ven de juil à mi-août.

En avion

Vols à la demande depuis Höfn avec *Mýflug Mývatn*. ☎ 464-44-00. Fax : 464-44-01. ● www.myflug.is ● Minimum 2 passagers. Réserver au moins 2 j. avt.

En voiture

➢ **Egilsstaðir :** attention ! ce sont 132 km sans station-service qui séparent cette ville et la région de Mývatn. Bien faire le plein avant. Pas âme qui vive dans les environs sur le trajet !

SKÚTUSTAÐIR

Minuscule village avec station-service et petit supermarché, au sud du lac.

Où dormir ?

⚓ *Camping :* petit terrain en face du terminal des bus, au pied des pseudo-cratères. Compter 650 ISK (6,50 €) par pers. Beau chalet avec douches. Pas de salle commune. Les propriétaires passent récolter l'argent. Possibilité de lessive et séchage.

⌂ *Skútustaðir :* il s'agit d'une ferme située juste à côté de l'*Hôtel Sel*, au sud du lac. ☎ 464-42-12. Ouv mai-sept, mais si vous passez l'hiver, ils essaieront de vous recevoir. Compter 8 900 ISK (89 €) pour deux en lit fait et avec le petit déj. N'accepte les sacs de couchage qu'en dehors de la saison estivale, pour 2 500 ISK (25 €) par pers. Chambres un peu vieillottes, cuisine à disposition. D'autres chambres doubles un peu plus confortables mais aussi plus chères dans des bâtiments annexes, avec salles de bains. Pas glamour mais propres et confortables. Visiter avant de dormir. Gère le camping d'en face.

⌂ *Skjólbrekka :* sur la gauche avant d'arriver à Skútustaðir. ☎ 464-41-64 *(Hôtel Sel)*. Salle des fêtes où vous pouvez dormir pour 2 500 ISK (25 €) sur des lits superposés : plusieurs dizaines de lits dans une salle immense. Ça, c'est du dortoir ! Un véritable hall de gare, oui ! Cuisine et douches à votre disposition.

⌂ *Guesthouse Dimmuborgir :* juste en face des châteaux noirs à 2 km au sud-ouest de Hverfjall. ☎ 464-42-10. ● www.dimmuborgir. is ● On aime bien cette adresse un peu excentrée. Chambres doubles avec sanitaires à partager pour 9 000 ISK (90 €). En sac de couchage, 2 500 ISK (25 €) par pers (impossible de réserver en revanche). Une poignée de chambres au mobilier moderne à l'intérieur de la maison. À l'extérieur, 4 chalets de style scandinave avec vue sur le lac et ses concrétions rocheuses, reliés par 2 salles de bains communes. Gentil toutou pour vous accueillir. Truite à vendre. Avis aux amateurs !

Où manger ?

|●| *Hôtel Sel :* hôtel-resto situé à côté de la station *Esso*. ☎ 464-41-64. Snacks à moins de 1 200 ISK (12 €). Menus autour de 1 600 ISK (16 €) le midi et 3 400 ISK (34 €) le soir.

À voir. À faire

Sur la route 1, en direction de Reykjahlíð...

🌿 *Kálfaströnd :* entre Garður et Dimmuborgir. Le chemin commence avant la première barrière. Des blocs de lave aux formes étranges émergent des eaux. Surprenant.

🌿 *Höfði :* idéal pour l'observation de l'avifaune du lac. N'oubliez pas d'aller admirer le point de vue du rocher le plus élevé du parc. Compter au minimum une petite heure, mais on peut facilement y rester des heures à écouter les bruits, cris et chants des oiseaux. Pas bien fléché, mais le but est de s'y perdre et d'apprécier.

🌿🌿 🚶 *Dimmuborgir (les châteaux noirs) :* à 2 km au sud-ouest de Hverfjall. Imposantes formations de lave, aux formes plus ou moins bizarres. La lave est très friable, regardez où vous mettez les pieds et suivez les sentiers balisés pour préserver le site. Cinq parcours fléchés, de 10 mn à 1h,

LA RÉGION DU LAC MÝVATN

permettent de s'y promener. Problème : le site est très touristique. Y aller tôt le ou tard le soir pour éviter les cars de groupes.

🐾🐾🐾 *Hverfjall :* cratère d'explosion vieux de 2 500 ans, accessible depuis la route 1. De là, petit chemin qui mène à un grand parking au pied du cratère (ne pas hésiter à pousser la barrière). Ensuite, il reste 20 mn de montée. Plus facile de grimper par le versant nord et vous aurez généralement le vent dans le dos. Sa forme parfaite (160 m de haut et 1 040 m de diamètre) domine la région. Au sommet, vous vous en doutez, très belle vue sur le lac et les environs (notamment le cratère Lúdent au sud-est). Au fond du cratère, des messages philosophiques du type « I love you » ou « Do you love me ? ». Se munir d'un coupe-vent : le vent souffle fort là-haut. Superbe !

VOGAR

Un lieu-dit pour se requinquer en route.

Où dormir ?

🏕 🛏 *Camping de Vogar :* sur la route entre Skútustaðir et Reykjahlíð. | ☎ 464-43-88. Fax : 464-43-41. Prévoir 700 ISK (7 €) par pers. Bien équipé, assez vallonné. Douches chaudes gratuites dans un petit bungalow bien entretenu (attention aux bijoux en argent qui peuvent être noircis par le soufre). Machines à laver, mais chères. Propose aussi des lits dans des sortes de baraquements en préfabriqué, plus loin. Compter 5 000 ISK (50 €) la double en sac de couchage. Accès Internet (payant). Accueil nonchalant, service minimum. Vous voilà prévenu !

Où manger ?

|●| *Vogafjós Cowshed* (« étable ») : à droite après le camping de Vogar. ☎ 464-43-03. Tlj en été 7h30-23h30. Vraiment pas cher : moins de 1 500 ISK (15 €) pour un plat et une boisson. C'est une vraie ferme laitière qui fait aussi petit déj-café-snack. Très original : on voit les vaches à travers une vitre, à moins qu'elles ne soient en train de brouter dans le pré. La spécialité du coin : truite fumée du lac sur du pain noir cuit dans les champs de lave. À accompagner d'un grand verre de lait. Délicieux fromages maison. De la nourriture saine, enfin... Petit déj et goûter maison. Mmm... Les gaufres ! L'accueil est très sympathique.

REYKJAHLÍĐ

Le coin le plus attrayant au bord du lac. Avec moins de 500 habitants, il s'agit quand même de la ville la plus importante de la région. Point de départ de nombreuses balades. Dans les siècles passés, elle fut rayée plusieurs fois de la carte à cause de proches éruptions. C'est vous dire l'omniprésence du volcanisme dans cette région.

Transports

– On peut **louer des bicyclettes** à Reykjahlíð au camping ou à côté à l'*Hótel Reynihlíd*. C'est en effet le moyen le plus adéquat et le plus économique pour circuler dans la région. Compter en moyenne 1 800 ISK (18 €) la journée.
– Sinon, départ des **excursions en bus** pour faire le tour du lac tlj mai-sept. Bus pour Krafla, Námafjáll et le cratère Víti. Attention, sur ces trajets, *Omnipass* refusé. Terminus à l'*Hótel Reynihlíð* à Reykjahlíð.
– Avis aux **marcheurs** : il y a 14 km entre Reykjahlíð et Skútustaðir, sans compter les nombreux détours pour aller admirer les différents sites. Procurez-vous la carte avec les sentiers balisés (100 ISK, soit 1 €). Notez qu'il est interdit de camper ailleurs qu'aux endroits indiqués.

Adresses utiles

🛈 *Office de tourisme :* près du supermarché *Kerslun*. ☎ 464-43-90. ● www.myv.is ● Juin-août, tlj 9h-19h. Cartes de la région en vente. Pas très compétent.
■ *Piscine :* route de gauche après le supermarché, à moins de 1 km. Tlj 10h30-21h. Entrée 280 ISK (2,80 €). Sauna et solarium.
■ *Poste, banques* (ouv lun-ven 9h-16h) et *supermarché* (tlj 9h-22h en été). Pour *internet*, aller à l'*Hótel Reynihlíð* ou au camping de Vogar.

Où dormir ?

⚕ ♨ *Camping de Hlíð :* au bout du village, à l'ouest en direction de Húsavík, derrière l'église et tout près de l'aérodrome. ☎ 464-43-05. Tte l'année. Accueil fermé en hiver. Compter 700 ISK (7 €) par pers. Assez fréquenté et pourtant vraiment pas terrible. Douches sulfureuses communes gratuites. Grand barnum pour manger. Hygiène qui laisse un peu à désirer. On peut aussi dormir dans de jolis petits chalets, avec ou sans sac de couchage, à partir de 2 000 ISK (20 €) par pers ou dans une grande maison qui peut contenir 10 pers avec cuisine, salle de bains, salon. Vélos à louer.

▲ ▲ **Eldá :** 5 maisons pas loin du lac, dans un pâté de maisons juste derrière l'office de tourisme et le supermarché. ☎ 464-42-20. Fax : 464-43-21. ● www.elda.is ● ♿ Tte l'année. Compter 9 300 ISK (93 €) la double avec petit déj. Sacs de couchage (2 200 ISK, soit 22 €) acceptés slt hors sais, pas en été. Préférer les chambres rénovées : parquet au sol, literie nickel, déco pimpante. Cuisine tout équipée pour votre frichti. Accueil familial de Jon et sa tribu. Loue aussi des appartements très

confortables, parfaits pour les familles : 13 200 ISK (132 €) pour 4 ou 5 pers.

▲ **Camping Bjarg :** au bord du lac. ☎ 464-42-40. Nuit à 650 ISK (6,50 €) par pers. Trois douches chaudes sulfureuses gratuites et 2 lavabos (c'est tout). Lave-linge. Barnum bien abrité. Livres sur l'Islande en français. Assez humide (gare aux invasions de moucherons !). Camping le plus sympa du coin. Location de barques et de vélos, promenade à cheval et observation des oiseaux. Tours guidés sur résa.

▲ **Hôtel Reykjahlíð :** ☎ 464-41-42 ou 845-24-24 (portable). ● reykjalid@islandia.is ● Tte l'année. Très cher : en hte sais, compter 16 200 ISK (162 €) la double avec douche et w.-c., petit déj inclus. Neuf chambres de 2 à 3 lits, plus ou moins spacieuses, mais très confortables, dans cette petite maison au pied du lac. Bonne literie et draps frais. Internet. Resto.

Où manger ? Où boire un verre ?

🍽 🍷 **Gamli Bærinn** (« vieille ferme ») : juste en face de l'*Hôtel Reynihlíð.* ☎ 464-41-70. Mai-sept, tlj 10h-minuit. Prix doux : les plats du jour commencent à 1 000 ISK (10 €) et il y a aussi des sandwichs, salades et hamburgers. Cadre très agréable. À l'intérieur, de grandes tablées rustiques aux bancs patinés et une terrasse coup de cœur enfouie dans un jardin très coquet. Goûtez à la spécialité locale, le *smoked char,* une truite fumée servie sur une tranche de pain cuit dans la lave. Fort bon. Ou la *skyrtart,* tarte au fromage

blanc, renversant ! Bonnes soupes. Café et thé à volonté. Très bonne ambiance entre randonneurs fatigués, et service fort sympathique.

🍽 **Hôtel Reynihlíð :** ☎ 464-41-70. À partir de 2 300 ISK (23 €) pour le menu du midi ; le soir, on n'en parle même pas. Ce 4-étoiles local, reconnaissable à tous ses drapeaux et à son service un peu guindé, propose une cuisine assez appréciée des groupes. Spécialité d'agneau. Cadre faussement chic avec moquette vert d'eau et murs verts itou.

À voir. À faire à Reykjahlíð et dans les environs

✈ **L'aérodrome de Reykjahlíð :** propose à la carte des vols au-dessus de la région. Après le camping *Hlíð.* ☎ 464-44-00 ou 863-17-57 (portable). Fax : 464-44-01. ● www.myflug.is ● On peut survoler le lac Mývatn, les gorges de la Jökulsá à Dettifoss, le volcan Askja... Superbe ! Le prix est un peu élevé : de 5 000 ISK (50 €) pour le survol du lac et du volcan Krafla en 30 mn à 20 000 ISK (200 €) pour une balade de 2h qui couvre quasiment tous les autres tours qu'ils proposent. Deux pers par vol au minimum, sauf pour Grimsey où il en faut 3. Réserver 1 ou 2 j. à l'avance.

🐾🐾 *Jardbödin Vid Mývatn (Bains naturels)* : à *Reykjahlíd*, prendre la route en face du four géothermique, celle où la terre est rouge. En été, 9h-minuit, en hiver 12h-22h. Entrée : 1 100 ISK (11 €). Un mini-Blue Lagoon. Paysages dantesques, il y fait très chaud (on frôle des courants à 100 °C parfois et cela ne sent pas l'œuf pourri !). Vraiment magique et rassérénant. Bar. Hammam rustique.

🐾 Demander aux gens du coin pour jeter un coup d'œil au *« four géother-mique »* dans lequel les habitants font cuire leur pain. La pâte est placée dans un sac, lui-même enfermé dans une boîte métallique, qui est ensuite enterrée. La terre est en effet suffisamment chaude pour permettre la cuisson du pain ! De loin, on voit juste dépasser les poignées des boîtes.

🐾🐾 *Les grottes de Grjótagjá* : à pied, départ de la balade balisée au croisement sud de la route 1 et de la route qui fait le tour du lac. En voiture, accès à 2 km à l'est de Reykjahlíd par la route 1, ou par Vogar (c'est fléché). Une sorte de petit parking marque l'entrée des 2 grottes. Elles sont remplies d'eau chaude et étaient autrefois appréciées pour la baignade. Mais l'eau y est devenue trop chaude ; même si depuis quelques années la température baisse d'un degré par an, elle s'élève encore tout de même à 50 °C ! Endroit magique malgré tout.

🐾 *Visite de la centrale géothermique :* direction Egilstadir. Tte l'année, 12h30-15h30 en sem, 13h-17h le w-e. Visite guidée et gratuite. Deux turbines de 30 mégawatts chacune fournissent toute la région d'Akureyri et l'est du pays. Il faut tomber sur un guide qui s'y connaît pour que cette visite ait un quelconque intérêt. Malheureusement, en été, ce sont souvent des jeunes pas très au courant qui vous guident.

🐾🐾 🚶 *Leirhnjúkur :* toujours sur le même chemin. Petit parking à gauche de la piste après l'usine géothermique. Il faut impérativement y consacrer 1h. Suivez le sentier balisé en contournant la colline par la droite. C'est tout simplement FANTASTIQUE. D'abord les solfatares où l'eau bouillonne, ensuite la coulée de lave cordée de 1984 encore chaude et fumant par endroits. Le rouge, le jaune, le noir, toutes les couleurs de la terre se mélangent. On a l'impression que l'éruption est vraiment proche. C'est dantesque. Sensations étranges jamais ressenties.

🐾🐾 *Le cratère Víti :* volcan en semi-activité. Son nom veut dire « enfer ». Continuer la piste après s'être arrêté à Leirhnjúkur, parking à droite. Le cratère d'explosion contient un lac de plus de 300 m de diamètre. Surtout, grimper en haut du cratère et en faire le tour : le panorama est extraordinaire... Champ de lave récent (1984) et fumerolles.
– Entre les deux, point de vue sur la centrale et son réseau incroyable de pipelines dans tous les sens. On croit rêver.

🐾🐾🐾 *Námafjáll (Hverir)* : à 6 km à l'est de Reykjahlíd, au bord de la route 1, au pied de la colline, là où il y a plein de monde ! Parking. Ensemble de solfatares et de mares de boue en ébullition. À voir absolument. Les portes de l'Enfer ne sont pas loin. Bien respecter les sentiers et ne jamais marcher sur les taches blanchâtres. Chaque année, plusieurs touristes imprudents sont gravement brûlés (températures de 80 à 120 °C). Námafjáll est le nom donné à cette montagne jaunâtre au-dessus de vous, couverte de dépôts de soufre dus aux sources chaudes. Autrefois, on les exploitait pour la production de poudre à canon.

🐾🐾🐾 *Kráfla :* prendre la route 863 qui part à gauche en venant de *Reykjahlíd*. Le volcan Kráfla a donné son nom à toute cette zone d'activité volcanique et géothermique. On y a d'ailleurs construit une centrale électrique qui peut être visitée.

🏵🏵 *Vindbelgjarfjall :* volcan plus élevé encore que le Hverfjall. Vue grandiose par beau temps. En venant du nord, le chemin qui y mène est caché sur la route 848 après la ferme Vagnbrekka. Compter 1h30 pour arriver au sommet. Assez pentu sur certaines portions.

GOÐAFOSS

Entre Mývatn et Akureyri sur la rivière Skálfandafljót, belles chutes de Goðafoss ou « cascade des Dieux ». L'histoire raconte qu'en l'an 1000, le « diseur de loi » à l'*Althing* (le parlement) fit accepter à ses compatriotes la religion chrétienne. Il précipita ensuite les effigies des dieux nordiques *(goðars)* devenus païens dans cette cascade *(foss)*... d'où son nom.
Les chutes font 12 m de hauteur. Le lieu est joli, mais il y a souvent beaucoup de monde (tous les groupes s'y arrêtent) et les chutes en elles-mêmes ne sont pas bien spectaculaires.
Près des chutes, station-service, épicerie, boutique de souvenirs. Un hôtel-resto très cher est planté là, mais franchement on ne voit aucun intérêt à dormir ici. On peut toujours y camper (pour 500 ISK, soit 5 €). S'adresser à l'hôtel. ☎ 464-31-08.

Arriver – Quitter

➢ Les bus *TRex* qui font la liaison (62 et 62a) entre *Akureyri, Mývatn* et *Egilsstaðir* font généralement un court arrêt près de la chute.

AKUREYRI
15 400 hab.

La deuxième ville du pays, si toutefois l'on considère Kópavogur et Hafnafjörður comme des extensions de la capitale. Elle s'étage à flanc de colline au fond d'un joli fjord, dans un cadre verdoyant. Vraiment une cité charmante avec ses belles demeures colorées où il fait bon s'arrêter un petit moment. Un stop fréquent pour les « croisiéristes » mais aussi une ville jeune et branchée.

Arriver – Quitter

En bus

➢ *De Mývatn, Húsavík et Egilsstaðir :* voir plus haut dans les passages qui sont consacrés à ces villes.
➢ *Reykjavík-Akureyri via route 1 :* 2 bus/j. tte l'année. Départs à 8h et 8h30. Durée : un peu moins de 6h.
➢ *Connexions avec Olafsjörður et Dalvík :* avec *TRex*, mai-août, 2 à 4 bus/j. sf w-e. Dans l'autre sens, idem. Trajet : moins de 1h.

En avion

➢ Plusieurs vols/j. de et vers *Reykjavík.* Renseignements auprès d'*Air Iceland* : ☎ 460-70-00. Fax : 460-70-10. ● www.airiceland.is ● Vols aussi pour Grímsey, Thorsöfn et Vornafjörður.

LE NORD DE L'ÎLE

Adresses utiles

Infos touristiques

🛈 Office de tourisme et terminal des bus *(plan B2) :* Hafnarstræti 82. ☎ et fax : 550-07-20. ● www.eyjafjordur.is ● www.nordurland.is ● Près du fjord, sur la gauche ; au rez-de-chaussée d'une grande bâtisse située avant le centre-ville. Tlj juin-août 7h30 (8h w-e)-19h ; en hiver, slt en sem, 9h-17h. Plan gratuit de la ville. C'est ici qu'on achète les billets de bus pour les longues distances.

Change

■ **Landsbanki Íslands** *(plan A-B1, 1) :* Strandgata 1 ; entrée par Tungata. Lun-ven 9h15-16h. Distributeur et change.

■ **Glitnir** *(plan B1, 2) :* Skipagata. Lun-ven 9h-16h. Distributeur de billets.

Services et communications

✉ **Poste** *(plan B1) :* Hafnarstræti 102 ; entrée face au port. Lun-ven 10h-19h.
@ **Internet :** point de connexion à la bibliothèque (Brekkugata 17, *plan A1,* **3**) et à l'office de tourisme.
■ **Pharmacie :** Apotekarinn, Hafnarstraeti 95. ☎ 460-84-52.

Transports

🚍 **Deux terminaux de bus :** mais tous les bus s'arrêtent à l'office de tourisme *(plan B2).* Autrement, pour les **bus TRex** *(plan B1),* la course se termine sur le port, face au débarcadère des bateaux de croisières, sur Kaldbaksgata. ☎ 461-11-06.
■ **Arrêt des taxis** *(plan B1, 4) :* ☎ 461-10-10.
■ **Location de voitures :** bureau *Hertz* en face de l'aéroport, ☎ 461-10-05. *Avis,* difficile à trouver, à la sortie nord de la ville, sur Austursida (mais ils peuvent venir vous chercher à l'office de tourisme) : ☎ 461-24-28. *Budget :* Laufasgata 9. ☎ 660-06-29. *National Car Rental :* Tryggvabraut 12. ☎ 461-60-00.
■ **Air Iceland :** bureau à l'aéroport, à 20 mn à pied du centre. La piste est construite au beau milieu du fjord ! ☎ 460-70-00.
– Parkings payants dans le centre 10h-16h.

Divers

■ **Supermarchés :** *Saumkaup Strax,* juste derrière le camping. Tlj jusqu'à 23h. *Bonus,* sur la route 1, au nord de la ville, à l'angle de Horgabraut et Undirhlid, pas loin de l'AJ. Tlj 12h-18h30, sf ven-sam 10h-18h30 et dim 12h-18h. *10/11 (plan B1, 24),* en face de *Pennin Bókval,* sur Hafnarstræti. Tlj 8h-minuit.
■ **Glerártorg :** à la sortie nord d'Akureyri, avant l'AJ, sur Glerárgata, se trouve un *grand centre commercial.* À 5 mn à pied du centre, sur votre gauche après le stade. Tlj 10h-18h30, sf sam 10h-17h et dim 13h-17h.

■ **Pressing Höfdi :** Hafnarstræti 34. ☎ 462-25-80. En entrant en ville, avant l'office de tourisme, sur la gauche. Tlj 8h-17h sf w-e. Pas loin de 1 000 ISK (10 €) la machine lavée et séchée, mais on vous fera moitié-prix si vous n'avez pas grand-chose.
■ **Magasin de lainages** *(plan B1, 5) : Fold-Anna,* Hafnarstræti 85, près de l'office de tourisme. ☎ 461-41-20. Tlj 9h-18h sf sam 11h-14h. Joli choix de pulls islandais, gants, bonnets, chaussettes... Assez cher. D'autres pulls au *Pennin Bókval,* sur Hafnarstræti 91-93.

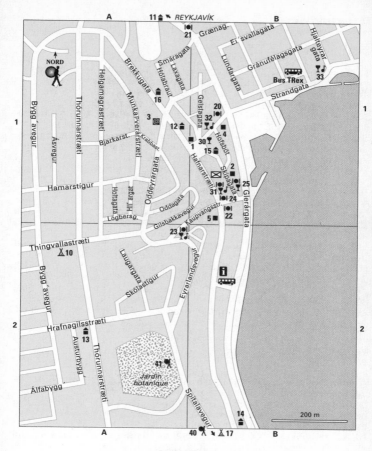

AKUREYRI

■ Adresses utiles	13 Súlur	▼ ♪ Où boire un verre ?
	14 Guesthouse	Où sortir ?
🅸 Office de tourisme	Hoepfner	
🚌 Terminaux des bus	15 Guesthouse Salka	23 Café Karolína
✉ Poste	16 Guesthouse Gula	25 Brasserie Strikid
1 Landsbanki Íslands	Villan	30 Café Amour
2 Glitnir	17 Camping Hamrar	31 Café Paris – Bláa
@ 3 Bibliothèque		Kannan
4 Arrêt des taxis	|◉| Où manger ?	32 Kaffi Akureyri
5 Fold-Anna (maga-		33 Rocco
sin de lainages)	20 Götu Grillid	
	21 Greifinn	🔭 À voir
⚑ 🏠 Où dormir ?	22 Restaurant Bautinn	
	23 Restaurant Karo-	40 Musée d'Akureyri,
10 Camping	lína	Nonnahús, musée
11 Auberge de	24 Supermarché 10/11	de l'Aviation
jeunesse	25 Brasserie Strikid	et musée de
12 Guesthouse	31 Café Paris – Bláa	l'Industrie
Sólgardar	Kannan	41 Jardin botanique

Où dormir ?

Bon marché

⊠ *Camping (plan A2, 10)* : Thórunnarstræti, en haut de la ville, près de la piscine. ☎ 462-33-79. ● camp@hamrar.is ● Compter 800 ISK (8 €) par pers. Réduc si on dort plusieurs nuits. Bof ! Très proche de la route et ultra-fréquenté. Unique intérêt : à proximité du centre-ville et du supermarché. Correctement équipé : sanitaires, téléphone, eau chaude, lave-linge. Tables pas très bien abritées. Douches payantes dans le gymnase de l'autre côté de la route, alors autant aller à la piscine ou au sauna qui sont aussi proches.

– Si vous êtes à plusieurs, la *Guesthouse Hoepfner* (voir « Prix moyens ») peut s'avérer un bon plan.

🛏 *Auberge de jeunesse (hors plan par A1, 11)* : Stórholt 1. ☎ 462-36-57 ou 894-42-99 (portable). Fax : 461-25-49. ● akureyri@hostels.is ● À la sortie nord de la ville, en direc-

tion de Reykjavík. Tte l'année sf 15 j. fin déc. Réception ouv 8h-22h. Compter 2 200 ISK (22 €) par pers en duvet et 6 600 ISK (66 €) pour une chambre double. Une de nos AJ préférées. Accueil absolument charmant du propriétaire. Grande maison entourée d'arbres et très bien équipée : 3 cuisines, un salon TV très agréable, lave-linge et sèche-linge, et une charmante terrasse en teck, noyée dans la végétation. Des chambres claires et propres de 1 à 6 lits. Celles du sous-sol sont les plus confortables. Juste à côté, pour 15 000 ISK (150 €) se trouvent 2 bungalows tt confort pouvant accueillir 10 pers chacun. Un autre, sans douche (on se lave dans l'AJ) pour les sacs de couchage : 7 500 ISK (75 €) pour 4 pers. Offre aussi des réducs pour aller voir les baleines à Husavík ou pour quelques restos d'Akureyri.

Prix moyens

🛏 *Guesthouse Hoepfner (plan B2, 14)* : Hafnarstræti 20. Sur la route de l'aéroport, au nord. ☎ 699-63-39 ou 845-44-99 (portable). ● www.simnet.is/hoepfner ● Nuitée pour deux à 6 500 ISK (65 €), 5 300 ISK (53 €) en sac de couchage. Dispose de triples et de quadruples (pour 4 pers, 9 500 ISK, soit 95 €, en lits faits ou 7 300 ISK, soit 73 €, en sacs de couchage). Loue 2 apparts au rez-de-chaussée à 11 900 ISK (119 €) pour 4 pers. Notre coup de cœur à Akureyri. Une *guesthouse* qui joue la carte design sans les prix « coup de massue ». Élégance et sobriété des chambres tout en blanc, lits futons et déco osée (les sièg à poils !), minimale et maîtrisée. Salle de bains tout aussi classes. On aime ! Cuisine avec ttes commodités. Café, thé et sucettes à volonté. Salon TV, iMac connecté à Internet à disposition. Accueil à la hauteur de notre enthousiasme.

🛏 *Guesthouse Gula Villan (la « maison jaune » ; plan A1, 16)* : Brekkugata 8. ☎ 896-84-64 (portable). ● www.gulavillan.is ● Pour deux, compter 6 600 ISK (66 €) en lits faits et 5 000 ISK (50 €) en sacs de couchage. Sanitaires communs, sur les 3 étages de cette maison, pas loin du centre. Cadre simple avec de petites touches colorées très agréables. Propre. Bonne ambiance entre hôtes. Belle salle de petit déj (le lustre !).

🛏 *Guesthouse Sólgardar (plan A1, 12)* : Brekkugata 6. ☎ et fax : 461-11-33. ● solgardar@simnet.is ● Ouv slt en été ; sur résa en hiver. Chambre double à 6 000 ISK (60 €). Possibilité de dormir avec son sac de couchage pour 2 900 ISK (29 €). Petit déj en sus. Petite maison avec son beau jardin fleuri au cœur d'un quartier résidentiel. Quatre chambres de 1 à 4 lits, au mobilier simple, avec TV. Une préférence pour la chambre n° 1, très spacieuse avec son balcon particulier. Cuisine et salle de bains communes.

▲ *Súlur (plan A2, 13)* : Thórunnarstræti 93. ☎ 461-11-60 ou 863-14-00 (portable). ● sulur@islandia.is ● Juste à côté de l'*Hôtel Edda* et du camping. Ouv juin-août. Compter 6 800 ISK (68 €) la double, 3 500 ISK (35 €) par pers si l'on on a un sac de couchage, 5 000 ISK (50 €) sans. Le petit déj n'est pas inclus. Chambres agréables et nickel, avec TV. Une salle de bains et une cuisine à chaque étage. Accueil prévenant et familial. Annexe récente sur Klettastiga 6 *(plan A1)*, avec des chambres plus spacieuses.

▲ *Guesthouse Salka (plan B1, 15)* : Skipagata 1. ☎ 461-23-40. Fax : 462-26-97. Dans le centre-ville, tt près du port, et à 5 mn du terminal des bus. Tte l'année. Prix : 6 800 ISK (68 €) la chambre double, 2 500 ISK (25 €) par pers avec sac de couchage (il faut au moins être deux), sf le w-e. Petit appartement au 2e étage d'un immeuble moderne. Les chambres ont toutes un petit air suranné, mais sont propres, avec TV, magnétoscope et films en anglais à disposition. Cuisine et salle de bains communes. Accueil un peu sec.

Où dormir dans les environs ?

⋏ *Camping Hamrar (hors plan par B2, 17)* : 3 km au sud de l'aéroport, dans les montagnes ; monter sur 2 km la route en lacets. ☎ 461-22-64. ● camp@hamrar.is ● Compter 800 ISK (8 €) par pers. Fréquenté, mais le coin est si idyllique ! Forêt pas loin, petite rivière...

▲ *Narfastaðir Guesthouse* : Thineyjjarsveit. ☎ 464-33-00. Fax : 464-33-19. ● www.farmhotel.is ● À 65 km d'Akureyri, direction Husa-vík et Mývatn. À Laugar, poursuivre sur la route 1. À 4 km de Laugar, à droite au panneau « Narfarstaðir ». Moins de 8 000 ISK (80 €) pour deux. Un hôtel simple à la campagne, tout confort. Chambre avec ou sans salle de bains, TV, petit *hot pot*, Internet gratuit. Des familiales également. Bon petit déj. Une bonne adresse pour se ressourcer près des chutes de Goðafoss. Fait aussi resto.

Où manger ?

Bon marché

|●| *Supermarché 10/11 (plan B1, 24)* : Hafnarstræti 94. Tlj 8h-minuit. Vente à emporter dans cette épicerie moderne. *Salad-bar* très appétissant. Pour moins de 400 ISK (4 €) offrez-vous une barquette sans limitation de poids. Sans exagérer quand même ! Au choix, pâtes, légumes, boulettes de viande, nouilles chinoises, etc. également des soupes pour 200 ISK (2 €). De quoi se caler pour la journée.

|●| *Götu Grillið (plan B1, 20)* : Strandgata 11. ☎ 462-18-00. Soupe de fruits de mer pour env 1 100 ISK (11 €), poisson du jour pour 1 400 ISK (14 €) et brochettes *(kebabs)* de 1 200 à 1 700 ISK (12 à 17 €). Enfin un petit resto sympa, qui pratique des prix doux tout en offrant une cuisine intéressante ! Les sauces acidulées, sucrées, curry, coco, etc., vous mènent du côté oriental tandis que la déco tape dans le pop art très réussi. Service bien agréable.

|●| *Kristjans Café (hors plan par A1)* : au supermarché *Bonus*, à la sortie de la ville, à deux pas de l'AJ *(hors plan par A1, 11)*. ☎ 460-59-20. Tlj 7h30-18h, sf w-e 8h30-17h. Café' sympa où l'on grignote snacks, pizzas ou plat du jour autour de 500 ISK (5 €). Mais aussi salades, paninis, croque-monsieur et copieux gâteaux. Quelques réducs pour les résidents de l'AJ.

Prix moyens

|●| **Greifinn** (plan A-B1, **21**) : Glerárgata 20. ☎ 460-16-00. Tlj 11h30-23h30. Lunch complet, servi entre 11h30 et 14h, pour 1 450 ISK (14,50 €), avec soupe ou salade + plat principal. Sempiternels sandwichs et hamburgers copieux à partir de 1 300 ISK (13 €). Plus cher pour un plat de pâtes ou de poisson. Le meilleur rapport qualité/prix de la ville. Carte très étendue : poisson, pizzas, viande, *tex mex*, salades. Décoration tout en bois et métal noir. Service efficace et sympa. Une des rares adresses intéressantes de la ville. Attention, on peut avoir à patienter longtemps pour obtenir une table. Des réducs pour les hôtes de l'AJ.

|●| **Restaurant Bautinn** (plan B1, **22**) : Hafnarstræti 92. ☎ 462-18-18. Tlj 9h-23h. On peut manger sous la verrière des plats classiques de la cuisine islandaise : pizzas, salades et *burgers*, à partir de 1 300 ISK (13 €). Plat du jour autour de 2 000 ISK (20 €), *salad-bar* et pain inclus. Ultra-fréquenté. Aire de jeux pour enfants. Service à la chaîne, vu la grande fréquentation.

|●| **Brasserie Strikid** (plan B1, **25**) : Skipagata 14. ☎ 462-71-00. Au 5e étage. Plats et burgers à partir de 1 300 ISK (13 €). Carte fourre-tout (*tortilla*, steack béarnaise, *pad thaï*, etc.), aux plats de bonne tenue. Cadre minimaliste, clientèle un peu branchouille mais vue superbe sur le port. Terrasse pour goûter l'air frais.

|●| **Café Paris – Bláa Kannan** (« le Pot Bleu » ; plan B1, **31**) : voir « Où boire un verre ? Où sortir ? ». On peut y grignoter des sandwichs, des salades ou un bon gâteau maison.

Plus chic

|●| **Restaurant Karolína** (plan A2, **23**) : Kaupvangsstræti 23. ☎ 461-27-55. À partir de 18h tlj en été. Entrées à partir de 1 600 ISK (16 €) et plats à partir de 2 400 ISK (24 €) pour des pâtes, et 2 600 ISK (26 €) pour du poisson. Nouvelle cuisine islandaise très inventive. Ambiance feutrée dans un beau resto aux couleurs sombres, très design. Bons vins, mais chers. Très bon accueil.

Où boire un verre ? Où sortir ?

Ici, comme à Reykjavík, les jeunes font le *runtur* les vendredi et samedi entre 20h et 23h (voir le chapitre consacré à cette coutume dans les pages concernant la capitale). Le problème, c'est qu'Akureyri est vraiment minuscule et que le *runtur* devient vite assez ennuyeux, quand on a vu passer 200 fois les mêmes voitures, fenêtres ouvertes et musique forte de rigueur. Faut dire que le centre-ville compte 4 rues, alors... on a vite bouclé le circuit ! Rigolo quand même...

|▼| **Café Amour** (plan B1, **30**) : sur la place centrale. ☎ 461-30-30. Tlj 11h-1h (w-e 4h). On n'est pas certain d'y trouver l'amour mais en tout cas c'est toujours possible d'y prendre un petit cocktail ou une pression. Clientèle jeune et plutôt sophistiquée. Mobilier crème, miroirs au mur du fond et fresque cupidonienne au plafond. Fait boîte de nuit à l'étage, le w-e.

|▼| ♪ **Café Paris – Bláa Kannan** (« Le Pot Bleu » ; plan B1, **31**) : Hafnarstræti 96. ☎ 461-46-00. Une grande maison bleue avec deux clochers rouges. Terrasse délicieuse aux beaux jours. Bistrot tout en bois, petite musique jazzy, bien cool. Au sous-sol, concerts un peu plus rock'n'roll le w-e sur une bonne scène.

|▼| **Brasserie Strikid** (plan B1, **25**) : Skipagata 14. Voir « Où manger ? ». Terrasse pour siroter un

verre de vodka bien fraîche.

Café Karolína *(plan A2, 23)* : Kaupvangsstræti 23. ☎ 461-27-55. Jusqu'à 3h le w-e et 1h en sem. Belle déco nordique, moderne, mais froide. Rendez-vous B.C.B.G. Grand choix de boissons non alcoolisées. On peut aussi y grignoter un bout.

Kaffi Akureyri *(plan B1, 32)* : Strandgata 7. ☎ 461-39-99. Tlj 15h-1h, sf w-e 4h. C'est le café le plus branché de la ville. Le w-e, à partir de 23h, l'ambiance y devient folle.

C'est l'endroit où il faut être pour profiter de la fête. En dehors de ces horaires stricts, rien ne se passe... La clientèle est assez jeune et décontractée, mais aisée quand même. Concerts parfois, mais boîte bruyante la plupart du temps.

Rocco *(plan B1, 33)* : Strandgata 53, sur le port. ☎ 462-60-20. Ouv tlj vers 22h. Genre de pub islandais, ce bar offre le w-e une ambiance animée avec parfois des groupes locaux.

À voir

Le musée de l'Aviation *(hors plan par B2, 40)* : à l'aéroport, au sud de la ville ; on peut y aller à pied en 20 mn. ☎ 863-28-35 (portable). ● flugsafn.is ● En été, jeu-sam 14h-17h ; en hiver, slt sam 14h-17h ; le reste du temps, sur rendez-vous. Entrée : 500 ISK (5 €).
Une dizaine d'avions récupérés, retapés et bichonnés par Svanbjörn Sigurdsson, un vrai passionné. Ils sont tous aussi rutilants les uns que les autres ! Voir le *Grunau 9*, construit à Akureyri d'après les plans d'un Allemand. Il vole encore, aussi incroyable que cela puisse paraître, avec sa gueule de Latécoère et son ski en guise de train d'atterrissage ! Regardez également le premier avion-ambulance du pays de 1951, acheté à la *Royal Air Force*. On apprend enfin l'histoire de l'aviation en Islande au 1er étage, avec les premiers vols d'*Air Iceland* en 1919 et les premières liaisons régulières entre Reykjavík et Akureyri dès 1928. Vitrine touchante contenant les restes d'un avion de combat anglais découvert en 1999, qui s'était écrasé dans un glacier pendant la Seconde Guerre mondiale : il reste les brosses à dents et rasoirs de l'équipage... Voilà un musée super intéressant, surtout si c'est le boss en personne qui vous fait la visite.

Le musée d'Akureyri *(hors plan par B2, 40)* : Aðalstræti 58. ☎ 462-41-62. ● www.akumus.is ● À la sortie sud de la ville, près du fjord. Tlj de juin à mi-sept 10h-17h ; en hiver, slt sam 14h-16h ou sur rendez-vous. Entrée : 400 ISK (4 €). Billet combiné avec *Nonnahus* (550 ISK, soit 5,50 €).
Au rez-de-chaussée, intéressantes expos temporaires sur la vie quotidienne islandaise et les recherches archéologiques locales. Au sous-sol, objets retraçant la vie quotidienne d'autrefois dans la région. Comme un arrière-goût de déjà-vu.

Nonnahús *(hors plan par B2, 40)* : Aðalstræti 58, juste à côté du musée. ☎ 462-35-55. ● www.nonni.is ● Tlj en été slt, 10h-17h. Entrée : 350 ISK (3,50 €). Billet combiné avec *le musée d'Akureyri* (550 ISK, soit 5,50 €).
C'est la maison d'enfance de Jón Svensson, un écrivain traduit en plus de 40 langues. Intérieur rustique et sobre, assez émouvant. Son œuvre majeure restera *Nonni,* une œuvre écrite sur le tard. Après avoir fait ses classes chez les jésuites d'Amiens, étudié la théologie, avoir été prêtre, missionnaire et prof, Svensson commence à écrire les aventures de *Nonni,* un petit Islandais, qui a donné son nom à ce petit musée commémoratif basé dans l'une des plus anciennes demeures de la ville. Quelques objets personnels et les 25 éditions de ses bouquins. Photos-souvenirs de classe, d'autres de sa famille et de ses voyages (celles de son séjour au Japon valent le détour). Quelques belles porcelaines. Touchant.

– Entre les deux musées, une église charmante, tout en bois.

🍴 *Le musée de l'Industrie (hors plan par B2, 40)* : sur la route de l'aéroport, un peu avant ce dernier. ☎ 462-36-00. Tlj juin-fin août 13h-17h ; fermé en hiver. Entrée : 400 ISK (4 €).

Des machines de toutes sortes retracent l'histoire des arts et métiers du pays : boucherie, pâtisserie, laiterie, couture, etc. Valorisation du patrimoine industriel à travers ses grandes marques. Amusante collection de savons, détergents et lessives. Mise en situation des techniques maîtrisées à travers les âges. Manque pourtant encore d'explications dans une langue moins exotique que l'islandais...

🍴🍴 🕴 *Le jardin botanique (plan A2, 41)* : Lystigardurinn, à la sortie sud de la ville. Tlj juin-sept 8h (9h w-e)-22h. Entrée libre. On y trouve toutes les fleurs et plantes qui poussent en Islande. Il y en a des centaines, toutes étiquetées. Évidemment, ce n'est pas les Tropiques, mais c'est une très agréable promenade. Nous l'avons préféré à celui de Reykjavík.

🍴 Pour avoir une vue d'ensemble de la ville, monter jusqu'à l'*église,* inaugurée en 1940, dont l'architecture rappelle les formations d'orgues basaltiques.

À faire

– *Piscine :* Thingvallastræti 21, à côté du camping. Tlj 7h-21h, sf 8h-18h30 le w-e. Entrée : 310 ISK (3,10 €). Plusieurs *hot pots* à des températures allant de 38 à 43 °C. Hammam. Toboggans. Bassins à l'intérieur et à l'extérieur. Très fréquenté. Une des meilleures du pays.

➤ *Balades à cheval :* randos de 1h à 1 sem avec *Polar Hestar,* ☎ 463-31-79. ● www.polarhestar.is ● Ou balades à la journée avec *Hestaleigan Kátur,* ☎ 862-26-00 (portable). La grande mode dans le coin.

➤ DANS LES ENVIRONS D'AKUREYRI

🍴 *Laugafell :* à une cinquantaine de kilomètres au sud d'Akureyri, par la F861 (piste réservée aux 4x4). Pas de bus. Laugafell est le parfait symbole d'une flore islandaise pauvre et fragile. Au cœur d'un désert de pierres, ce petit coin de végétation étonnant ne doit sa survie qu'aux multiples ruisseaux d'eau chaude. En se baladant, on peut observer des petites piscines soigneusement encerclées de pierres. Mais il n'est possible de se baigner que dans celle du refuge, où on se délasse dans une eau à 38 °C sous le soleil de minuit. Absolument divin.

🛏 Sur place, 2 *refuges* bien aménagés et un petit *camping.* Compter 800 ISK (8 €) la nuit, *hot pots* à 300 ISK (3 €) si vous n'y passez pas la nuit. Sanitaires impeccables, mais pas de douche.

🍴 *Gamli Bærinn :* à Laufás, à 30 km au nord d'Akureyri. ☎ 463-31-96. Prendre la route 1 direction Mývatn et poursuivre vers le nord en longeant la côte du fjord. Ouv de mi-mai à mi-sept 10h-18h. Ferme du XVIe ou XVIIe siècle, sur le modèle de celle – plus connue – de Glaumbær.

L'ÎLE DE GRÍMSEY

Cette île de 100 habitants a la particularité d'être coupée par le *cercle polaire.* Cela procure les mêmes sensations que lorsqu'on se retrouve à la *Mitad del mundo* au nord de Quito, en Équateur ! Elle abrite de nombreuses espèces d'oiseaux à observer.

Comment y aller ?

➢ **En bus puis bateau :** billet à acheter à l'office de tourisme d'Akureyri ou dans une agence (genre *Nonni Travel* à Akureyri). Il comprend le bus jusqu'à Dalvík puis le ferry via Hrísey. ☎ 462-44-42. ● www.samskip.com ● Compter 5 000 ISK (50 €). Départ en été les lun, mer et ven à 7h30 d'Akureyri (en bus). Le ferry appareille à 9h et met 3h30 pour la traversée. Escale de 3h sur l'île et retour à 16h vers le « continent ».

➢ Possible aussi **en avion** avec *Air Iceland*. ☎ 461-21-00 ou 460-70-00. En été, 1 vol/j. depuis Reykjavík ou Akureyri. 25 mn de vol. Hors de prix : 15 000 ISK (150 €).

DALVÍK
1 480 hab.

En 1934, un tremblement de terre détruisit une grande partie de la ville. Aujourd'hui, elle est réputée pour son petit port de pêche et pour la forte odeur de morue qui imprègne toute la ville... Une petite halte bien agréable.

Arriver – Quitter

🚌 **Arrêt de bus :** station-service *Olís*, à l'entrée de la ville, face au camping.
➢ **Liaisons avec Akureyri :** mai-août, 2 bus/j. (le 620) dans chaque sens, sf w-e. Prévoir 1h de trajet. Également, bus en connexion avec le ferry pour Grímsey les lun, mer et ven. Compris dans l'*Omnipass*. Env 30 mn de trajet.

Adresses utiles

🛈 **Infos touristiques :** à l'accueil de la piscine, à côté du camping. ☎ 466-32-33. Tlj 6h15-19h30, sf

w-e 10h-19h.
◼ **Piscine :** à l'entrée de la ville, près du camping. Prix : 250 ISK (2,50 €).

Où dormir ? Où manger ?

⚔ **Camping :** sur la gauche, à l'entrée de la ville. ☎ 466-31-33. Gratuit. Sanitaires, douches et lave-linge. Électricité en sus.
🛏 **Soley Hotel :** Skíðabraut. ☎ 466-33-95. ● hotel-soley.com ● Un hôtel tout jaune qu'on repère assez vite. Demander Claudio, qui parle le français. Compter 14 000 ISK (140 €) en chambre double avec salle de bains, 10 000 ISK (100 €) sans. Autour de 2 000 ISK (20 €) en sac de couchage. Épatante reconversion pour

cette ancienne résidence universitaire. Chambres colorées, vastes et modernes. Lits moelleux, moquette au sol. Mobilier standard, élégant et fonctionnel. Salle de petit déj (compris) agréable. Location VTT, organisation de balades à cheval.
🍽 **Kaffi Sogn :** place de la Mairie. ☎ 466-33-30. Tlj midi et soir. Bistrot avec ses nappes bien mises. Pizzas, *fajitas* et quelques plats plus élaborés. Bonne ambiance. Service un peu long.

Où dormir dans les environs ?

🛏 **Árgerdi Guesthouse :** à 1 km au sud de Dalvík, direction Akureyri.

☎ 555-42-12 ou 862-21-09 (portable). ● www.argerdi.com ● Maison moderne, toute blanche. Des chambres d'hôtes au rez-de-chaussée, un peu exiguës, mais vraiment mignonnes, toilettes et douches communes immaculées. Prévoir 7 000 ISK (70 €) pour deux. Petit déj copieux (900 ISK, soit 9 €, par pers). Terrasse avec vue sur la vallée des Trolls (oui ! ils existent !) et un bras du fjord. Très reposant. Location de canoës. Accueil discret et souriant des hôtes.

🏠 **Ferme Ytri-vík :** 3 km avant Árskógsströnd, l'embarcadère pour Hrísey et Grímsey. ☎ 899-80-00 (portable). ● ytrivik@simnit.is ● Direction Akureyri depuis Dalvík (9 km). Dans un cadre enchanteur, au bord de l'eau, cette maison offre 16 chambres avec salle de bains commune, autour de 3 000 ISK (30 €), petit déj compris. En sac de couchage : 2 000 ISK (20 €) par pers. Mais on pourra craindre une certaine promiscuité. Nous conseillons donc plutôt les *cottages* pour 4 à 8 pers, de 8 000 à 11 000 ISK (80 à 110 €) disséminés sur le terrain : des cabanes de bois tout aménagées, avec salle de bains, cuisine, salon TV, barbecue et même un jacuzzi sur la terrasse. Salle à manger au rez-de-chaussée de la maison, où l'on peut dîner à partir de 2 400 ISK (24 €). À commander avant. Sympa dans l'ensemble, mais peut-être trop fréquenté pour profiter à fond de la beauté des lieux.

À voir

🎇🎇🎇 🏃 **Le musée Hvoll :** à proximité du port. ☎ 466-14-97. ● hvoll@dalvik.is ● Ouv juin-août 11h-18h ; sinon, sur rendez-vous. Entrée : 400 ISK (4 €).
Un musée vraiment marrant. On y trouve tout et n'importe quoi, du robot ménager des années 1960 aux éternels animaux empaillés (un ours du Groenland imposant). Et même un sismographe, toujours en marche (faites un petit saut pour voir) en souvenir du tremblement de terre de 1934 : 6,2 sur l'échelle de Richter. Une salle est aussi consacrée à la vie d'un géant islandais, Jóhann Pétursson, 2,34 m. Essayez ses chaussures : il faisait du 62 ! Artiste-forain du début du XXᵉ siècle, devenu véritable star locale, puis aux États-Unis où il se retira. Également une salle sur le 3ᵉ président islandais, qui était originaire d'ici lui aussi. Bref, sur 3 étages, un ensemble étrange et un peu fou, mais ça vaut le détour !

➤ DANS LES ENVIRONS DE DALVÍK

➤ **Excursion sur l'île de Hrísey :** la traversée dure une quinzaine de minutes (en été, 11 traversées/j. 9h30-23h30). ☎ 466-17-57 ou 695-55-44. ● www.samskip.com ● Départ d'Árskógssandur, 12 km avant Dalvík. Compter 800 ISK (8 €) la traversée. Sur cette île de 200 habitants, vous trouverez dans le petit village une banque, un supermarché, une poste et une piscine. Hébergement, restauration et location de vélos à l'*Hôtel Brekka* (☎ 466-17-51). Lits faits ou sacs de couchage. Le camping, lui, se trouve derrière la banque et coûte 800 ISK (8 €) par tente.

➤ On peut aller jusqu'à **Grímsey,** île traversée par le cercle polaire, point le plus au nord de l'Islande, depuis Dalvík lun, mer, ven à 9h. ☎ 458-89-70. Trajet : 3h30.

🎿 **Ólafsfjörður :** un petit port de pêche situé dans un fjord étonnant de par son étroitesse. Le chemin pierreux pour y parvenir est tout simplement ahurissant. On se croirait dans un décor surnaturel tiré du *Seigneur des Anneaux* ! Paysages de lacs, de névés, de montagnes pelées et autres surprises naturelles du genre. Dépaysant.

SIGLUFJÖRÐUR

1 600 hab.

Petite ville cul-de-sac à 62 km d'Ólafsfjörður. C'est la ville de quelque importance la plus au nord du pays et, historiquement, la capitale de la pêche au hareng. Le quart de la production nationale provenait d'ici dans les années 1950. Pour y aller, on fait un détour de 25 km mais ça vaut le coup. La route est sinueuse, très verdoyante, alternant montagne et mer. On arrive dans ce fjord enchanteur cerné de pics enneigés toute l'année, où a poussé une cité à l'atmosphère calme jusqu'à la déliquescence. Curieux et à voir, d'autant que le *musée du Hareng* n'est pas mal du tout.
– Pas vraiment d'office de tourisme. Infos disponibles sur le site • www.siglo. is • ou par téléphone au ☎ 467-15-55 tlj sf w-e 10h-18h.
– Banque, poste, supermarché, station-service et pharmacie.
– On ne vous conseille pas d'y faire étape pour la nuit (cher et choix médiocre).

Où dormir ? Où manger ?

⚕ Le **camping** le plus bizarre du pays : en plein centre-ville, entre le port et la place principale. ☎ 467-22-93. Prévoir 700 ISK (7 €). Douches et toilettes.

|●| L'un des seuls endroits où manger est le **café Bio**, sur la place principale. ☎ 467-11-11. Au rez-de-chaussée, jolie petite salle accueillante inspirée des classiques hollywoodiens. Côté cuisine, idem avec bons hamburgers (350 ISK, soit 3,50 €). On trouve aussi du poisson et un buffet à midi très avantageux (1 700 ISK, soit 17 €), café et *schnitzels* compris. À l'étage, un café qui ouvre plus tard pour un dernier verre.

À voir

🎏🎏 **Le musée du Hareng :** sur le port. ☎ 467-15-55. Ouv en été 10h-18h ; au printemps et à l'automne, 13h-17h. Entrée : 800 ISK (8 €), mais ça les vaut !
Siglufjörður était, depuis la fin du XIXe siècle jusqu'à la fin des années 1960, le port numéro 1 dans la pêche au hareng. Aujourd'hui, la pêche à la crevette, plus lucrative, l'a détrônée. Mais l'histoire reste ! Hommage au petit poisson argenté, donc, avec ce musée qui occupe 3 bâtiments distincts. L'un abrite des bateaux de pêche (en fait, on a construit le hangar autour !), le tout joliment agencé, avec des pontons de bois pour circuler. Le deuxième reconstitue l'usine, avec l'énorme « cooker », qui servait à extraire l'huile employée, entre autres, dans les cosmétiques et la peinture. Le dernier comprend, en bas, une pièce sur la salaison – imaginez : 30 000 tonneaux produits en 1916, un travail essentiellement féminin –, et, en haut, les appartements du directeur de l'usine (qui semble avoir tout juste quitté la pièce) et des employés. Il y a toujours du café qui bout dans la cuisine et les chaussures prêtes à être enfilées. Très émouvant.

🎏🎏 **The Folk Music Museum :** Nordurgata 1. ☎ 467-23-00. Près du *café Bio*. Un nouveau musée consacré à la musique traditionnelle islandaise, dans la maison superbement rénovée du révérend Bjarni Thorsteinsson, qui répertoria au XXe siècle toutes les chansons populaires. Un travail de Viking ! L'autre intérêt est la découverte des 5 instruments utilisés pour composer cette musique. Arrêtez-vous sur ce *langspil*, sorte de viole rudimentaire au son strident à 4 cordes, importé de Norvège.

Manifestation

– Tous les ans à la mi-juillet, **_festival de musique folklorique_** dans les murs du musée du Hareng et partout en ville, pendant 4 jours. Concerts, débats, musiciens invités de Laponie et du Groenland... Renseignements auprès du _Folk Music Museum_ (voir ci-dessus).

HÓLAR
100 hab.

Au fond de la vallée, à 11 km à l'est de la route 76, se trouve l'**_évêché de Hólar,_** un tout petit village. La cathédrale (eh oui, on ne le dirait pas, mais cette petite église a abrité 36 évêques !) est la première d'Islande à avoir été construite en pierre. Les travaux ont duré 6 ans et le maçon, qui était allemand, avait trouvé les ouvriers islandais fort paresseux et très désobéissants ! Mais comme ils n'étaient pas payés, pourquoi se plaindre ? Tous les arbres environnants sont les plantations du collège agricole, créé en 1852. Bon point pour les apprentis aux mains vertes.

Adresse et infos utiles

🅸 Le petit **_centre d'information_** rassemble tous les services : café internet, restauration, piscine, banque, téléphone. ☎ 455-63-00. ● www.holar.is ● Ouv 7h-minuit en été ; le reste de l'année, 13h-20h45 en sem et 10h-17h45 le w-e.
– Pas de station-service.
– Dans le centre d'info, **_piscine_** avec _hot pot,_ sauna et gymnase. Oui, vous avez bien lu : Hólar, 100 habitants !

Où dormir ? Où manger ?

⚵ **_Camping :_** s'adresser au centre d'information. À gauche avant d'arriver au village, enfoui dans les arbres, donc bien ombragé. Compter 600 ISK (6 €) par pers. Sanitaires. Pas de douche mais accès (payant) à celles de l'hôtel du centre touristique ou de la piscine. Très fréquenté, espaces pour s'installer un peu les uns sur les autres.
🍽 Le **_restaurant du bureau d'information_** propose des repas complets à des prix très abordables. Très bonne cuisine. On y trouve aussi quelques produits alimentaires de base.

À voir. À faire

🌴🌴 **_La cathédrale :_** entrée libre. Tlj 10h-18h. Construite entre 1753 et 1763, elle remplace les précédentes cathédrales, qui évidemment étaient auparavant tout en bois. La pierre rouge _(sandstone)_ dont est fait l'édifice vient de la montagne voisine. La pièce maîtresse : les fonts baptismaux en pierre à savon _(soapstone)_ taillés – c'est marqué dessus ! – en 1674. Or, on ne trouve absolument pas cette pierre sur le sol islandais : on pense que ce morceau vient du Groenland, d'où il aurait dérivé sur un iceberg. Au-dessus de l'autel, retable du début du XVIe siècle et, sur la gauche, gigantesque crucifix de la même époque. En face, retable de la fin du XVe siècle, probablement ramené d'Angleterre.

🌴🌴 **_Visite du village :_** aller au bureau d'information demander le petit _guide de visite_ (gratuit). On peut aussi faire la visite avec un guide pour

300 ISK (3 €). Hólar a été la Rome d'Islande pendant 650 ans (de 1 100 à 1 750 env). Le village était bien sûr beaucoup plus peuplé qu'aujourd'hui, et l'on poursuit actuellement les fouilles afin d'exhumer les restes d'habitations qui aideraient à éclairer le passé. Placez-vous sur le parvis de la cathédrale, dos à l'entrée. À votre droite, la tour-mémorial de 27 m de haut à la mémoire du dernier évêque catholique de Hólar. Ne vous y trompez pas, 1550-1950, ce ne sont pas les dates de ce surhomme, juste la célébration des 400 ans de sa mort ! À votre gauche, de l'autre côté de la route, fouilles de la ferme de l'évêque. Et face à vous, la source sacrée. Au-dessus du centre d'info, la maison au toit en herbe date de 1854. Jolie petite balade.

🎣 **L'aquarium :** tout petit, c'est l'un des travaux pratiques du collège agricole de Hólar. En été slt, tlj 10h-17h. Entrée : 300 ISK (3 €). Il tente de présenter l'évolution des poissons islandais à travers les âges. Le clou du spectacle est un poisson africain doté de poumons (rien à voir avec les poissons islandais : il appartient à l'un des profs du collège...). Explications pas toujours très claires, mais c'est l'intention qui compte.

SAUÐÁRKRÓKUR

2 700 hab.

Sauðárkrókur constitue l'une des principales villes du nord de l'Islande. Ancien lieu de villégiature des pêcheurs, elle dispose d'une vue magnifique sur le fjord et les montagnes de l'autre côté du fjord. Cette ville est très peu fréquentée par les touristes. Erreur ! Parce que quand il fait beau, la mer est d'un bleu impensable et que la route très difficile, souvent dans les nuages, est propice à la contemplation....

Arriver – Quitter

➢ **De Varmahlíð :** juin-août, 1 bus/j. Compris dans l'*Omnipass*. Sinon, essayer le stop.

Adresses utiles

🛈 **Office de tourisme :** au Folk Museum – Minjahús, derrière le café *Krókur.* Voir ci-dessous.

■ **Piscine :** à côté du camping. Tlj 7h-22h ; 9h-18h w-e. Prévoir 150 ISK (1,50 €) pour une douche.

Où dormir ?

⛺ **Camping :** après le terrain de foot, à côté de la piscine. ☎ 453-52-26. Gratuit. Petit bungalow bleu avec toilettes. Salle commune. Pour prendre une douche, se rendre à la piscine (voir « Adresses utiles »).

🏠 **Mikligardur :** Kirkjutorgi 3, juste à côté de la poste, en plein centre. ☎ 453-68-80. ● gistiheimilid550@sim net.is ● Dans une grande maison blanche des années 1930, des chambres doubles avec salle de bains commune pour 7 100 ISK (71 €), sans petit déj. Certaines chambres plus chères avec salle de bains privée. Avec son duvet, compter 2 500 ISK (25 €) par pers, résa conseillée. Magnifique cuisine intégrée à disposition, TV dans les chambres et, surtout, accueil super souriant. Le bon plan de la ville.

🏠 **Hotel Tindastóll :** Lindargata 3. ☎ 453-50-02. Fax : 453-53-88. ● www.hoteltindastoll.com ● Niché au bout d'Ádalgata, face à la station-service *Olis*. La double à 16 300 ISK (163 €). Le plus vieil hôtel d'Islande, mais le plus charmant également. Une belle maison à la devanture verte, où séjourna Marlène Dietrich en son temps. Dix chambres à peine, toutes décorées différemment. Tout confort naturellement, TV, salle de bains et joli linge de maison. *Hot pot* pour les hôtes. Salle de petit déj très cosy. Dîner possible (sur résa).

Où manger ? Où boire un verre ?

|●| *Oláfshús :* Ádalgata 15. ☎ 453-64-54. Tlj. Dans une belle maison toute bleue, 2 salles en longueur. Soupe, plat et café pour moins de 2 000 ISK (20 €) : la belle affaire du coin ! Pizza taille XXL au même tarif, largement suffisante pour deux. Viandes bien travaillées, présentation soignée et saveurs ajustées : un de nos bons souvenirs gastronomiques. Bémol : le service, un tantinet trop long.

|●| � *Café-pub Krókur :* Ádalgata 16. ☎ 453-62-99. Ouv 11h-23h30 (w-e 3h). Compter de 1 000 à 1 500 ISK (10 à 15 €) pour un snack. Plats de poisson plus chers, évidemment. Du snack au plat traditionnel en passant par le hamburger, les pâtes et les grillades. Salades aux compositions savantes, salle à l'atmosphère tamisée. Pas mal du tout.

À voir. À faire

🏹 *Folk Museum – Minjahús :* derrière le café *Krókur*. ☎ 453-68-70. Tlj 13h-18h. Entrée : 500 ISK (5 €). Patchwork de collections privées qui touchent un peu à tous les domaines. Très hétéroclite, forcément... On y trouve un atelier de charpentier, d'horloger, de sellier, etc. Expos sur les fouilles archéologiques locales. Intérêt limité, tout en islandais !

➤ La rue principale, Aðalstræti, est agréable à parcourir, avec ses maisons colorées. Demander le dépliant vous présentant l'histoire de chacune auprès du *Folk Museum – Minjahús*. La plus vieille maison date de 1873 et se trouve au n° 13 de Lindargata. Cette rue se termine par la *Villa Nova,* demeure d'un riche négociant datant de 1903 et particulièrement bichonnée.

➤ *Balade en bateau jusqu'à l'île de Drangey :* Jón vous donne rendez-vous au pont. ☎ 846-81-50 (portable). Compter entre 4 000 ISK (40) – sans arrêt sur l'île – et 5 000 ISK (50 €) – avec arrêt. Le paradis des oiseaux qui viennent nicher dans cette roche volcanique, en forme de V, surgie des eaux. Résas auprès de votre hôtel ou de votre *guesthouse*.

VARMAHLÍÐ
130 hab.

Ville-carrefour posée sur la route 1, Varmahlíð n'a strictement aucun intérêt. En revanche, vous serez sûrement tenté de vous arrêter à la ferme de Glaumbær, l'une des plus belles d'Islande, qui se trouve à 7 km au nord. En repartant, passez donc jeter un œil à l'église de tourbe de Varmahlíð.

Adresses utiles

🚌 *Arrêt de bus :* station-service *Esso*.

■ Tous les *services* sont concentrés autour ou à l'intérieur de la sta-

tion-service (office de tourisme, banque, poste, snack, épicerie).
🛈 *Office de tourisme :* ☎ 455-61-

61. ● www.skagafjordur.is ● Ouv 9h-19h en été.

Où dormir ?

Éviter de dormir ici. On préfère quand même Sauðárkrókur.

⬜ *Camping de Lauftún :* à l'entrée est de la ville, au bord de la route 1, en face de l'office de tourisme. ☎ 453-81-33. Compter 400 ISK (4 €) par pers. Une douche gratuite. Pas très propre et situation peu idyllique à cause du trafic. Peut dépanner. Lors de notre passage, un autre camping était en construction dans la forêt. Se renseigner.

🏠 Quelques *cottages* sympas à louer, en face de la station-service et de l'office de tourisme. Renseignements auprès de *Hestasport* (voir ci-dessous) à la sortie de la ville. Compter 15 000 ISK (150 €) pour deux. Accepte les sacs de couchage : 9 000 ISK (90 €) à deux !

À faire

➢ *Balades à cheval :* Varmahlíð possède l'un des meilleurs clubs du pays, *Hestasport.* ☎ 453-83-83. Fax : 453-83-84. ● www.riding.is ● Trips de 4 à 9 j., où tout est pris en charge, de l'arrivée à l'aéroport jusqu'au départ. Accueil en français. Prix élevés – de 2 300 à 8 300 ISK (23 à 83 €) – mais corrects par rapport au niveau de vie du pays. Offrent des *cottages* pour dormir tout près du village (lits faits ou sacs de couchage). Hébergement réservé en priorité aux cavaliers.

➢ *Rafting :* aussi avec *Hestasport.* Mêmes coordonnées. ● www.rafting.is ● Tous niveaux. Sorties de 3h à 3 j. dans les rivières alentour ou dans les torrents de glaciers.

➢ DANS LES ENVIRONS DE VARMAHLÍÐ

🚶🚶 *Viðim Rarkirkja – l'église de tourbe :* depuis Varmahlíð, prendre la route de Blönduós sur 2 km et tourner à gauche. Tlj 9h-18h. Entrée : 200 ISK (2 €).
Planquée dans un riant petit vallon, cette église de 1834 est un bon exemple de l'architecture de bois recouverte de tourbe qui prévalait jadis. Il ne reste plus que 6 chapelles ou églises de ce genre en Islande et celle-ci est l'une des rares qui fonctionne encore pour les offices. Intérieur très mignon. Les riches avaient le droit de s'asseoir devant, les pauvres restaient près de la porte ou même dehors. Notez, dans la loge de droite, un siège plus bas que les autres : s'y asseyaient les femmes tombées enceinte hors mariage, que les autres pouvaient alors regarder de haut. Et de l'autre côté, à gauche, on trouvait les femmes célibataires pour voir les hommes de biais ! Pourquoi à gauche ? Parce que le corsage de ces dames s'ouvrait délicatement du côté droit, vers les sièges des hommes bons à marier !

🚶🚶🚶 🚶 *La ferme de Glaumbær :* à 7 km au nord de Varmahlíð, sur la route de Sauðárkrókur. ☎ 453-61-73. ● www.skagafjordur.is ● Ouv 9h-18h juin-août. Entrée : 500 ISK (5 €).
Bâtie en tourbe au XIXe siècle, c'est l'une des plus célèbres d'Islande. En arrivant, on a l'impression d'un talus dans lequel s'ouvrent de petites fenêtres. Il faut passer derrière pour comprendre que la ferme est en fait composée de plusieurs bâtiments en bois séparés par des murs de tourbe. Les

LE NORD DE L'ÎLE

pièces d'habitation sont reliées entre elles par un grand couloir, tandis qu'on accède aux salles de rangement par l'extérieur. Les deux premières chambres en entrant étaient réservées aux amis, en signe d'hospitalité. Au fond, la plus grande pièce servait à la fois de salle à manger et de chambre. On pouvait y loger jusqu'à 20 personnes qui couchaient à deux par lit. Pratique pour se réchauffer. Visite à ne pas manquer.

– Juste à côté, la **maison Áshús** représente le type d'édifice qui succéda à la ferme de tourbe, au XIXe siècle. Bâtie dans les années 1880, elle fut habitée jusqu'en 1977 et démontée pour être emmenée de sa campagne natale jusqu'ici. Aujourd'hui un charmant café occupe le 1er étage.

Où manger une pâtisserie dans une maison de poupée ?

|●| **Askaaffi :** à la ferme de Glaumbær, au 1er étage de la maison Áshús. ☎ 699-61-02. Ouv 9h-18h. Café et thé à volonté pour 250 ISK (2,50 €). Dans un intérieur croquignolet, autour du vieux poêle, sur des lattes de plancher qui couinent, quelques tables avec leurs napperons tout ronds. Pause douceurs avec beignets maison, tarte au fromage blanc, etc., servis par de gentilles dames en habits traditionnels.

BLÖNDUÓS
620 hab.

Petit port tranquille. La ville est située à l'extrémité nord de la piste intérieure du Kjölur qui conduit à Geysir, au sud. On y trouve ce qu'il faut en ce qui concerne la banque, le supermarché, une station-service, une poste, une église terriblement moderne, un hôpital et un joli musée.

Arriver – Quitter

🚌 **Terminal de bus :** à la station-service Esso.
➢ La ville est située sur la **ligne Reykjavík-Akureyri.** Un bus/j. tte l'année, et 1 supplémentaire mai-fin août.

Où dormir ?

⚐ **Camping et bungalows :** à l'entrée est de la ville, près du torrent, en face de la station-service. ☎ 452-45-20 et 898-19-32 (portable). ● www.gladheimar.is ● Compter 500 ISK (5 €) par pers. Salle commune au-dessus de la réception, sanitaires rutilants de propreté avec douches chaudes. Barbecue à dispo. Possibilité de louer de sympathiques bungalows équipés de ttes tailles : à partir de 10 500 ISK (105 €) pour 2 pers. Certains ont des hot pots (plus chers). Fait aussi office de tourisme.

🏠 **Gladheimar Guesthouse :** Blöndubyggd 10. ☎ 452-44-03 ou 898-18-32 (portable). Fax : 452-49-13. ● www.gladheimar.is ● Après le pont, 1re à droite, tout au bout du chemin. Renseignements à l'Hôtel Blonduós juste à côté. De 2 000 ISK (20 €) par pers en sac de couchage à 7 500 ISK (75 €) pour une double, sans petit déj. Grande demeure couleur vert d'eau délavé, au bord de l'eau. Très « dilué », tout ça... Mais sympathique, avec une terrasse tout en bois, cuisine et salle de bains pour tout le monde.

Où dormir dans les environs ?

🛏 *Hótel Húnavellir :* à... Húnavellir, pardi ! ☎ 453-56-00 ou 898-46-85 (portable). ● www.hotelhunavellir.is À 11 km au sud de Blönduós par la route 1, puis 7 km de petite route vers l'est. Ouv de mi-juin à mi-août. Compter 8 100 ISK (81 €) la chambre double sans salle de bains mais petit déj inclus. À partir de 3 250 ISK (32,50 €) en sac de couchage dans une salle de classe. Grande bâtisse de béton totalement isolée au bord d'un lac où se retrouvent les pêcheurs. Si les espaces communs n'ont rien d'emballant, les chambres sont agréablement décorées, très colorées et bien aménagées. Lits confortables. Propreté nickel. Piscine et *hot pot.*

Où manger ?

|●| Pour se nourrir à peu de frais, la *cafétéria de la station-service Olis* juste après le pont, en direction de Reykjavík, semble être le rendez-vous local. Pas mal. Mais on préfère le *Café Krutt,* Hunabraut 4, vers le musée du Textile, en face du supermarché *Samkaup Urval.* ☎ 452-47-47. Tlj 8h-18h ; 9h-16h w-e. Des *ciabattas,* de bons sandwichs et des gâteaux appétissants.

À voir

🏛🏛 *Le musée du Textile :* sur la rive nord de la rivière, avant le pont, 1re à droite. ☎ 452-40-67. Juin-août, tlj 10h-17h. Fermé le reste de l'année. Entrée : 500 ISK (5 €).
C'est le seul musée du textile en Islande. Pas bien grand, mais de toute beauté, empli de délicatesse. La modernité des salles d'un blanc immaculé mettent particulièrement bien en valeur les broderies fines et autres robes traditionnelles. Coup de cœur pour la pièce consacrée à la femme et ses différentes tenues. Au sous-sol, les effets de Halldora Bjarnadóttir, femme du début du XXe siècle, combattant pour les droits de toutes les femmes. Petit café-salon de thé avec vue sur l'embouchure.

LA PÉNINSULE DE VATNSNES

Un vrai coup de foudre pour cette région, où les chevaux, ces fameux *tolts,* sont plus nombreux que les moutons ! On accède facilement à cette superbe péninsule par la route 1. Une route en fait tout le tour en longeant la côte, ce qui permet de passer un bon moment et de profiter des multiples points de vue sur la péninsule du Nord-Ouest d'un côté et les cimes enneigées du massif de Laxárdalsfjöll de l'autre. On vient surtout pour observer les colonies de phoques installées ici, à la pointe de la péninsule, et qui comptent parmi les plus importantes du pays. Spectaculaire ! Belles balades à faire dans cette région de prairies verdoyantes tachées de petits lacs.
Attention : avoir son propre véhicule est nécessaire pour s'y rendre.

HVAMMSTANGI
600 hab.

Petite ville de passage, sans grand intérêt, mais point de départ pour engranger le plus d'infos sur la région et son animal emblématique : le phoque !

LE NORD DE L'ÎLE

Arriver – Quitter

🚌 *Terminal de bus :* à la station-service à la cafét' *Söluskálinn,* à l'entrée de la ville.
➢ Comme Blonduös, la ville est située sur la *ligne Reykjavík-Akureyri.* Un bus/j. tte l'année, et 1 supplémentaire mai-août.

Adresses utiles

🔢 *Office de tourisme :* Brekkugata 2. En contrebas de ville. ☎ 451-23-45 ou 848-52-33 (portable). ● www.selasetur.is ● Tlj 9h-18h en été. Très bons conseils. Maison islandaise du phoque. Faut dire que c'est la région ! Expo au rez-de-chaussée (500 ISK, soit 5 €) de cette belle maison d'époque, avec phoques empaillés et histoires de familles. Saviez-vous que le mâle phoque dominant féconde toutes les femelles de sa troupe ? C'est aussi ici qu'on découvre qu'il existe deux sortes de phoques, le veau marin, le plus présent en Islande, qui pèse la bagatelle de 100 kg pour 2 m, et le phoque gris, dont le mâle peut atteindre les 300 kg !

⬛ *Piscine :* en surplomb de l'office de tourisme. ☎ 451-25-32. Tlj 7h-22h, sf w-e 10h-20h. Horaires restreints en hiver. Payant.

Où manger ?

🍴 *Söluskálinn :* station-service, sur Hvammstangabraut, à l'entrée de la ville. Quelques tables, des burgers bien juteux, hot-dog au fromage avec des frites *(djúpsteikt pylsa medosti og frönskum),* des glaces surdimensionnées et un personnel souriant. Fait aussi vidéo-club, dépôt de colis et on y trouve même des fers à cheval à vendre !

Où dormir dans les environs ?

🏠 *Auberge de jeunesse et chalets d'Ósar :* à une trentaine de kilomètres au nord de la route 1. ☎ 862-27-78 (portable). Fax : 451-26-78. ● osar@simnet.is ● Ouv mai-sept. Compter 2 000 ISK (20 €) par pers en dortoir avec son duvet et 6 800 ISK (68 €) en chambre double avec des lits faits. Petit déj à 900 ISK (9 €). Comme d'habitude, réducs pour les membres des AJ. Une sensation de bout du monde... Vous serez accueilli par Knut, qui habite dans la ferme d'à côté où il élève vaches et chevaux. Très attachant, et l'auberge l'est tout autant : vieille ferme de famille rénovée, avec 2 cuisines, un salon très convivial avec TV, Internet et lecture, une salle à manger en bas sous des poutrelles de bois russe, ramenées par le grand-père de Knut. Machine à laver, location de draps. Juste en face, trois chalets pouvant accueillir jusqu'à 6 pers, tout en bois et tout confort, aux tarifs de l'AJ, joliment aménagés avec cuisine, frigo, radio : on croit rêver ! Depuis les fourneaux, vue sur l'une des plus grosses colonies de phoques du pays. Pas moins de 300 ! Sur simple appel préalable, Knut peut venir vous chercher à l'embranchement avec la route 1 ou dans la petite ville voisine de Hvammstangi. Notre AJ préférée en Islande.

🏠 *Auberge de jeunesse de Sæberg :* à Reykir, sur la route 1, à moins de 20 km de l'embranchement entre Hvammstangi et Brú ; les bus s'arrêtent à env 1 km (demander). ☎ 451-00-15 ou 894-55-04 (portable). ● saeberg@isholf.is ● Tte l'année sf en déc. Compter 1 850 ISK (18,50 €) pour les non-membres en dortoir et 1 500 ISK (15 €) pour les membres. Maison perdue en bord de mer. Chambres de 2 à 7 lits, cuisine, salon et lave-linge. Très propre. Petit terrain de camping. Piscine chauffée.

🛏 *Hôtel Edda :* à Laugarbakki, à 11 km de Hvammstangi. ☎ 444-40-00. ● www.hoteledda.is ● Une dou-ble à 9 000 ISK (90 €), sans petit déj. Ouv de mi-juin à mi-août. Accepte les sacs de couchage : 1 700 ISK (17 €). L'un de ces hôtels de chaîne, collège en hiver, hôtel en été. Pas le grand luxe, chambres assez aseptisées, mais de bon confort. Toilettes et douches communes. Bon petit déj (900 ISK, soit 9 €).

➤ *DANS LES ENVIRONS DE HVAMMSTANGI*

🎫🎫🎫 🚶 *Balade dans la péninsule :* cela consiste à faire le tour de la péninsule en boucle depuis Hvammstangi sur la côte ouest puis la côte est. Voiture indispensable. Ça peut facilement vous prendre la journée, en tout cas l'après-midi. On passe Anastadastrapi. Quelques sternes arctiques taquinent les véhicules. Pas commodes ! Ne vous approchez pas trop près des étendoirs à poisson, sinon, gare à vos têtes ! Des orgues basaltiques apparaissent en surplomb de la mer.
Coup de cœur pour *l'église de Tjön.* Soudain on comprend la grâce ! Arrêt à *Hindisvík* indispensable. C'est ici que Sigurdur Norland, révérend épris de nature, a mis en place un plan de protection des phoques au milieu du XXᵉ siècle. N'hésitez pas à grimper par dessus la barrière, puis suivez le chemin balisé vers le bord de mer. Spectacle magique des *phoques* quasiment à portée de main, en train de se prélasser sur les rochers. Hardi petit, c'est reparti ! Vente de pulls à la ferme possible.
Autre stop incontournable : *Hvítserkur,* sur la côte est. Baie sublime avec ses roches détachées des côtes, hautes de 15 m. Sortez les appareils ! Les amoureux du site essaieront de trouver un lit à l'AJ d'Osar toute proche. Bifurcation vers *Borgarvirki* sur la route 717 puis la 574. Découverte au hasard d'une descente miraculeuse de cette forteresse de pierres, érigée au Xᵉ siècle dans un socle rocheux de la période interglaciaire. Fascinant ! On a l'impression d'un orgue de pierres, qu'on peut escalader jusqu'au sommet (attention, un peu branlant). Des vues à couper le souffle au sommet. La boucle s'achève. Belle balade non ?

➤ Nombreuses *randonnées* à faire dans la péninsule : renseignez-vous à l'auberge de jeunesse.

🎫🎫 *Byggðasafn :* à Reykir, sur la route 1, entre Hvammstangi et Brú. ☎ 451-00-40. ● www.simnet.is/ofeigur ● Ouv juin-août 10h-18h. Entrée : 500 ISK (5 €).
Collection pléthorique d'outils agricoles et de babioles diverses. Si l'on s'y intéresse de près, ça peut occuper deux bonnes heures tant le musée est vaste. Reconstitution d'un intérieur de ferme du XIXᵉ siècle, très cosy. Autre section consacrée à la pêche au requin. Cette pêche pour le moins sportive était la spécialité locale jusque dans les années 1940. Elle continue aujourd'hui, mais à très petite échelle. En fait, les requins étaient seulement chassés pour leur foie et son contenu, l'huile, vendus très cher à Copenhague. Tout le reste était rejeté à la mer car la viande, elle, n'était guère prisée. On voit le type de bateau utilisé pour cette pêche : il date de 1875 et embarquait 12 personnes. Les cuves aux angles de la pièces servaient à entreposer les foies de ces bestioles effrayantes qui pouvaient atteindre 15 m, comme l'attestent les photos au mur.

LES FJORDS DU NORD-OUEST

Partie de l'Islande très peu habitée (un peu plus de 8 000 hab.) et peu visitée, aux côtes tout en dentelles. Région magnifique et nous pesons nos mots. Pour les amateurs de solitude, ou tout simplement pour ceux chez qui la curiosité est un malin défaut...

Transports

En bus

Peu de bus desservent cette région. Staðarskáli, 5 km au nord de Brú, sur la route de Blönduós, est la plaque tournante du trafic de bus pour les fjords. Que l'on arrive de Reykjavík ou d'Akureyri, il faudra passer par là. Visez juste, histoire de ne pas rester coincé pour la nuit à Staðarskáli qui est un endroit pas vraiment palpitant.

L'été, 3 bus par sem, mar, ven et dim, de Staðarskáli à Hólmavík puis Ísafjörður.

Ces routes sont hors forfait *Full-Circle Passport* : il faut prendre l'option « fjords du Nord-ouest », qui coûte 10 100 ISK (101 €) de plus. Par contre, l'*Omnipass* inclut la péninsule. Mais il revient plus cher. Renseignez-vous auprès de l'office de tourisme ou du *BSÍ* de Reykjavík et prévoyez bien votre parcours pour choisir la bonne solution.

☩ Si vous devez passer la nuit à *Staðarskáli* : on peut **camper** gratuitement en dessous de la station-service surpeuplée (qui fait aussi office de tourisme, cafétéria, poste, le tout dans une ambiance de zoo...). C'est toujours mieux que le motel, qui coûte la peau des fesses.

🏠 *Office de tourisme :* ☎ 451-11-50. ● www.stadarskali.is ●

En voiture

Lorsque l'on vient de l'est, c'est à Brú, un carrefour avec station-service et cafétéria, que commence la route 68, puis 61 en direction de Hólmavík. Depuis Reykjavík, on arrivera par la route 60, qui démarre à une trentaine de kilomètres de Borgarnes. Trajet très long et prenant. Rappelez-vous que la route des fjords est très sinueuse, alors gare aux fausses impressions : 100 km à vol d'oiseau font souvent dans les 500 km à l'arrivée ! N'oubliez pas non plus de faire le plein : peu de stations-service, ce qui peut être problématique, notamment entre Hólmavík et Ísafjörður où il n'y en a aucune.

En bateau

Possibilité de prendre le ferry *Baldur* depuis Stykkishólmur pour rejoindre le sud des fjords (le petit port de Brjánslækur). *Seatours* : ☎ 438-14-50. ● www.seatours.is ● On évite ainsi beaucoup de route, et le ferry c'est toujours plus amusant. Un bus est connecté avec le bateau. Il vous mène à travers tout l'ouest de la péninsule jusqu'à Ísafjörður, la capitale régionale. Sinon, vous trouverez peut-être une âme charitable pour vous prendre en stop à la descente du bateau. Ce trajet est compris dans l'*Omnipass* et le *Full-Circle Passport* incluant les fjords. Si vous êtes en voiture, comptez 2 190 ISK (21,90 €) par véhicule et autant par pers. Les enfants de 12 à 15 ans paient la moitié et pour les plus jeunes, c'est gratuit. Trajet à réserver à l'avance.

HÓLMAVÍK

500 hab.

La magnifique route 61 mène à ce petit village un peu déprimant, connu pour son ancienne usine de transformation de viande de requin. De rares personnes préparent encore le requin. Aujourd'hui, la principale activité du port est la pêche à la crevette. Les maisons près du port sont certes un peu tristounettes, mais non dénuées de charme. On y trouve tout ce qu'il faut : banques, supermarché, poste et station-service. Et aussi une toute nouvelle piscine.

Arriver – Quitter

➤ *De Reykjavík ou Akureyri :* mai-août, 2 bus (n° 60) tlj avec la compagnie *TRex,* entre Reykjavík et Brú (2h de trajet). ☎ 587-60-00. ● www.trex.com ●, puis connexions pour Hólmavík mar, ven et dim (n° 400).

Adresse utile

🛈 *Office de tourisme :* près de la station-service *Esso,* à l'entrée de la ville. ☎ 451-31-11. ● www.holmavik. is/info ● Tlj en été 9h-20h. Bonnes infos. Accès Internet. On y trouve aussi des pulls tricotés par une dame du village et moins chers que dans les commerces.

Où dormir ?

⊼ *Camping :* à l'entrée du village, face à la station-service. ☎ 451-31-11. Compter 500 ISK (5 €) par pers et autant par tente. S'adresser à l'office de tourisme. Les douches se trouvent à la piscine. C'est également là que vous pourrez laver votre linge, faire la cuisine ou consulter Internet. Ces 3 services sont payants... Très belle vue sur le fjord.

🛏 *Guesthouse Borgabraut :* Bor-gabraut 4. ☎ 451-31-36. Fax : 451-34-13. Tte l'année. Compter 3 000 ISK (30 €) pour un lit fait et 2 000 ISK (20 €) en sac de couchage. Possibilité de cuisiner. Salon avec TV dans une véranda. Accueil super sympa. Demander si possible une chambre avec vue sur le fjord. Également de grands *cottages* pour 10 à 12 pers. Souvent complet en été.

Où manger ?

|●| *Café Riis :* Hafnarbraut 39. ☎ 451-35-67. Situé en plein centre, au bout du port, dans une maison verte. Ouv jusqu'à 23h en sem et 3h le w-e. Resto rapide à moins de 1 000 ISK (10 €) : *burgers,* pizzas, etc. Mais ça vaut le coup d'essayer leur macareux, succulent et pas trop cher, ou un autre plat typique très bien cuisiné. Carte variée et axée sur la nourriture traditionnelle, sans coup de bambou. L'intérieur est très chaleureux, boisé et avec de passionnantes photos anciennes aux murs. Une excellente adresse, d'autant mieux bienvenue que c'est la seule de la ville !

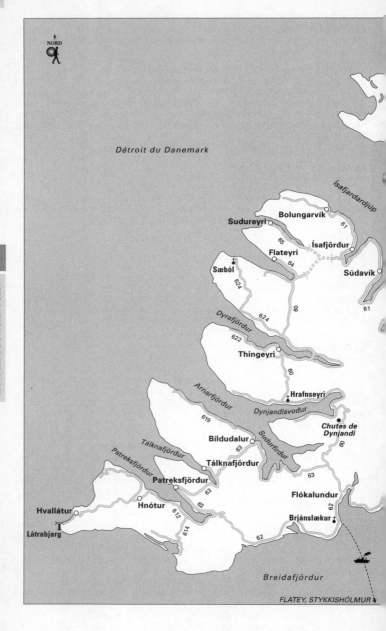

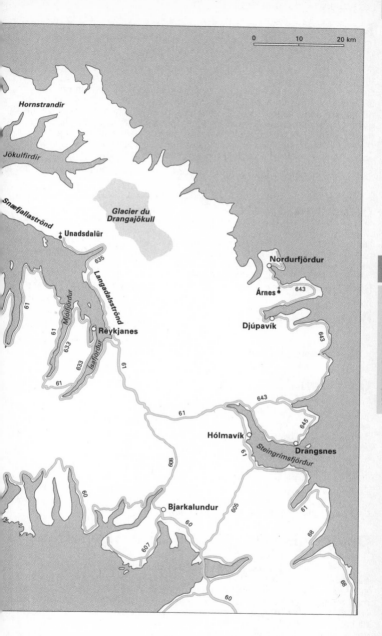

LES FJORDS DU NORD-OUEST

À voir. À faire

🕯 *Le musée de la Sorcellerie :* en face du *Café Riis.* ☎ 451-35-25. Tlj en été, 10h-18h ; le reste de l'année, à la demande. Entrée : 500 ISK (5 €). Plaquette en français.

Ce musée, très populaire, retrace l'histoire des pratiques magiques en Islande, et surtout dans la région de Strandir. On est resté comme deux ronds de flan en lisant l'histoire de la « nécroculotte ». Bibliothèque pleine d'ouvrages à consulter. Dommage que la présentation ne soit pas plus soignée, plus mystique. Les murs tout blancs, ça ne met décidément pas dans l'ambiance... Pour se consoler, on peut toujours passer dire bonjour aux gentils corbeaux apprivoisés qui traînent devant le musée : impressionnants !

➤ Nombreux *treks* à faire : cartes disponibles à l'office de tourisme.

DRANGSNES

Impossible de s'y perdre : et pour cause, le village ne compte qu'une seule rue s'étirant le long du fjord. Juste en face se trouve l'*île de Grímsey* (à ne pas confondre avec celle du cercle polaire). On peut voir des phoques sur la rive nord de Steingrímsfjörður, tout près du village.
Ravitaillement possible à la petite épicerie de la butte, à la sortie du village.

Arriver – Quitter

➤ *En bus :* 2 bus *TRex* mar, ven et dim. ☎ 587-60-00. ● www.trex.is ● Liaisons avec Bru et Holmavík. Un seul bus ven dans le sens inverse.

Où dormir ?

⚊ *Camping :* à la sortie nord du village, sur la droite. ☎ 451-32-27. Sanitaires, douche et possibilité de cuisiner.

🏠 *Ferme Bær III :* sur la route 645, à 3 km de Drangsnes. ☎ 451-32-41. Fax : 451-32-74. Ouv mai-sept. Compter 3 800 ISK (38 €) par pers en lit fait et 2 400 ISK (24 €) en sac de couchage. Petit déj en sus. Une jolie maison et son jardinet, avec une vue superbe sur l'île de Grímsey. Super convivial et bon accueil de la famille. *Cottage* avec 2 appartements séparés dans le jardin. L'île appartient aux habitants de la ferme. Ils pourront d'ailleurs vous y emmener. On prend ses repas sous une belle véranda fleurie. Résa très conseillée.

Où dormir ? Où manger dans les environs ?

⚊ 🏠 |●| *Hótel Laugarhóll :* à 18 km au nord de Drangsnes. ☎ 451-33-80. Fax : 451-35-80. ● mattimat@ mail.mi.is ● Compter 11 200 ISK (112 €) la chambre double avec salle de bains et 7 700 ISK (77 €) sans. Si vous dormez en sac de couchage dans les chambres, compter 2 400 ISK (24 €). Dans le dortoir de 8 places, bien compartimenté, le prix dépend du nombre d'occupants : à partir de 1 400 ISK (14 €). Petit déj pour 900 ISK (9 €). Possibilité de camper pour 300 ISK (3 €) par pers. Sanitaires et accès gratuit aux douches de la piscine. Cuisine traditionnelle islandaise à prix moyens. Établissement de bon standing tenu par un Français, Matthias Jóhannsson, qui vit en Islande depuis plus de 20 ans et a pris la nationalité islandaise. Piscine d'eau chaude naturelle, *hot pot* classé Monument historique, creusé par un colon aux alentours du XIIᵉ siècle, et une petite annexe du musée de la Sorcellerie.

DJÚPAVÍK

Au début du XXᵉ siècle, ce village florissant vivait grâce à l'industrie du hareng. Aujourd'hui, c'est un bourg un peu mort, mais le pari incroyable d'une famille fait bouger les choses...

Arriver – Quitter

Pas de bus. Mais on peut y aller ***en avion,*** par *Islandsflug,* qui assure 2 liaisons par sem à destination de Gjögur. ☎ 570-80-90. Un véhicule de l'hôtel vient vous chercher à l'aéroport.

Où dormir ? Où manger ?

🏠 |●| *Hôtel Djúpavík :* ☎ 451-40-37. Fax : 451-40-35. ● www.djupavik.com ● Tte l'année. Compter 7 100 ISK (71 €) la chambre double sans salle de bains et 2 300 ISK (23 €) en sac de couchage. Eh oui ! dans ce bourg « abandonné », une famille a transformé l'ancien bâtiment des femmes qui travaillaient à l'usine de harengs en un petit hôtel confortable et chaleureux, dans un décor sobre et de bon goût (et l'odeur en moins !). Très bonne cuisine maison à prix raisonnables. Mauvaise insonorisation des murs.

➤ *DANS LES ENVIRONS DE DJÚPAVÍK*

🎣 Quelque 25 km plus au nord, avant la fin de la route 643 dans le Norðurfjörður, le village d'***Árnes*** s'est fait une solide réputation dans tout le reste du pays pour une « querelle de clocher » : malgré la poignée d'habitants qui y habitent, le village a la particularité d'avoir deux églises, une ancienne et une nouvelle, qui se font face de chaque côté de la route ! Les habitants du village n'avaient pas réussi à se mettre d'accord quant au fait de restaurer l'ancienne ou d'en construire une autre.

🎣 De retour sur la route 61, après Hólmavík et vers Ísafjörður, on franchit une large bande de terre sur une cinquantaine de kilomètres. Au passage du col, pourvu qu'il y ait un peu de brume, on a l'impression de franchir le toit du monde.
– On peut pêcher et faire de la ***voile*** avec *Sundhani,* autour de Norðurfjörður et de Reykjarfjörður. ☎ 451-32-38.

ÍSAFJARÐARDJÚP

Cet immense fjord traverse la région sur près de 80 km. Il est relié à une série de fjords plus petits, qu'il faut longer les uns après les autres avant de rejoindre la ville d'Ísafjörður. Lorsqu'on emprunte cette route, l'une des plus célèbres d'Islande, on dit communément qu'on va « faire le Djúp » (prononcer « dioup »). La route longe le bord de l'eau sur près de 200 km. Vivifiant ! En face, la chaîne du Snæfjallaströnd s'étale de tout son long.

➢ Le bus qui fait la liaison *Reykjavík-Ísafjörður* longe le fjord. Un bus mar, ven et dim (début juin-fin août).

⚒ 🏠 Sur la route, on peut dormir (lits dans des fermes ou camping) à *Súdavík, Ögur, Djúpmannabúð* ou encore *Heydalur.*

ÍSAFJÖRÐUR
4 500 hab.

Ísafjörður recense presque la moitié des habitants de la région... Une vraie mégapole à l'échelle des fjords du Nord-Ouest ! Construite entre deux falaises au bord du fjord Skutulsfjörður, elle dispose d'un excellent port naturel. Sa situation géographique éloignée l'a préservée – et sûrement pour un certain temps encore – d'un flot touristique important. Profitez-en !

Au registre du jargon local, même si la ville n'a qu'une vingtaine de rues, sachez qu'à Ísafjörður tout le monde s'exprime de manière « géographique » : on monte une rue si on se dirige vers la falaise, on la descend si l'on va vers le fjord. De même, on entre ou on sort d'une rue selon que l'on se dirige vers l'intérieur ou l'extérieur du fjord... Tout un programme !

Arriver – Quitter

En bus

🚌 L'arrêt de bus est devant l'*Hôtel Ísafjörður (plan B1, 15).*

➢ *De Reykjanes et Holmavík :* juin-août, 1 bus mar, ven et dim. Compagnie *Stjörnubílar* : ☎ 456-55-18. (Voir les remarques de la rubrique « Transports » en début de chapitre sur les fjords du Nord-Ouest, à propos des différents forfaits de bus.) Et là, possibilité d'attraper un bus pour Reykjavík ou Akureyri (voir Holmavík plus haut).

➢ *De Brjánslækur (si vous avez pris le ferry depuis Stykkishólmur) :* juin-août, 1 bus en correspondance avec chaque ferry. ☎ 438-14-50 ou 893-63-56 (portable). ● www.seatours.is ● Si l'on arrive par le bateau de 12h, le bus qui vient vous chercher passe par le Látrabjarg, s'y arrête 2h, revient à Brjánslækur pour chercher les passagers du ferry de 19h et monte, cette fois directement, jusqu'à Ísafjörður où il arrive vers 21h. Ouf ! Autrement, la Compagnie *Stjörnubílar* assure le même service les lun, mer et sam.

En avion

➢ Une liaison quotidienne depuis Reykjavík mars-oct. ☎ 456-30-00. ● www.airiceland.is ● L'aéroport se trouve à 6 km du centre.

En voiture

Pas moins de 3h de route en lacets depuis Hólmavík. Joli mais fatigant à la longue. Aucune station-service sur la route. Faire le plein avant. Beaucoup plus rapide jusqu'à Brjánslækur, pour le ferry.

Adresses utiles

🏢 *Office de tourisme (plan B1) :* Aðalstræti 7. ☎ 456-51-21. Fax : 456-51-85. ● www.vestfirdir.is ● Tlj en été 8h-18h, sf w-e 10h-15h. En

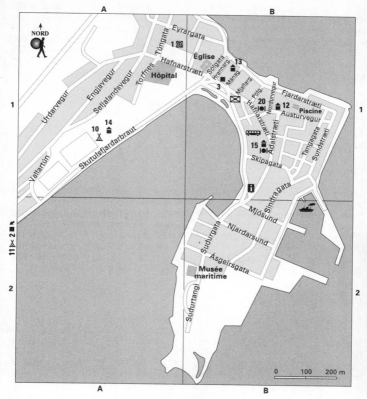

ÍSAFJÖRÐUR

■ **Adresses utiles**

- 🅸 Office de tourisme
- 🚌 Arrêt de bus
- ✉ Poste
- 🄰 **1** Bibliothèque
- **2** Supermarché Bonus
- **3** Supermarché Samkaup

⚐ 🏠 **Où dormir ?**

- **10** Camping de l'Hôtel Edda

- **11** Camping de Tungudalur
- **12** Áslaugar Guesthouse
- **13** The Old Guesthouse –
  Gamla Guesthouse
- **14** Hôtel Edda
- **15** Hôtel Ísafjörður

🍽 **Où manger ?**

- **15** Hôtel Ísafjörður
- **20** Pizzeria Fernando's

---

hiver, 10h-17h en sem. Une équipe des plus attentionnée et très compétente, qui vous aidera à planifier la suite de votre séjour, selon vos priorités et budget. Location de vélos (1 800 ISK, soit 18 €, la journée). Peut garder vos bagages.

■ ***Vesturferðir*** *(plan B1)* : Aðalstræti 7. ☎ 456-51-11. Fax : 456-51-95. ● www.vesturferdir.is ● Agence de voyages qui travaille en proche collaboration avec l'office de tourisme. L'aide indispensable pour entreprendre une virée dans la péninsule reculée de Hornstrandir.

✉ **Poste** (plan B1) : sur Hafnar-stræti.

@ **Accès internet :** à la bibliothèque (plan A1, **1**).

■ Au centre-ville, plusieurs **banques** et un **hôpital.**

■ Le **supermarché Bonus** (hors plan par A2, **2**) se trouve loin du centre, à l'entrée de la ville en venant du tunnel. Dans le centre, seulement un **Samkaup** (plan B1, **3**), assez chérot. Ouv 9h-21h (sam dès 10h et dim 12h).

Où dormir ?

Appeler avant de venir : dans la plupart des *guesthouses,* pas d'accueil permanent.

Campings

⚊ **Camping de l'Hótel Edda** (plan A1, **10**) : à l'entrée de la ville, sur Skutulsfjarðarbraut. Prévoir 550 ISK (5,50 €) pour la 1re pers et la tente et 350 ISK (3,50 €) pour la seconde. Douches payantes à l'*Hótel Edda.*

⚊ **Camping de Tungudalur** (hors plan par A2, **11**) : près du golf, en contrebas quand on sort du tunnel. Compter 800 ISK (8 €) par tente, à payer au club de golf ou alors quand le gérant passe prendre l'argent. Toilettes et douches. Pas pratique si l'on n'a pas de véhicule, mais sinon on vous conseille le coin : paradisiaque, au pied d'une petite cascade.

Prix moyens

🏠 **Áslaugar Guesthouse** (plan B1, **12**) : Austurvegur 7. ☎ 899-07-42 (portable). Fax : 456-40-75. ● gistias@snerpa.is ● Tte l'année. Compter 5 800 ISK (58 €) la chambre double sans salle de bains et 2 000 ISK (20 €) par pers si vous avez votre sac de couchage. Petit déj pour 950 ISK (9,50 €). Aslauf, la propriétaire, a très joliment arrangé les 5 chambres de cette petite maison située en plein centre. Cuisine à disposition, vraiment conviviale. Résa conseillée donc. Excellente adresse...

🏠 **The Old Guesthouse – Gamla Guesthouse** (plan B1, **13**) : Mánagata 5. ☎ 456-41-46 ou 897-41-46 (portable). Fax : 456-43-15. ● fmg@snerpa.is ● Compter dans les 5 200 ISK (52 €) pour une nuit en chambre double et 1 900 ISK (19 €) avec sac de couchage, petit déj non compris. Une vieille bâtisse de pêcheurs, récemment retapée, en plein centre. Tenue nickel-chrome et accueil excellent. Dix chambres joliment meublées, certaines avec TV. Cuisine aménagée à votre disposition. Possibilité de se connecter à Internet. Jardin avec terrasse. Belle adresse.

Plus chic

🏠 **Hótel Edda** (plan A1, **14**) : à l'entrée de la ville, près des terrains de sport. ☎ 444-49-60. ● www.hotel edda.is ● Ouv juin-août. Compter 8 800 ISK (88 €) pour deux en lit fait et la moitié si l'on dort en sac de couchage, petit déj compris. Propose des chambres de cité U, ni plus ni moins. Ne vaut pas le coup. Pour le prix, on vous conseille plutôt d'essayer une *guesthouse.*

🏠 **Hótel Ísafjörður** (plan B1, **15**) : Silfurtorg 2. ☎ 456-41-11. Fax : 456-47-67. ● www.hotelisafjordur. is ● Le grand hôtel de la ville, très chic et très cher : autour de 15 000 ISK (150 €) ! Chambres avec TV, minibar et superbe vue sur le port. Le resto vaut vraiment le coup (voir ci-dessous).

Où manger ?

Vous aurez vite fait le tour...

|●| *Hôtel Ísafjörður (plan B1, 15)* : sans aucun doute, la référence culinaire de la ville. La cuisine est raffinée et le service excellent. Certes, à la carte, les prix grimpent vite... Mais le midi, foncez-y : c'est un rapport qualité-prix inespéré pour le pays ! Le menu complet à 1 400 ISK (14 €) au déjeuner et 2 500 ISK (25 €) au dîner comprend une soupe ou un excellent buffet de crudités à volonté, puis un plat de poisson ou de viande très bien cuisiné et accompagné, ainsi que le thé ou le café. Il existe aussi une formule légère avec soupe, salade et pain pour 950 ISK (9,50 €).

|●| *Pizzeria Fernando's (plan B1, 20)* : Hafnarstræti 12. ☎ 456-33-67. Tlj 11h30-1h (3h w-e). Intérieur confortable et tamisé. Pizzas à partir de 1 150 ISK (11,50 €), soupe de poisson. C'est aussi le bar le plus cosy de la ville, et il accueille des concerts de temps à autre, sur sa grande scène à l'arrière. Billards au sous-sol. Ça bouge un peu le week-end, mais en semaine, faites une croix sur l'ambiance.

|●| *La cafétéria du Musée maritime* offre un cadre très plaisant et authentique. On y sert des soupes, des gâteaux, du café... Fermé en hiver.

À voir

🎖🎖 🕍 *Le Musée maritime (plan B2)* : Nedstakaupstaður. ☎ 456-32-93. Au bout du port. Tlj juin-août 10h-17h. Entrée : 400 ISK (4 €).
Dans un entrepôt de 1784, bel exemple de l'architecture portuaire du XVIIIᵉ siècle. Nombreux documents et photos concernant l'histoire des fjords de l'Ouest. Expo prenante en odorama (son et odeur), où la morue tient une place prépondérante. D'ailleurs, elle est en vente, pour ceux qui veulent parfumer leur voiture. À part ça, très agréable visite, avec notamment le premier moteur utilisé sur un bateau islandais, en 1902, la reconstitution d'un atelier de construction de navires, des harpons à baleine (le plus impressionnant se trouve à l'extérieur, devant le musée) ou encore une salle de transmission radio.

➤ **DANS LES ENVIRONS D'ÍSAFJÖRÐUR**

➤ *Excursion sur l'île de Vigur :* on est accueilli par le propriétaire de l'île. Celle-ci abrite le seul moulin à vent existant en Islande, une colonie de macareux et le plus petit bureau de poste du pays. Départ tlj à 14h. Durée : 3 à 4h. Compter 3 900 ISK (39 €) par pers. Renseignements à l'office de tourisme.

➤ *Le Hornstrandir :* depuis 1950, plus personne n'habite ce gigantesque espace (près de 600 km²) tout au nord des fjords de l'Ouest. Aucune route n'y mène. Un ferry relie quasiment tous les jours en été Ísafjörður au Hornstrandir. Excursion à bien préparer à l'avance, réalisable seulement en été. Adressez-vous à l'agence *Vesturferðir,* (coordonnées dans les « Adresses utiles »). Compter de 4 000 à 6 000 ISK (40 à 60 €) l'aller simple, selon l'endroit où l'on choisit de débarquer. Les meilleurs marcheurs peuvent descendre au 2ᵉ ou au 3ᵉ arrêt et rejoindre Hornvík à pied. Et là, repos mérité : plage, chutes d'eau et camping. Puis on reprend le bateau là où on l'avait préalablement décidé. L'agence propose aussi un *day trip,* mais ça fait un peu court à notre avis. Bonnes cartes détaillées (800 ISK, soit 8 €) et renseignements à l'office de tourisme.

BOLUNGARVÍK

À 13 km au nord d'Ísafjörður se trouve la petite ville de Bolungarvík. Elle aurait été fondée par une femme, Thuriur Sundfyllir, au milieu du Xᵉ siècle. C'est l'un des plus anciens centres de l'industrie poissonnière du pays. Banque, poste, station-service et pharmacie dans la bourgade.

Arriver – Quitter

➢ *D'Ísafjörður :* juin-août, 3 bus/j. en sem.

Où dormir ? Où manger ?

⚸ *Camping :* sur la gauche après la rivière, derrière la piscine. Compter 600 ISK (6 €) par pers et l'accès à la piscine est en sus ! Toilettes et éviers seulement. Le terrain n'a rien d'extraordinaire. Horaires de la piscine : 8h-21h (ferme plus tôt le w-e).
⌂ ⏐●⏐ *Guesthouse Finnabær :*
Vitastígur 1. ☎ 586-13-92 ou 861-22-83 (portable). ● ahr@islandia.is ● Tte l'année. Compter 3 800 ISK (38 €) pour une chambre double en lit fait et 2 400 ISK (24 €) en sac de couchage. Resto, snack-bar et épicerie. Dans une maison rouge et blanc tout en longueur. Simple et sympa.

À voir. À faire

🚶🏃 *Le Musée maritime d'Ósvör :* 1 km avant d'arriver à Bolungarvík, repérez les 2 cabanes en bois avec de l'herbe sur les toits, au bord de l'eau. ☎ 892-16-16 (portable). Ouv juin-sept, 9h-18h. Entrée : 200 ISK (2 €). Le musée retrace la vie des pêcheurs aux siècles passés. Nombreux objets, embarcations, poisson salé en train de sécher. Dans le poisson, rien ne se perd : suffit de voir les chaussons en peau de poiscaille ou de phoque, ainsi que les sacs en estomac... Vous croiserez l'une des personnalités locales, un barbu espiègle qui passe ses journées là, et qui parfois s'habille en marin du XIXᵉ siècle, avec combinaison intégrale en peau de mouton, histoire de s'amuser et d'amuser la galerie ! C'est ce monsieur qui vous contera la vie des pêcheurs en Islande. Passionnant – si toutefois vous comprenez l'anglais.

🕯 *Le musée d'Histoire naturelle :* Vitastígur 3, en plein centre. ☎ 456-70-05. ● www.nave.is/nattgr.htm ● Au 2ᵉ étage du bâtiment. De mi-juin à mi-août, 9h-12h, 13h-17h, sf w-e 13h-17h. Entrée : 300 ISK (3 €). Très jolie collection d'oiseaux, pour peu qu'on les aime empaillés. L'attraction principale est cet ours polaire tué en 1993 alors qu'il nageait à 50 miles de la côte. Précisons qu'il s'agit d'un petit, puisque du haut de ses 3 ans il ne pèse « que » 260 kg...

➢ Pour les bons marcheurs, une belle promenade de 12 km pour rejoindre *Skálavík,* au nord-ouest de Bolungarvík. Possibilité d'y aller en voiture normale.
⌂ Sur place, un *camping* et la *guesthouse Meiribakki* (☎ 456-71-93).

SUDUREYRI

Lorsque vous êtes dans le tunnel au sud d'Ísafjörður, prenez la portion de tunnel qui va vers l'ouest. Vous arriverez dans un fjord relativement étroit, à l'entrée duquel se trouve un joli village de pêcheurs. Trois cents âmes vivent dans ce lieu de quiétude.

➤ 3 bus/j. en sem depuis Ísafjörður.

Où dormir ? Où manger ?

🛏 **VEG-Gisting :** Aðalgata 14. ☎ 456-66-66. • gistiheimili@sudureyri.is • Compter 5 500 ISK (55 €) la chambre double avec petit déj. Pas de sac de couchage possible. Belle maison bleue au cœur du village, impeccablement tenue. Cuisine aménagée à votre disposition. Réserver à l'avance car ce petit village est un lieu de villégiature apprécié des Islandais.
🍴 Possibilité de se restaurer à la **station-service.** Terrasse donnant sur le fjord.

FLATEYRI

À 7 km de l'embranchement des routes 60 et 64, petit village de pêcheurs de 400 habitants sur le fjord Önundarfjörður. Jusqu'au début du XXe siècle, Flateyri a prospéré grâce à l'industrie baleinière. Voilà pourquoi un os de baleine trône sur la place de l'Église (ça surprend un peu, mais bon !)... Le village possède du charme mais semble néanmoins en voie de désertification. En 1995, deux avalanches ont coûté la vie à 20 personnes et ont détruit la partie est de la ville. Vous remarquerez que cet endroit est resté vierge et qu'un imposant barrage a été construit au-dessus de Flateyri.

➤ 2 bus/j. en sem depuis Ísafjörður.

Où dormir ? Où manger ?

🏕 🍴 Un **camping** gratuit, assez venté, équipé de sanitaires, derrière la station-service. Cette dernière fait également office de **snack-bar.** Pour prendre une douche, la piscine n'est pas loin.
🍴 **Vagninn :** Hafnarstræti 19. ☎ 456-77-51. Ouv slt le soir. Bonne et copieuse cuisine traditionnelle à prix moyens. Grande salle agréable au décor western. Vaguement décrépit. La patronne a encadré tous les papiers et les photos concernant l'histoire de la maison.

Où dormir dans les environs ?

À égale distance de Flateyri et Thingeyri, 2 hébergements remarquables sur la route 624, le long du Dýrafjörður.

🛏 **Hótel Edda :** à Núpur. ☎ 444-49-50. Ouv de fin juin à mi-août. Compter 7 200 ISK (72 €) la chambre double sans bain et 2 200 ISK (22 €) en sac de couchage. Petit bourg situé au pied de grandes falaises et à proximité d'un jardin botanique (le premier du genre en Islande, ouvert officiellement en 1909).
🛏 **Ferme Alvidra :** 2 km après l'*Hótel Edda.* ☎ 456-82-29. Fax : 456-84-29. • alvidra@snerpa.is • Compter

7 700 ISK (77 €) la chambre double sans salle de bains, mais avec petit déj, et 2 200 ISK (22 €) en sac de couchage. Une maison composée de 6 chambres simples et impeccables, avec cuisine entièrement équipée (penser à apporter ses vivres), 2 sal-les de bains et un grand salon face à la mer. Loue également un *cottage* pour 6 pers à la sem ou à la nuit. Le w-e, les habitants des environs et les touristes se retrouvent sous la véranda pour déguster les gâteaux maison de madame.

➤ En poursuivant la route 624, on franchit tout d'abord un col avant de redescendre dans une très belle vallée, puis la route s'arrête à 3 m de l'océan.

THINGEYRI

Encore une gentille situation pour ce village de 350 habitants, mais pas de quoi y dormir non plus. Sauf si vous venez le grand jour de la fête viking...
➤ 2 bus/j. en sem depuis Ísafjörður.

Adresses utiles

🛈 *Office de tourisme :* ☎ 456-83-04. ● www.thingeyri.com ● Tlj en été 10h-18h.
■ *Poste, banques* et *piscine.*

Où dormir ?

⛺ 🏠 Il existe un *camping* derrière la piscine et 2 *guesthouses :* Gistihei-milid, ☎ 456-82-32 et *Vid Fjördinn,* ☎ 456-81-72.

À faire

– Thingeyri aurait été le théâtre d'une fameuse *saga,* « l'histoire de Gisla » : un guide prénommé Thorir peut vous la conter. Prendre rendez-vous au ☎ 456-81-82.

Manifestation

– Tous les ans, un week-end d'été (se renseigner auprès de l'office de tourisme car il n'y a pas de date précise) se déroule une grande *fête viking,* le truc qu'on aimerait vraiment voir quand on vient en Islande ! Alors on vous souhaite de tomber au bon moment et de profiter des chansons et des danses, du banquet et des combats de Vikings reconstitués pour l'occasion. La fête réunit en général plusieurs centaines de personnes et se tient dans un enclos rond construit avec les techniques et matériaux de l'époque : un millefeuille de pierres et de plaques de terre.

➤ *DANS LES ENVIRONS DE THINGEYRI*

🥾 *L'escalade du Sandfell :* à 1 km au sud de Thingeyri, sur la route 60, commence la piste, pour 4x4 seulement, permettant d'accéder au sommet du Sandfell. Sinon, compter 4h de marche aller-retour.

🍴 Plus loin, toujours sur la route 60, se trouvent les superbes ***chutes de Dynjandi***. Elles mesurent 100 m de haut. Impressionnant !

⛺ Possibilité de camper gratuitement au pied des chutes. Toilettes et éviers uniquement. Très bel endroit, au fond d'un fjord.

🍴 ***Le musée Jón Sigurðsson :*** à ***Hrafnseyri***, à 14 km au sud de Thingeyri. ☎ 456-81-81. Tlj juin-août 10h-20h. Entrée : 300 ISK (3 €).

Un musée complètement paumé consacré à ce héros national, qui fut président du Parlement de 1845 à 1879 et se battit pour l'indépendance de son pays. Cette page d'histoire, importante pour les Islandais, vous laissera sûrement de glace : rien que des photos et des reproductions de traités, pas de documents originaux, et pour ne rien arranger, les explications sont en islandais. Reste l'enthousiasme communicatif de Sigurd, le conservateur, un sacré personnage qui vous jouera peut-être un peu de piano dans la chapelle !

LA PÉNINSULE DU SUD-OUEST

Cette péninsule regroupe les villages de Bíldudalur, Tálknafjörður et Patreksfjörður. Plus que les villages eux-mêmes, c'est la route, entre mer et falaises, le long d'un fjord immensément long qui nous a séduits. On franchit ensuite de magnifiques cols embrumés, intercalés de descentes vers de belles vallées verdoyantes, faisant découvrir des vues inimaginables. À noter que le minuscule aéroport au bord de l'eau est lui aussi des plus surprenants. Il n'accueille plus de vol régulier, rassurez-vous. Ajoutons, pour la touche finale au tableau, un musée très intéressant et les macareux de Látrabjarg : une petite journée dans le coin, ce ne sera pas du temps perdu !

LES FJORDS DU NORD-OUEST

Arriver – Quitter

➢ Avec le ***bus*** qui fait la liaison chaque jour entre Ísafjörður et le ferry de Brjánslækur. Un bus après chaque ferry (1er juin- 31 août), mais on ne profite du passage par Látrabjarg (avec plus d'1h de pause sur place) et Patreksfjörður que si l'on arrive par celui de 12h car celui de 19h fonce tout droit vers Ísafjörður. Cependant la visite approfondie de cette péninsule nécessite un véhicule approprié.

PATREKSFJÖRÐUR

La mégapole surpeuplée de la région, avec ses 750 habitants. C'est l'un des bleds les plus ennuyeux du pays, et pourtant il a de la concurrence ! Cela dit, sa situation est idéale, en bordure du fjord. Petite activité portuaire, d'ailleurs : on peut aller sur les quais pour visiter les usines de poisson. Vu les grandes distances induites par les routes tortueuses qui longent le fjord, Patreksfjörður est une étape dodo judicieuse : difficile de rentrer sur Ísafjörður pour la nuit. *Attention,* la station-service du village est la seule du coin : pensez-y.

Où dormir ? Où manger ?

⛺ Possibilité de ***camper*** près de la station *Esso*. Gratuit.

🏠 ***Stekkaból :*** Stekkum 19, au-dessus du resto *Thorpið*. ☎ 864-96-

75 (portable). Fax : 456-15-47. ● stek kabol@snerpa.is ● Compter 2 000 ISK (20 €) par pers en sac de couchage et 3 600 ISK (36 €) en lit fait. Le petit déj-buffet coûte 800 ISK (8 €). Sympathique *guesthouse* de 8 chambres, en surplomb du village. Si on passe la déco kitsch à souhait, c'est vraiment bien. Prix très doux, une maison où l'on se sent très vite chez soi, une vie en communauté avec les autres voyageurs : salle de bains et cuisine communes, petit salon TV en bas, salle à manger avec une baie vitrée à l'étage. Très calme. Il faut appeler votre hôtesse avec le téléphone de la réception pour qu'elle vienne vous chercher.

|●| *Thorpið :* Aðalstræti 73. ☎ 456-12-95. Tlj jusqu'à 23h, 1h le w-e. Sandwichs à un peu moins de 1 200 ISK (12 €), plats de poisson ou viande entre 1 500 et 2 000 ISK (15 à 20 €). Le seul resto de la ville. Dommage ! La cuisine est franchement médiocre, l'accueil et le service glacials. Aucun effort sur les plats. Fait office de bar, mais sa salle aseptisée, non-fumeurs et familiale aux teintes rose bonbon, ne donne pas envie de s'éterniser.

LÁTRABJARG

Les falaises de Látrabjarg, point le plus à l'ouest de toute l'Islande – et par là même de toute l'Europe –, s'étendent sur 14 km. Si, par endroits, leur hauteur n'excède pas 50 m, elles peuvent dépasser 500 m d'altitude. Ces falaises abritent tant de nids d'oiseaux qu'elles représentent aujourd'hui l'une des plus grandes concentrations d'avifaune au monde ! C'est en l'occurrence l'endroit rêvé pour rapporter quelques merveilleux clichés de macareux : on peut les approcher à moins d'un mètre ! Si le temps est calme et dégagé, on peut apercevoir des phoques jouant dans les vagues et, avec un peu de chance... une baleine ! Sur la piste (très correcte, accessible à tous véhicules), on traverse le génial village de Hvallátur et l'on aperçoit des plages de sable dignes de celles du Pacifique ! Des couleurs d'aquarelle. Route absolument grisante, entre mer et falaise. Pas extrêmement pratique, bien sûr, puisque situé à plus de 80 km du premier village de plus de 500 habitants et de la station-service. Mais quel coin, quelle plage !

Où dormir ?

⚠ 🏠 *Breiðavík :* presque au bout de la route 612, au bord d'une immense plage. ☎ 456-15-75. Fax : 456-11-89. ● breidavi@patro.is ● Tte l'année. Pour toutes les bourses. Compter 3 000 ISK (30 €) en lit fait et 2 200 ISK (22 €) en sac de couchage. Logement dans les locaux d'une ancienne maison de correction. Beau terrain de camping (700 ISK, soit 7 €) avec bloc sanitaire. Sinon, il existe des chambres toutes neuves dans un préfabriqué, sur la plage même, et qui sont très confortables, avec salle de bains privée. Pour celles-là, compter 7 200 ISK (72 €), petit déj compris. Tout est très bien tenu et ça sent bon, dans les chambres chères comme dans les autres. Et surtout, la maîtresse des lieux est très chaleureuse. Possibilité de cuisiner et restauration si vous les prévenez à l'avance.

➤ *DANS LES ENVIRONS DE LÁTRABJARG*

🍴🍴 *Le musée Egils Olafsson :* à *Hnótur* (plage magnifique !), village presque en face de Patreksfjörður, de l'autre côté du fjord. ☎ 456-15-69. Tlj 10h-18h ; en hiver, sur demande. Entrée : 600 ISK (6 €).

Ce musée se distingue des autres par la richesse de ses collections – et aussi, accessoirement, par sa situation géographique atypique ! Il a été créé par un fermier du coin qui collectionne des objets depuis qu'il a 12 ans. Intéressante salle maritime : harpon à baleine utilisé jusqu'à la fin des années 1930. Bateau de pêche à rames et à voile construit en 1882, avec les fameuses nervures en deux parties, permettant l'indispensable flexibilité de la coque par gros temps. Os de baleine aux murs, employés comme matériau de construction en remplacement du bois. Des milliers d'autres objets à regarder, qui révèlent chacun une histoire personnelle et qui, souvent, parlent de la rudesse de la vie islandaise aux temps jadis. Comme, par exemple, ces chaussures en peau de poisson, dont on emmenait plusieurs paires pour une longue marche tant elles étaient fragiles : des jetables, quoi ! Salle de projection vidéo où l'on passe un film sur le sauvetage de navires de pêche anglais en 1947 et 1948. Restes de naufrages, dont une pharmacie de bord française de la fin du XIXe siècle, achetée aux enchères par un gars du coin : en effet, la plupart des résidus de naufrage encore vendables étaient cédés au plus offrant !

Dehors, on peut voir un avion de l'*US Navy* tout rouillé et, dans le hangar, un superbe biplan russe *Antonov AN-2* des années 1960, qui est tombé en rade dans un champ voisin et n'a jamais redécollé : et pour cause, c'est le créateur du musée, Egils Olafsson, qui l'a acheté !

BRJÁNSLÆKUR

C'est de là que part le ferry qui traverse le Breiðafjörður, de Brjánslækur à Flatey et Stykkishólmur. Vraiment rien de rien, mais dans un magnifique écrin. Aucune raison d'y rester.

Les îles du Breiðafjörður sont si nombreuses (il y en aurait plus de 2 500) qu'il s'avère impossible de les recenser.

➢ Juin-août, le ferry navigue 2 fois/j. Il arrive à Brjánslækur à 12h et 18h et repart dans l'autre sens à 12h30 et 18h30. Le reste de l'année, 1 ferry/j. La traversée dure un peu moins de 3h. Informations et résa : ☎ 456-20-20, à Brjánslækur, ou ☎ 438-14-50, à Stykkishólmur. Trajet compris dans l'*Omnipass* et le *Full-Circle Pass,* tout comme le bus jusqu'à Ísafjörður. Pour ceux qui n'ont pas de *pass,* c'est 2 190 ISK (21,90 €) par pers et autant pour la voiture (résa impérative à l'avance pour les véhicules). Moitié-prix pour les enfants jusqu'à 15 ans.

Où dormir ? Où manger ?

⚴ *Camping :* il est possible de camper au bord du lac ou juste derrière l'hôtel. Compter 600 ISK (6 €) par tente. Un peu juste pour les sanitaires. Pour les douches, se rendre à la piscine.

🛏 |●| *Hôtel Flókalunður :* à 6 km à l'est de l'embarcadère pour le ferry, à l'intersection de la route 60. ☎ 456-20-11. Fax : 456-20-53. ● www.flokalundur.is ● Compter 13 000 ISK (130 €) la chambre double avec salle de bains. Sacs de couchage non acceptés. Long bâtiment en bois destiné avant tout aux

groupes. Chambres toutes identiques, aucun charme. Resto et pompe à essence.

🛏 *Seftjörn :* à env 100 m de l'embarcadère. ☎ 456-20-02. Compter 2 400 ISK (24 €) en lit fait et 1 500 ISK (15 €) en sac de couchage. Pas de petit déj servi, mais il y a une cuisine pour le faire soi-même. Logement au 1er étage d'une ferme, dans des chambres simplement aménagées sous les toits. La propriétaire vit au rez-de-chaussée. Possibilité de louer un *cottage* tout aménagé pour 6 pers pour env

8 400 ISK (84 €). Mieux vaut réserver à l'avance car idéalement situé.
🛏 *Guesthouse Bjarkarholt :* à Krossholt, 14 km après Brjánslækur, sur la route de Patreksfjörður. ☎ 456-20-25. Face à la plage, dans la baie de Hagavarðall. Chambres en

lits simples. Pour les sacs de couchage, compter 2 100 ISK (21 €) par pers et 3 000 ISK (30 €) en lit fait. Vaste salle commune avec TV. Simple, propre, isolé, peinard. Un accueil bourru, très nature. Piscine dans le village.

FLATEY

Cette petite « île plate » se trouve au cœur du Breiðafjörður. Le ferry repart tout de suite, mais on peut arriver par le premier de la journée et repartir par le second. Il est également possible de passer la nuit sur l'île, bien sûr. Les ornithologues amateurs n'y manqueront pas : les oiseaux marins y sont réputés moins farouches qu'ailleurs. Les petites maisons de bois du village ajoutent des touches de couleur aux paysages rudes, balayés par les vents.

Où dormir ?

⛺ *Camping :* à 300 m du quai. ☎ 438-14-51. Ouv en été. Compter 600 ISK (6 €).
🛏 Possibilité de dormir avec un sac de couchage à la *Guesthouse Vogur* (☎ 438-14-13. Fax : 438-10-93. ● vogurflatey@simnet.is ●)

pour reprendre un bateau le lendemain. Compter 8 100 ISK (81 €) la double en lit fait et 3 000 ISK (30 €) par pers en sac de couchage. Accueil au sein de la famille. Résa conseillée. Fait aussi café.

LA PÉNINSULE DE SNÆFELLSNES

Cette longue et étroite péninsule est l'une des plus belles d'Islande. La côte sud est totalement rurale : les champs s'appuient sur une chaîne volcanique centrale hérissée de pics inquiétants. Tout au fond, telle une verrue – gracieuse pour une fois – posée au bout d'un très long nez, se dresse le majestueux glacier du Snæfellsjökull. C'est le Fuji-Yama islandais. Une vraie carte postale. La côte nord regroupe les quelques ports du coin, dont Stykkishólmur, la capitale du Snæfellsnes, et Ólafsvík. À l'est de la péninsule, côte absolument magnifique parsemée de centaines d'îlots où s'abritent des oiseaux de mer. Certains de ces îlots sont habités.
Vous l'aurez compris, ce n'est pas pour rien que cet environnement mystérieux a généré de nombreux mythes : pour preuve, ici se tient le royaume des personnages légendaires qui peuplent les *sagas* islandaises. C'est aussi du Snæfellsjökull que Jules Verne a choisi de faire partir son fameux *Voyage au centre de la terre*.

Comment visiter la péninsule ?

➢ *En bus :* en été, lun-ven, un bus touristique fait le tour du glacier en passant par Ólafsvík, Arnarstapi, Hellnar, Djúpalónssanður et Hellisanður. L'idée est de prendre le bus 350 de Reykjavík à 8h (juin-août), d'attraper le 356 à Ólafsvík à 11h15. Au retour, à Hellisanður, connexions pour Reykjavík en fin d'ap-m. Renseignements au ☎ 437-13-33 ou au *BSÍ* de Reykjavík. Sinon, le tour de la région est compris dans le forfait *Omnipass,* mais pas dans le *Full-Circle.* Le *Full-Circle* avec option « fjords de l'Ouest » permet d'aller jusqu'à Stykkishólmur pour y prendre le ferry. Sans forfait, les trajets reviennent assez cher. Mais on peut essayer le stop, car les routes sont raisonnablement fréquentées. Et puis, au pire, vous croiserez toujours un tracteur...

LA CÔTE NORD DE LA PÉNINSULE

STYKKISHÓLMUR

1 200 hab.

Petit port au bout d'une presqu'île, dominé par une église blanche à l'architecture moderne au milieu des monts riches en myrtilles aux beaux jours. La plus grande « ville » de la péninsule avec ses 1 200 habitants. Mi-août, grandes fêtes danoises dans toute la ville. Tout est vite pris d'assaut.

Arriver – Quitter

🚌 *Terminal de bus :* station-service *Olis.* ☎ 438-12-54.
➤ *De Reykjavík :* 1 départ/j. du *BSÍ,* sf ven et dim où il y a 2 départs. Arrivé à Borgarnes, 1 bus va vers Ólafsvík (sans passer par Arnarstapi) et un autre vers Stykkishólmur, qui continue jusqu'à Grundarfjörður. Dans l'ap-m, trajets inverses. En tout, compter 2h30 de route entre Reykjavík et Stykkishólmur. *Omnipass* accepté.
➤ *Depuis Akureyri et le nord :* il faut changer à Borgarnes.
➤ *Depuis les fjords du Nord-Ouest :* avec le ferry qui part de Brjánslækur, de l'autre côté du Breidafjörður. Deux fois/j. en été, 1 fois/j. en hiver. On économise peu de temps (par la route, 4h, et par le ferry, 3h) mais on gagne sur l'essence et la fatigue. Compter 2 190 ISK (21,90 €) par pers et autant par voiture. Renseignements : ☎ 438-14-50. ● www.saeferdir.is ● Bureau *Seatours* sur le port.

Adresses utiles

🛈 *Office de tourisme :* sur le port (bureau *Seatours*). ☎ 438-17-50. ● www.stykkisholmur.is ● Tlj juin-août 9h-20h. Fermé le reste de l'année, mais la ligne téléphonique fonctionne pour donner des renseignements. Carte très détaillée de la péninsule. Accès Internet.

■ *Supermarché Bonus :* à l'entrée de la ville. Pas cher du tout.
■ *Hôpital :* ☎ 433-20-00.
■ *Piscine :* à la sortie de la ville. Tlj 7h-22h en été, horaires restreints le w-e.
■ *Banques* et *pharmacie* sur Aðalgötu.

Où dormir ?

⚁ *Camping :* à l'entrée de la ville, à droite avant la station-service, près du terrain de sport et du golf. ☎ 438-10-75. Pas d'accueil : payer 600 ISK (6 €) par pers au gardien dans la grande maison jaune à l'entrée du golf derrière le camping. Une douche gratuite seulement, mais on peut aller à la piscine. Pas de salle commune. Très fréquenté.
🛏 *Auberge de jeunesse :* Höfdagata 1, au-dessus de la *Norska*

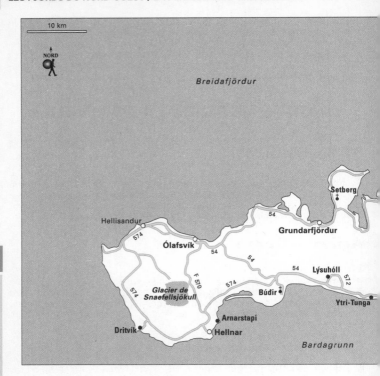

Husid. ☎ 438-10-95. Fax : 438-14-17. Ouv avr-sept. Compter 1 650 ISK (16,50 €) pour les membres et 2 000 ISK (20 €) pour les autres. Chambre double à 5 000 ISK (50 €). Chambres pour 2 à 7 pers. Exigu : on est un peu les uns sur les autres. Mobilier vieillot. Salle commune sous une véranda. Possibilité de cuisiner.
🛏 *Hôtel Breidafjördur :* Aðalgötu 8.

Un peu avant d'arriver sur le port, à gauche. Face à la poste. ☎ 860-22-00 (portable). La double à 12 000 ISK (120 €). Sur 2 étages, des chambres coquettes, au mobilier fonctionnel, toutes avec salles de bains. Literie confortable. Très propre. Salle de petit déj (inclus dans le prix) lumineuse à souhait. Pour un petit plaisir avant d'embarquer !

Où manger ?

🍴 *Narfeyrarstafa :* Aðalgötu 3. ☎ 438-11-19. Avant d'arriver sur le port, à droite. Resto installé dans une maison centenaire ayant appartenu à un fermier embourgeoisé. Soupe faite « avec les meilleurs poissons de la baie », dites donc, pour 1 350 ISK (13,50 €) ; plats de 1 800 à 4 000 ISK (18 à 40 €), c'est dire s'il y a du choix.

Snacks moins chers. Bonne cuisine et service bien cool. Terrasse mignonnette, tout en bois, sympa pour une bière, surtout quand celle-ci est en promo à moitié-prix !
🍴 *Fimm Fiskar :* Frúarstíg 1. ☎ 436-16-00. En face de la poste. Menu à 2 300 ISK (23 €) avec poisson du jour, soupe et café. Différents

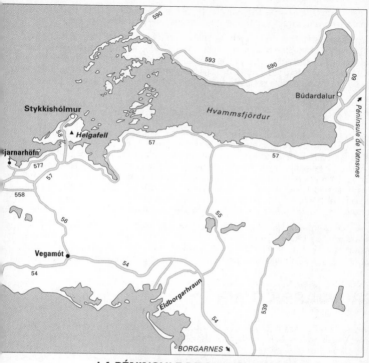

LA PÉNINSULE DE SNÆFELLSNES

plats à la carte autour de 2 500 ISK (25 €). Resto de poisson non-fumeurs mais on peut aller sur la terrasse, sympa. Les entrées combleront aisément les petits appétits.

Bons snacks. Combinaisons originales comme le poisson à la banane. Très bon rapport qualité-prix. Service très attentif. Dommage que le cadre soit aussi peu attirant.

À voir. À faire

➢ Le meilleur truc à faire ici, c'est une ***promenade en bateau*** (env 2h15) au milieu des innombrables îles. On en dénombre plus de 2 500, sachant qu'une touffe d'herbe suffit normalement à distinguer une île proprement dite d'un simple récif. L'occasion d'assister à la pêche traditionnelle, puis d'en déguster les nombreux fruits de mer (oursins, entre autres !). Beau moment pour les passionnés d'oiseaux (aigles à queue blanche, macareux) et les amateurs de falaises. Se renseigner auprès de *Seatours,* sur le port. ☎ 438-14-50. ● www.saeferdir.is ● Départ tlj 11h (1er mai-31 août) plus à 15h au plus fort de la saison. Également en sept, 5 fois par sem. À partir de 4 150 ISK (41,50 €), quand même pas donné, pour la balade la plus courte. Réduc pour les enfants. Autres options : un dîner en mer sur un catamaran, balade dans les fjords de l'ouest, ou encore du *whale watching* (observation de baleines) depuis Ólafsvík, mais hors de prix : mieux vaut aller direct à Ólafsvík ou attendre d'être à Húsavík, dans le nord-est du pays.

➢ Ne manquez pas de monter sur le rocher qui surplombe le port. *Phare* miniature orange fluo typiquement islandais. Vue imprenable.

🍴 *Norska Húsið :* à 50 m derrière l'office de tourisme. Tlj 11h-17h. Entrée : 500 ISK (5 €). Maison en bois norvégien du XIXᵉ siècle remplie d'un bric-à-brac plutôt heureux d'objets anciens. Meubles d'époque, style grand-mère (fleurs et dentelles), avec le tic-tac de la grosse horloge qui rythme ce voyage dans le passé. Vaste collection sur 3 étages. Salon de thé, boutique. Halte agréable.

➢ DANS LES ENVIRONS DE STYKKISHÓLMUR

🚶 En quittant Stykkishólmur, à env 5 km, se dresse le *mont Helgafell* sur votre gauche. Si vous montez sans dire un mot et sans vous retourner et qu'après vous être rendu sur les ruines en faisant face à l'est vous faites 3 vœux, ils se réaliseront (c'est du moins ce qu'on nous a dit). Au sommet se trouvent les minuscules ruines d'une église datant de 1903. De 1184 à 1550 s'est élevé ici un monastère, haut lieu d'érudition. Vue superbe sur toute la région. Véritable lieu de recueillement. En descendant du côté de la ferme, vous passerez à côté d'une pierre tombale datant de 1008.

🚶 À une vingtaine de kilomètres de Stykkishólmur se trouve *Bjarnarhöfn* (« le port des Ours »), où l'on peut visiter un musée du requin fermenté, dégustation à l'appui. ☎ 438-15-81. Entrée : 500 ISK (5 €). Depuis les toilettes, vue sur le séchoir à requins ! Également une petite église (visite guidée).

GRUNDARFJÖRÐUR

Ce petit bourg très actif de 1 000 habitants qui s'abrite au fond d'une jolie baie, au pied du mont Kirkjufell, est en vérité l'un des plus gros ports d'Islande, et le deuxième en ce qui concerne les exportations de poisson vers l'étranger. Bonne ambiance dans ce qui fut le premier village du pays à voir l'érection d'une église catholique (merci aux marins bretons !).

Arriver – Quitter

Depuis Reykjavík, 1 bus/j. avec *TRex* en soirée. Moins de 2h de trajet.

Adresses utiles

🛈 *Office de tourisme :* en plein centre ● ingihans@simnet.is ● ☎ 438-18-81. Tlj 10h-16h. Poumon de la ville. C'est ici qu'il faut venir pour comprendre et apprécier la ville. Expo et projections vidéo. Accès Internet et café sympathique. Et une foule de tuyaux malins.
■ *Agence « De-Tours » :* s'adresser à l'auberge de jeunesse (voir les coordonnées plus bas). ☎ 562-65-33. Les deux proprios sud-africains organisent des sorties tous azimuts. Demander l'adorable Johanna et saluez-la de notre part !
■ *Banques, poste, supermarché, station-service et pharmacie :* dans la rue principale, parallèle au port.

Où dormir ? Où manger ?

⚐ *Camping :* au sud de la ville, au bout de Borgarbraut. Pas terrible mais gratuit, et avec des douches s'il vous plaît ! Mais proche d'une centrale électrique...
⚐ *Camping de Setberg :* ☎ 438-68-

17. À 5 km du port, face à la baie et au pied du Kirkjufell. Prendre la même route que pour le *Sudur-Bár,* c'est juste un peu avant. Compter 500 ISK (5 €) par pers. Vraiment une très belle situation. Sanitaires corrects. Aussi quelques bungalows à louer (2 500 ISK, soit 25 €).

▄ *Auberge de jeunesse :* Hliðavegur. ☎ 562-65-33 ou 691-17-69 (portable). À 200 m de l'église. Accueil tlj 8h-11h et 17h-20h. En dehors de ces heures, passer un coup de fil. Compter 2 000 ISK (20 €) en sac de couchage et 1 650 ISK (16,50 €) si vous avez la carte des AJ. Chambres doubles entre 4 500 et 5 200 ISK (45 à 52 €). Ambiance sympa, avec plein d'idées pour découvrir la région. Tous les équipements habituels sont là. D'autres chambres dans un bâtiment juste en face.

▄ *Sudur-Bár :* ☎ 438-68-15 ou 897-63-83 (portable). Fax : 438-65-15. ● sudurbar@centrum.is ● À 4 km avt Grundarfjörður en venant de Stykkishólmur, tourner et il y a encore 4 km à faire. Compter 8 800 ISK (88 €) la chambre double sans salle de bains et 9 800 ISK (98 €) dans la grande et belle chambre du rez-de-chaussée,

petit déj compris. N'accepte pas les sacs de couchage. Pas de cuisine à disposition. Vous logerez chez l'habitant dans une grande ferme retapée près de la mer : charmant. La patronne, débordante d'enthousiasme, est toujours contente de rencontrer de nouvelles têtes. Elle a commencé à apprendre le français et se fera un plaisir de discuter avec vous. Balades à cheval un peu onéreuses (2 500 ISK/h, soit 25 €/h).

|●| *Krakan :* Sæbol 13. ☎ 438-69-99. Derrière la poste. Spécialités d'agneau autour de 2 500 ISK (25 €), *burgers* autour de 900 ISK (9 €) et buffet à volonté le soir pour 2 500 ISK (25 €). Auberge tenue par une figure locale, un papy aux airs bonhomme. Très bonne cuisine où tout est fait maison. Dès l'entrée, l'odeur fait saliver. Ça mijote longtemps là-bas derrière ! Vieux piano dans un coin, terrasse pour les beaux jours. L'établissement ferme tard le soir car il fait aussi office de bistrot.

|●| *Kaffie 59 :* Grundargötu, un peu après la poste, dans la rue principale. ☎ 438-64-46. Tlj. Burgers à moins de 1 000 ISK (10 €). Cafét' un peu rétro mais conviviale. Tables pour les minots.

À voir. À faire

🏃 *L'exposition de l'office de tourisme :* cette expo relate l'histoire maritime du village, en particulier son passé très lié aux marins bretons qui avaient colonisé l'endroit entre 1830 et 1900. Quelques objets rescapés de naufrages : une botte de marin français et une casquette, ou encore un sextant du début XIXe siècle. Poissons qui sèchent encore, écrans tactiles diffusant photos et infos. émouvante reconstitution d'intérieur de maison de marin. Salle de projection de films et de diapos (plus de 90 000 photos en archives !). Petite expo d'appareils photo anciens légués par Baering Cecilsson, un photographe de presse originaire du coin.

➢ *Balade à cheval :* voir *Sudur-Bár* dans « Où dormir ? Où manger ? ».

– *Golf :* même direction que *Sudur-Bár.* ☎ 847-87-59. Golf 9 trous. Vue superbe.

ÓLAFSVÍK

Encore un petit port de presque 1 000 âmes, apparemment sans intérêt, mais situé au pied du Snæfellsjökull (« volcan au capuchon de neige »). Ce volcan de plus de 1 400 m recouvert par un glacier fut rendu célèbre par le génial Jules Verne dans *Voyage au centre de la terre*. À (re)lire avant de venir ! Assez impressionnant, car on y voit les énormes coulées de lave tombant dans la mer.

Arriver – Quitter

🚌 **Terminal de bus :** station-service *Esso* (avec café à volonté gratuit !). ☎ 436-10-12.

➢ Connexions quotidiennes avec **Reykjavík, Grundafjörður** et **Hellissandur.**

Adresse utile

🛈 **Office de tourisme :** Gamla Pakkhúsið. ☎ 433-69-30. Tlj de mi-mai à août 9h-18h. Organise les tours autour du glacier (incluant les plages de sable noir et le parc de Hellisandur) au prix de 4 300 ISK (43 €)

et donne des cartes des nombreuses randos à effectuer dans les environs. Fait aussi salon de thé dans sa petite salle boisée. Expo de 2 ou 3 babioles anciennes à l'étage (à éviter).

Où dormir ? Où manger ?

⚴ **Camping :** ☎ 436-69-00. À l'entrée est de la ville. Compter 300 ISK (3 €) par tente et autant par pers. On paie le soir. Une douche gratuite. Pas de salle commune.

🛏 I●I **Hôtel Ólafsvík :** Ólafsbraut 20. ☎ 436-16-50. Fax : 436-16-51. ● www.hotelolafsvik.is ● Tte l'année. L'endroit est divisé en 2 parties : l'hôtel, tout neuf, et la *guesthouse,* plus ancienne. Dans les deux cas,

c'est très cher : de 8 400 ISK (84 €) avec salle de bains à partager à 14 600 ISK (146 €) avec bains privés. Chambres plutôt plaisantes. Fait aussi resto (pas mauvais).

I●I **Bakarí :** en face de l'*Hôtel Ólafsvík.* ☎ 436-11-19. Café et thé à volonté à 250 ISK (2,50 €). Plein de sandwichs appétissants, de gâteaux colorés et de petits pains à vous faire décoller de bon matin.

À voir

🍴 **Le Musée marin :** sur le port (comme tout le reste !). ☎ 436-10-00. Tlj, en été slt, 13h-18h. Gratuit (on croit rêver !). Pas grand-chose à se mettre sous les yeux non plus : juste quelques aquariums avec des poissons locaux. Il est installé dans un ancien bâtiment de salaison de la morue, d'où cette odeur tenace qui frise un peu les moustaches.

LA CÔTE OUEST DE LA PÉNINSULE

L'extrémité de la péninsule n'est pas habitée. Paysage totalement sauvage, battu par les vents. Un lieu consacré à la rêverie et à la communion avec la nature, sur lequel le volcan-glacier veille placidement, pour l'instant.
Prenez l'une des nombreuses **pistes** qui mènent à la mer et surtout celle de **Dritvík** : vous accéderez à des falaises de lave témoins de la rencontre du feu et de l'eau. Le long de la plage subsistent encore les restes d'un chalutier anglais échoué en 1947. Ces morceaux de métal rouillé confèrent une atmosphère étrange à ces lieux. Juste à côté, sur la plage de galets noirs de **Djúpalón,** vous trouverez les pierres que les apprentis matelots devaient soulever pour pouvoir devenir marins. Celle de 54 kg marquait le seuil de qualification...

À une quinzaine de kilomètres, hameau de **Hellnar,** avec ses quelques fermes, sa petite église et son cimetière. Attendrissant. Si vous poursuivez la route tout au bout, vous accéderez à des flancs rocheux au bord de l'eau. Approchez-vous des caves ou au bord de la falaise. Mettez-vous dans un coin, faites-vous tout petit... et observez mouettes et autres volatiles : c'est magique !

LA CÔTE SUD DE LA PÉNINSULE

Très sauvage, à l'habitat clairsemé. Une ferme par-ci par-là, parfois même une ferme-auberge. Pas grand-chose d'autre ! Quel bonheur ! Les gens y sont très faciles d'approche, et si vous comptez rester un peu ils vous feront découvrir leur adorable petit bout d'Islande. D'Arnarstapi à Lýsuhóll en passant par Buðir, nombreux endroits à explorer. Faites des provisions d'argent liquide et de nourriture.

ARNARSTAPI

Adorable port miniature niché au fond d'une crique en bas de la route et au pied du Snæfellsjökull. Les pitons de basalte surgis de la mer sont tachetés de blanc à cause des mouettes qui les habitent. C'est d'un très joli effet. De nombreuses légendes circulent sur Arnarstapi, considéré comme un lieu sacré. On raconte que si des jeunes filles y dorment avec neuf fleurs différentes sous la tête, elles rêveront de leur futur mari. Chaque été, au moment du solstice, s'y réunissent des sorciers et des chamans. Des fois que vous passeriez dans le coin à cette époque...

Où dormir ?

⚕ 🏠 Dans le village, *Guesthouse Snjófell* (☎ 435-67-83 ou 854-51-50. Fax : 435-67-95. ● www.snjofell. is ● À partir de 2 550 ISK, (soit 25,50 €, en sac de couchage) et *camping* (compter 750 ISK, soit 7,50 € par pers ; douches payantes) à l'intérieur du resto aménagé dans une maison en tourbe et décoré de manière chaleureuse à la manière d'un chalet suisse. Très fréquenté, surtout le w-e. Accueil très chaleureux. Ce sont eux qui organisent les excursions à moto-neige sur le Snæfellsjökull. Station-service.

BÚÐIR

Il s'agit d'un hameau incarné par un seul hôtel et ses « dépendances ». Le décor planté là est digne des plus grandes *sagas*. Si vous avez 1h de libre, garez-vous sur le parking de l'hôtel et entamez une balade en direction de la pittoresque petite église de bois noir, avec son cimetière minuscule, droite comme un « i » au milieu de ces vastes étendues moussues. Continuez le sentier, parmi les moutons, les sternes et les petites fleurs, le long de la mer. Un vrai sentiment de quiétude devrait vous envahir. Enfin, on l'espère...

Où dormir dans les environs ?

Plusieurs fermes dans ce coin-là, mais souvent pas très bon marché. Quant à l'*Hôtel Buðir,* qui a été élu parmi « les 100 meilleurs hôtels du monde » par un obscur magazine touristique, on n'a vraiment pas vu ce qu'il avait d'extraordinaire – à part ses tarifs...

🛏 *Guesthouse Hof :* à 16 km à l'est de Búðir. ☎ 435-68-02 ou 846-38-97 (portable). ● www.gistihof.is ● La seule bonne adresse routarde du coin. En duvet, compter 2 000 ISK (20 €) et en lit fait, 3 500 ISK (35 €). Par pers, cela va de soi. Encore moins cher d'oct à avr. Louent également des apparts pouvant coucher jusqu'à 10 pers, avec *hot pots* sur les terrasses. Super pour les familles, mais on peut aussi se contenter de prendre juste une chambre si les apparts sont libres et on bénéficie de la cuisine et de la salle de bains. Longue baraque de bois au toit couvert d'herbe et de pissenlits. Cette ferme est tenue par une famille super, qui vous accueille avec de grands sourires. L'intérieur est moderne, et le charme vient surtout de la situation.

🛏 � *Ytri-Tunga Guesthouse :* à Ytri-Tunga, sur la route 54. ☎ 435-66-98. ● www.farmholidays.is ● Dans d'anciens silos à grains aménagés. Face à la mer et sous le regard interrogateur du glacier, de petits cottages tout en bois, du sol au plafond, genre chalet suisse, pour 2 ou 4 pers, avec salle de bains. Fait table d'hôtes dans une grande salle où l'on converse avec ses voisins des quatre coins du monde. Service sympa, proprio avenante qui parle quelques mots d'anglais. Petit déj extra dans la maison des proprios. Calme.

LÝSUHÓLL

C'est ici que se trouve la seule source d'*eau minérale chaude* de la péninsule. Elle permet d'alimenter la piscine réputée pour guérir l'eczéma et le mal de dos. Bien agréable après la piste. C'est aussi ici que se trouve l'école qui accueille tous les enfants de la côte sud du Snæfellsnes. L'endroit en lui-même laisse rêveur : imaginez un cirque de montagnes noires et pointues qui donnent des frissons dans le dos ! C'est très spécial et de toute beauté.

⛺ On peut camper juste à côté de l'école et de la source.

À voir. À faire

– *Piscine thermale :* tlj 13h-19h ; ven-sam 20h et dim 18h. Entrée : 350 ISK (3,50 €). Surprenante eau verte ! Mais cadre en plastoque moche.

➢ *Balades à cheval :* encore une occasion de goûter au plaisir de monter un cheval islandais, unique au monde par ses 5 allures. Les cavaliers débutants ou confirmés apprécieront la douceur de son trot. Randonnées à la carte (sur la plage, au pied du glacier, près des sources d'eau minérale...) avec les jeunes propriétaires de la ferme, qui vous conteront l'Islande authentique. *Ferme Lýsuhóll :* ☎ 435-67-16. ● lysuholl@lysuholl.is ●

🍴 Sur la route 54, 19 km à l'est, après la jonction avec la route 56, tourner à gauche en direction de Ytri-Raudamelur sur une piste. Env 1 km plus loin, très beaux *murs d'orgues basaltiques* sur plusieurs centaines de mètres.

ELDBORGARHRAUN

Au sortir de la péninsule, sur la route qui mène à Borgarnes. Sur la route 54, au niveau de Snorrastaðir ; c'est indiqué. Le chemin pour s'y rendre part de la ferme-hôtel et dure de 1h à 1h30 à pied.

Il s'agit d'un beau cratère de plus de 100 m de haut surplombant un champ de lave. Le fond du cratère est tapi de verdure.

Où dormir ?

X ≜ *Ferme de Snorrastaðir :* ☎ 863-66-28 (portable). ● snorrastadir@simnet.is ● Pour camper, compter 1 000 ISK (10 €) par tente. Petits chalets de bois très simples à louer pour env 10 000 ISK (100 €) en entier ou 2 200 ISK (22 €) par pers en sac de couchage dans des dortoirs de quatre. TV, *hot pot,* cuisine. Très sympathique, avec plein de chevaux dans un beau décor. Accueil familial jovial.

SUR LA ROUTE DE REYKJAVÍK

BORGARNES

Petit port sans charme particulier, posé au bout d'une péninsule. Une situation pittoresque, toutefois on en a vite fait le tour. C'est dans les environs qu'en 1936, le *Pourquoi-Pas ?* du commandant Charcot s'abîma en mer à la suite d'une violente tempête. Il ne resta qu'un seul survivant de l'équipage qui revenait d'une expédition polaire. Dans les environs, beaux points de vue herbeux, vides, éternellement vides.

Arriver – Quitter

🚌 *Terminal des bus :* dans la sempiternelle station-service *Esso*. Tous les bus qui passent par la route 1 s'arrêtent ici.

➤ *Pour la péninsule de Snæfellsnes :* c'est de Borgarnes que partent les bus.

➤ *De et vers Reykjavík :* liaisons avec les bus 31 ou 31A. Un bus/j. dans les 2 sens. Trajet : 1h. Inclus dans le *Full-Circle Passport* des fjords de l'ouest. Bus 350 également, pour le nord de la péninsule. Un passage obligé en somme.

Adresses utiles

La ville a bien fait les choses, tout ce dont vous avez besoin est regroupé autour de la station-service : office de tourisme, banques, poste, supermarché, self-service.

🔢 *Office de tourisme :* dans le supermarché *Hyrnan*. ☎ 437-22-14. Fax : 437-23-14. ● www.vesturland.is ● Tlj 9h-18h, sf w-e 10h-15h. Ts les renseignements dont vous aurez besoin concernant l'ouest du pays.

■ *Distributeur de billets* à côté de l'office de tourisme.

Où dormir ? Où manger ?

🛏 *Guesthouse Bjarg :* 2 km au nord-est du centre de Borgarnes. ☎ 437-19-25 ou 864-13-25 (portable). Fax : 437-19-75. ● bjarg@simnet.is ● Compter 2 000 ISK (20 €) en sac de couchage. Chambres doubles entre 5 600 et 7 400 ISK (56 à 74 €), selon le confort, avec ou sans salle de bains. Très jolie *guesthouse* dans une ferme traditionnelle située le long du fjord. Intérieur chaleureux tout en bois. Cuisine à votre disposition. Un cadre enchanteur, et en plus on côtoie une famille chaleureuse.

LES GORGES DE LA HVÍTÁ

Au nord-est de Borgarnes. La piste traverse d'abord des champs de blocs de lave parsemés d'arbustes, qui, par la suite, deviennent de plus en plus désertiques. Remarquer, à la hauteur de Hrauntunga-Einkavegur, les chalets d'été des habitants de Reykjavík. Chacun sa Normandie ! Continuer sur la piste 518 ; 17 km plus au nord, possibilité d'hébergement dans une *ferme* accrochée à la colline. Après le passage d'un col, la route traverse une étendue de sable noir avant d'arriver à Húsafell.

🍴 *Húsafell :* petit havre de verdure, lieu de villégiature très fréquenté par les Islandais (surtout golfeurs). Possibilité de *camping* pour 750 ISK (7,50 €) par pers. Location de *mini-bungalows* chauffés, en forme de tente, avec 2 matelas : 1 750 ISK (17,50 €) par pers dans des petites cahutes rigolotes. Douches et cuisine. *Cafétéria* avec une petite épicerie à côté de la station-service. Piscine d'eau chaude naturelle en plein air avec plusieurs bassins, des *hot pots* et un toboggan. Entrée : 450 ISK (4,50 €). Familial et convivial.

🍴 *Les chutes de Hraunfossar et Barnafoss :* sur la rive sud de la Hvítá, 6 km après Húsafell. Gratuit. L'eau jaillit du niveau de la falaise puis descend les gorges sous forme de rapides. Très spectaculaire. Jolies balades à pied. Buvette. Panoramas aménagés, balades tonitruantes au bord des gorges (sentier jaune : facile, vert et bleu pour confirmés).

⛺ *Camping Fossatun :* sur la route 50 en allant vers Reykholt (18 km), à 21 km de Borgarnes. ☎ 433-58-00. Fax : 433-58-01. ● www.fossatun.is ● Coup de cœur pour ce camping idéal pour les familles et très bien équipé. Sur 2 terrains. Sur le premier, prévoir 500 ISK (5 €) par pers, avec électricité. Moitié-prix sur le second, sans l'accès à la fée électrique ; ce terrain est presque mieux situé, un peu à l'écart. Quel site ! Vue splendide sur les chutes d'eau et les glaciers environnants. Jeux pour enfants, mais route pas loin. Internet, cuisine, sanitaires propres, minigolf, échiquier géant et petite buvette classe. Et même un *hot pot* pour les campeurs !

➢ Pour revenir sur Reykjavík, on peut emprunter la piste F550 (quelques kilomètres après Húsafell) qui, après 63 km, aboutit à Thingvellir (voir plus haut). La route longe les glaciers. On passe à travers des gorges. Cette piste n'est ouverte que l'été. On longe alors un cours d'eau dont le lit même est creusé au beau milieu d'un désert de lave ! Arrivé à Thingvellir, il ne reste plus que 45 km pour atteindre Reykjavík.

➢ Les pressés peuvent rentrer par *Akranes*. La ville ne présente pas grand intérêt. Le tunnel (long d'env 6 km) qui conduit à Reykjavík permet de gagner 1h de temps et coûte tout de même 1 000 ISK (10 €). Mais la route est si belle que ça vaut le coup de faire le tour.

➢ Les moins pressés feront encore un détour par la route 47 en contournant le fjord Hvalfjördur pour contempler au fond du fjord la *cascade de Glymur,* la plus haute d'Islande avec 198 m.

➢ *Randonnée pour Glymur :* suivre Botsndalur. À la première intersection, à droite, sur un petit pont et chemin de pierre sur 3 km. Arrivée sur un parking. Suivre le sentier qui part face à vous (ne pas hésiter à gravir la barrière... avec le petit escabeau à disposition, si elle est fermée) au nord-ouest et bifurque derrière la montagne. Prévoir une bonne heure de marche. Endroit magnifique et peu fréquentée, sauf des goélands qui nichent à flanc de falaise. Attention, randonnée réservée aux marcheurs aguerris et bien équipés. Passages difficiles et franchissement de torrent sur un rondin de bois, plus remontée de la rivière dans son lit. En plus, mal fléché.

LES ÎLES FÉROÉ

Territoire rattaché au Danemark, ces îles jouissent, en raison de leur éloignement, d'un statut d'autonomie. On y passe en bateau si l'on vient d'Écosse ou du Danemark. L'arrivée sur la capitale, Tórshavn, est très belle.

Comment y aller ?

➢ Le ferry de *Smyril Line* part chaque sam (21h) de Hanstholm au Danemark et arrive à Thorshavn (Feroé) le lun mat (6h). Il repart à 8h30 pour Lerwick aux îles Shetland (arrivée le même jour à 21h) et repart à 21h30 pour Bergen (arrivée mar 12h) en Norvège. Un ferry part aussi de Bergen (mar 15h) ou de Hanstholm (sam 21h) pour rejoindre le jeu (8h), après 60h d'escale aux Feroé, le port de Seyðisfjörður, situé dans les fjords de l'est islandais. Il repart le jeu (8h) en direction des Féroé pour rejoindre Hanstholm. Renseignements : ☎ (44-0) 15-95-690-845. ● ● www.smyril-line.com ●

Où dormir ?

⚹ 🏠 Pour dormir, on peut *camper* à peu près sur n'importe quel coin d'herbe, en évitant le *camping de Tórshavn,* laid et cher. De toute façon, il y a des douches sur le bateau, et celles de l'AJ peuvent être utilisées. Dans l'*AJ* justement, chambres de 2 à 7 lits, cuisine, etc. Il peut être agréable de camper au bord de la rivière dans la vallée de *Saksur* (à 50 km de Tórshavn). Également des *hôtels,* comme celui du village de *Gjogv,* super sympa, propre et pas cher.

À voir dans le coin

🏃 Le réseau routier est excellent. Une visite à faire absolument : *Myggeweos,* où les macareux fourmillent et où les mouettes vous accueillent. À voir aussi : au nord de l'Eysturoy, le sommet le plus haut des îles : le *Slættaratindur* (882 m), c'est superbe.

routard
ASSISTANCE
L'ASSURANCE VOYAGE
INTEGRALE A L'ETRANGER

VOTRE ASSISTANCE « MONDE ENTIER » LA PLUS ETENDUE

RAPATRIEMENT MEDICAL **ILLIMITÉ**
(au besoin par avion sanitaire)
VOS DEPENSES : MEDECINE, CHIRURGIE, (env. 1.960.000 FF) **300.000 €**
   HOPITAL, GARANTIES A 100% SANS FRANCHISE
   HOSPITALISE : RIEN A PAYER ! … (ou entièrement remboursé)
BILLET GRATUIT DE RETOUR DANS VOTRE PAYS : **BILLET GRATUIT**
   En cas de décès (ou état de santé alarmant) **(de retour)**
   d'un proche parent, père, mère, conjoint, enfant(s)
*BILLET DE VISITE POUR UNE PERSONNE DE VOTRE CHOIX **BILLET GRATUIT**
   si vous être hospitalisé plus de 5 jours **(aller - retour)**
   Rapatriement du corps – Frais réels **Sans limitation**

RESPONSABILITE CIVILE «VIE PRIVEE» A L'ETRANGER

Dommages CORPORELS (garantie à 100%) ....(env. 4.900.000 FF) **750.000 €**
Dommages MATERIELS (garantie à 100%) ....(env. 2.900.000 FF) **450.000 €**
(dommages causés aux tiers) (AUCUNE FRANCHISE)
EXCLUSION RESPONSABILITE CIVILE AUTO : ne sont pas assurés les dommages
causés ou subis par votre véhicule à moteur : ils doivent être couverts par un contrat
spécial : ASSURANCE AUTO OU MOTO.
ASSISTANCE JURIDIQUE (Accident) ....(env. 1.960.000 FF) **300.000 €**
CAUTION PENALE .... (env. 49.000 FF) **7500 €**
AVANCE DE FONDS en cas de perte ou de vol d'argent ..(env. 4.900 FF) **750 €**

VOTRE ASSURANCE PERSONNELLE «ACCIDENTS» A L'ETRANGER

Infirmité totale et définitive (env. 490.000 FF) **75.000 €**
Infirmité partielle – (SANS FRANCHISE) **de 150 €** à **74.000 €**
   (env. 900 FF à 485.000 FF)
Préjudice moral : dommage esthétique (env. 98.000 FF) **15.000 €**
Capital DECES (env. 19.000 FF) **3.000 €**

VOS BAGAGES ET BIENS PERSONNELS A L'ETRANGER

Vêtements, objets personnels pendant toute la durée de votre voyage à l'étranger :
vols, perte, accidents, incendie,
(env. 6.500 FF) **1.000 €**
Dont APPAREILS PHOTO et objets de valeurs (env. 1.900 FF) **300 €**

routard
ASSISTANCE
L'ASSURANCE VOYAGE
INTEGRALE A L'ETRANGER

BULLETIN D'INSCRIPTION

NOM : M. Mme Melle └──┴──┴──┴──┴──┴──┴──┴──┴──┴──┴──┴──┘

PRENOM : └──┴──┴──┴──┴──┴──┴──┴──┴──┴──┴──┴──┘

DATE DE NAISSANCE : └──┴──┴──┴──┴──┴──┴──┴──┘

ADRESSE PERSONNELLE : └──┴──┴──┴──┴──┴──┴──┴──┴──┘

└──┴──┴──┴──┴──┴──┴──┴──┴──┴──┴──┴──┘

└──┴──┴──┴──┴──┴──┴──┴──┴──┴──┴──┴──┘

CODE POSTAL : └──┴──┴──┴──┴──┘   TEL. └──┴──┴──┴──┴──┴──┘

VILLE : └──┴──┴──┴──┴──┴──┴──┴──┴──┴──┴──┴──┘

DESTINATION PRINCIPALE...
Calculer exactement votre tarif en SEMAINES selon la durée de votre voyage :
7 JOURS DU CALENDRIER = 1 SEMAINE

Pour un Long Voyage (2 mois…), demandez le **PLAN MARCO POLO**
Nouveauté contrat Spécial Famille - Nous contacter

COTISATION FORFAITAIRE 2006-2007

VOYAGE DU └──┴──┴──┴──┴──┘   AU └──┴──┴──┴──┴──┘   = └──┘
                                                       SEMAINES

Prix spécial (3 à 40 ans) :   **22 € x** └──┘ = └──┴──┘ €

De 41 à 60 ans (et – de 3 ans) :   **33 € x** └──┘ = └──┴──┘ €

De 61 à 65 ans :   **44 € x** └──┘ = └──┴──┘ €

Tarif "**SPECIAL FAMILLES**" 4 personnes et plus : **Nous consulter au 01 44 63 51 00**
Souscription en ligne : www.avi-international.com

Chèque à l'ordre de ROUTARD ASSISTANCE – *A.V.I. International*
28, rue de Mogador – 75009 PARIS – FRANCE - Tél. 01 44 63 51 00
Métro : Trinité – Chaussée d'Antin / RER : Auber – Fax : 01 42 80 41 57

ou Carte bancaire : Visa ☐   Mastercard ☐   Amex ☐
N° de carte : └──┴──┴──┴──┴──┴──┴──┴──┴──┴──┴──┴──┴──┴──┴──┴──┘
Date d'expiration : └──┴──┘ └──┴──┘   Signature

*Je déclare être en bonne santé, et savoir que les maladies
ou accidents antérieurs à mon inscription ne sont pas assurés.*

Signature :

Information : www.routard.com / Tél : 01 44 63 51 00
Souscription en ligne : www.avi-international.com

Faites des copies de cette page pour assurer vos compagnons de voyage.

Nos meilleures
chambres d'hôtes
en France

1500 adresses à la
campagne, à découvrir
en amoureux ou
avec des enfants.

INDEX THÉMATIQUE :
- adresses avec piscines
- trésors d'œnologie
- activités sportives
- adresses insolites

12,90 €

HACHETTE

INDEX GÉNÉRAL

INDEX

– H –

– I-J –

– K –

– L –

INDEX

– V –

OÙ TROUVER LES CARTES ET LES PLANS ?

Les **Routards** parlent aux **Routards**

Faites-nous part de vos expériences, de vos découvertes, de vos tuyaux.
Indiquez-nous les renseignements périmés. Aidez-nous à remettre l'ouvrage à jour.
Faites profiter les autres de vos adresses nouvelles, combines géniales... On adresse
un exemplaire gratuit de la prochaine édition à ceux qui nous envoient les lettres les
meilleures, pour la qualité et la pertinence des informations. Quelques conseils cependant :
– Envoyez-nous votre courrier le plus tôt possible afin que l'on puisse insérer vos
tuyaux sur la prochaine édition.
– N'oubliez pas de préciser l'ouvrage que vous désirez recevoir.
– Vérifiez que vos remarques concernent l'édition en cours et notez les pages du
guide concernées par vos observations.
– Quand vous indiquez des hôtels ou des restaurants, pensez à signaler leur adresse
précise et, pour les grandes villes, les moyens de transport pour y aller. Si vous le
pouvez, joignez la carte de visite de l'hôtel ou du resto décrit.
– N'écrivez si possible que d'un côté de la lettre (et non recto verso).
– Bien sûr, on s'arrache moins les yeux sur les lettres dactylographiées ou correctement écrites !
En tout état de cause, merci pour vos nombreuses lettres.

Le Guide du routard : 5, rue de l'Arrivée, 92190 Meudon

e-mail : guide@routard.com
Internet : www.routard.com

Les **Trophées** du **Routard**

Parce que le *Guide du routard* défend certaines valeurs : droits de l'homme, solidarité,
respect des autres, des cultures et de l'environnement, les Trophées du Routard sou-
tiennent des actions à but humanitaire, en France ou à l'étranger, montées et réalisées
par des équipes de 2 personnes de 18 ans à 30 ans.
La troisième édition des Trophées du Routard 2006 est lancée, et les équipes partent
chacune avec une bourse et 2 billets d'avion en poche pour donner de leur temps et de
leur savoir-faire aux 4 coins du monde.
Ces projets sont menés à bien grâce à l'implication d'Air France qui nous soutient.

Routard Assistance *2007*

Routard Assistance, c'est l'Assurance Voyage Intégrale sans franchise que nous
avons négociée avec les meilleures compagnies, Assistance complète avec rapatriement médical illimité. Dépenses de santé et frais d'hôpital pris en charge directement
sans franchise jusqu'à 300 000 € + caution + défense pénale + responsabilité civile
+ tous risques bagages et photos. Assurance personnelle accidents : 75 000 €. Très
complet ! Le tarif à la semaine vous donne une grande souplesse. Tableau des garanties et bulletin d'inscription à la fin de chaque *Guide du routard* étranger. Pour les longs
séjours, un nouveau contrat *Plan Marco Polo « spécial famille »* à partir de 4 personnes. Si votre départ est très proche, vous pouvez vous assurer par fax : 01-42-80-41-
57, en indiquant le numéro de votre carte de paiement. Pour en savoir plus : ☎ 01-44-
63-51-00 ; ou, encore mieux, sur notre site : ● www.routard.com ●

Photocomposé par MCP - Groupe Jouve
Imprimé en France par Aubin
Dépôt légal n° 81541-3/2007
Collection n° 13 - Édition n° 01
24/0572/8
I.S.B.N. 978-2-0124-0572-1